教育部人文社会科学研究规划基金项目（项目批准号：15YJA630013）
重庆市社会科学规划一般项目（项目批准号：2016YBGL116）

农村集体土地市场化实现路径研究

Research on the Achieving Ways of the Rural Collective Land's Markets in China

杜茂华　著

中国财经出版传媒集团
经济科学出版社
Economic Science Press

图书在版编目（CIP）数据

农村集体土地市场化实现路径研究/杜茂华著.—北京：经济科学出版社，2017.11
ISBN 978-7-5141-8646-8

Ⅰ.①农… Ⅱ.①杜… Ⅲ.①农村-集体所有制-土地所有权-研究-中国 Ⅳ.①F321.1

中国版本图书馆 CIP 数据核字（2017）第 274388 号

责任编辑：王　娟　顾瑞兰
责任校对：郑淑艳
责任印制：邱　天

农村集体土地市场化实现路径研究
杜茂华　著

经济科学出版社出版、发行　新华书店经销
社址：北京市海淀区阜成路甲 28 号　邮编：100142
总编部电话：010-88191217　发行部电话：010-88191522
网址：www.esp.com.cn
电子邮件：esp@esp.com.cn
天猫网店：经济科学出版社旗舰店
网址：http://jjkxcbs.tmall.com
北京季蜂印刷有限公司印装
710×1000　16 开　12 印张　220000 字
2017 年 12 月第 1 版　2017 年 12 月第 1 次印刷
ISBN 978-7-5141-8646-8　定价：46.00 元
（图书出现印装问题，本社负责调换。电话：010-88191510）
（版权所有　侵权必究　举报电话：010-88191586
电子邮箱：dbts@esp.com.cn）

目 录

绪论 ·· 1

第一章　农村集体土地市场化基本理论 ··· 8
第一节　农村集体土地市场化概述 ··· 8
第二节　农村集体土地市场化基本理论 ··· 12

第二章　农村集体土地市场化制度 ·· 38
第一节　农村土地产权制度及改革 ··· 38
第二节　农村土地使用制度及改革 ··· 44

第三章　农村集体土地市场化实证研究 ··· 71
第一节　重庆模式——地票交易模式研究 ····································· 71
第二节　农村土地市场化改革的调查报告
　　　　　——基于重庆市万州区的调查分析 ································· 83
第三节　成都模式——"两股一改"模式 ····································· 96
第四节　农村集体土地市场化主要问题
　　　　　——基于四川省都江堰市的实证分析 ···························· 102
第五节　农村集体市场化面临的主要问题及原因分析 ················· 106

第四章　农村集体土地市场化机制 ·· 114
第一节　农村集体土地市场机制及影响因素 ································ 114
第二节　农村集体土地权利实现机制 ·· 118
第三节　农村集体土地市场运作机制 ·· 142

第五章　农村集体土地市场化实现路径 ··· 155
第一节　完善农村集体土地市场化的法律制度 ···························· 155

第二节 推行农村集体土地股份化改革 …………………………………… 164
第三节 建设城乡统一的土地交易市场 …………………………………… 170
第四节 推进农村集体土地市场结构的完善 ……………………………… 179

参考文献 …………………………………………………………………………… 185
后记 ……………………………………………………………………………… 188

绪　　论

　　土地制度是农村的基础制度，它不仅对土地资源配置及其效率具有重大影响，而且对农村社会稳定和社会公平正义具有重大影响。中国农村经济体制改革，其核心内容是农村土地制度改革。现行的中国农村土地制度，在推动我国城乡经济发展的进程中，起到了重要的作用。随着经济社会的发展，农村土地制度的弊端也日益显现，由土地制度问题引发的社会矛盾也愈发增加。这透视出在我国再次进行土地制度改革和创新的紧迫性。农村的土地制度改革问题关系农村社会的稳定，关系农业现代化的实现和社会主义新农村的建设。促进以土地为核心的农村资源优化配置，不仅农民会从中受益，而且有助于推动农业现代化与工业化、城镇化和信息化协调发展，事关经济社会发展全局。因此，研究农村土地制度的变革问题，既具有理论意义又具有现实意义。

　　1979年春天，迫于生存的压力，安徽省凤阳县小岗村率先进行了农村家庭联产承包责任制的改革。1981年，家庭联产承包责任制被正式承认并在全国推广，到1983年底，农户基本都采用了家庭联产承包责任制。家庭联产承包责任制将土地承包给农户经营15年，在履行协议即交足契约中暗示的租金后，农民可以卖掉剩余产品或留作家用。自1992年确立社会主义市场经济体制以来，中国开始逐步实施生产要素的市场化，这对农村土地市场的完善和发展产生巨大的推动。因此，市场经济的发展，为农村土地市场的发育创造了有益的社会经济环境条件。回顾改革以来我国农村土地市场的发育历程，大约经历了以下几个阶段。

　　第一阶段：细碎化的农村土地市场。在实施农村家庭联产承包责任制时，农村土地资源通常按家庭大小、土地肥力、居地远近分配给农户。由于人地比率较高，这种土地分配方式往往导致地块分散。1984年的数据显示，71%的土地是根据家庭大小而定，8%的土地按家庭中劳动力数量而定，每个家庭分有同等级土地的相同份额。虽然，农村家庭承包责任制刺激了每片农地的利用，但耕地的分块也降低了农业规模生产效率，于是，扩大农地经营规模的需求一定程度促成农村土地市场的形成。

第二阶段：农村第二轮改革促进了农村土地市场的发育。随着人们生活水平的不断提高，人们对粮食的直接需求会有一定程度的下降，农业产业结构也会因此而做出相应调整。由于耕地资源的细碎化，造成农户经营过程中耕地管理成本居高不下，这已是进一步提高土地产出与效率的障碍。为促进农业生产的持续增长，当第一轮农村家庭承包制期满时，在1993年实施了一项新的政策（第二轮改革），即将家庭承包期限再延长30年。实际上，在一些发达地区，地方政府已经引入了集体农场制和股份合作制，或根据当地具体情况，进一步完善和发展了家庭承包责任制，如实行口粮田和责任田"两田制"或"三田制"，即口粮田、责任田和机动田。口粮田分配给所有具有30年农村集体土地使用权的人，责任田主要分配给种田大户，机动田主要是在短期内（3~5年）可能转变用途，用于非农用途或者用于由于人口变动、基础建设等所引起的承包田调整。因此，机动田只能短期使用，而且相当部分通过拍卖或投标等方式获得。承包田农户要上缴政府农业税并给集体相对较少的税费；有责任田、机动田的农户必须在上缴农业税后交给集体相对多的费用，并将部分农产品卖给国家。因此，通过第二轮农业改革，转移机动田、责任田乃至承包田的可能性便大大提高了，这给农村土地市场的发展提供了重要的动力。

第三阶段：工业化、城市化的加快推进促进了农村土地市场的形成。自从农村经济改革以后，中国不断加快工业化、城市化进程。为满足工业与城市面积不断扩展的需求，很大份额的耕地通过需求扩张与市场机制的作用转换为非农地。中国工业化、城市化的发展，不仅推动了农村集体土地征用市场化程度的提高，而且还促进了农村非农用地市场化水平的提高。于是，农村乡镇企业用地、宅基地、集镇商业用地等有偿使用制度得以发展和完善。

第四阶段：城乡统筹发展与城乡统一建设用地市场的形成。党的十七届三中全会的《中共中央关于推进农村改革发展若干重大问题决定》允许集体建设用地流转，党的十八届三中全会的《中共中央关于全面深化改革若干重大问题的决定》（以下简称《决定》）指出："建立城乡统一的建设用地市场。在符合规划和用途管制前提下，允许农村集体经营性建设用地出让、租赁、入股，实行与国有土地同等入市、同权同价。"国土资源部公布的《土地管理法（修正案)》（征求意见稿）将2004年修正的《土地管理法》中"农民集体所有的土地的使用权不得出让、转让或者出租用于非农业建设"的第63条修改为："国家建立城乡统一的建设用地市场。符合土地利用总体规划的集体经营性建设用地，集体土地所有权人可以采取出让、租赁、作价出资或者入股等方式由单位或者个人使用，并签订书面合同；按照前款规定取得的集体经营性建设用地使用权可以转让、出租或者抵押"，这无疑是一个重大进步。建立城乡统一的建设用地市场。在符合规划和用途管制前提下,允许农村集体经营性建设用地出让、租赁、入股,实行与国有土地同等入市、同权同价。缩小征地范围,规范征地程序,完善对被征地农民合理、规范、多元保障机制。扩大国有土地有偿使用范围,减少非公益性用地划拨。建立兼顾国家、集体、个人的土地增值收益分配机制,合理提高个人收益。完善土地租赁、转让、抵押二级市场。

深化农村土地制度改革涉及的利益主体极其广泛,对经济社会影响十分明显,直接关系农村社会稳定、土地资源配置、农业生产成本和风险、农产品价格水平和居民食物消费负担等多方面。客观地说,现实中不存在十全十美的农村土地制度改革路径,因此,我们既不能因担心改革带来利益调整或者负面影响而止步不前,也不能不考虑改革影响是否超出农民和社会承受范围而盲目推进。

根据中央有关深化农村土地制度改革的部署要求,落实农村土地集体所有权,稳定农户承包经营权,这些是农村土地制度的基石,必须坚守,不能改变。保持农村土地承包关系长久不变,赋予农民更多的承包土地权能,就是要更好地保障农民权益。农村土地制度改革必须符合规划和用途管制要求,就是要守住耕地"红线",避免耕地过度非粮化,确保国家粮食安全。

农村土地制度改革牵一发而动全身,其他相关改革需要配套推进。赋予农民更多的土地权能,既是保护农民权益的需要,也是实现土地等要素资源优化配置和解决农民发展生产的需要。赋予农民承包地抵押、担保权能,需要探索建立相应的处置机制,才能调动金融部门向农民发放贷款的积极性,缓解农户资金不足难题。改革农村土地制度,放活土地经营权,鼓励农民承包地流转,需要与构建新型农业经营体系相结合,发展适度规模经营,培育新型农业经营主体,提高农业现代化水平。改革征地制度,建立城乡统一的建设用地市场,需要与健全城乡发展一体化体制机制相结合,实现城乡要素平等交换,让农民也能够参与现代化进程,分享经济发展成果。

农村土地制度改革,涉及众多利益主体权益的调整,不可避免地会产生误解,甚至会出现各种阻力。要尽可能地发挥市场在资源配置中的决定性作用,通过规范相关程序,开展试点并及时纠错,发挥典型引导作用,在此基础上进一步修改相关法律法规,尽可能地不让既得利益者牺牲利益,让改革红利更加公平、合理地分配。

党的十八届三中全会从顶层设计上提出了我国未来农村土地制度框架,明确了农村土地制度改革任务,指出了农村土地制度改革方向。但我国农村实际情况千差万别,农村土地制度改革不可能有标准化的操作手册,关键在于守住底线,因地制宜,与时俱进,走出一条以改革强农业、美农村、富农民的新路。

党的十八届三中全会决定明确了农村改革的主要任务,其中关于农村土地制度的改革必然会对整个农村的经济社会制度产生深刻影响。复杂的农村土地制度改革可以分为三块：征地制度改革、农村集体建设用地制度改革以及农地经营体制的改革。推进农村土地制度改革至少会在几个大的层面上产生很大影响：一是对国家土地管理制度的影响；二是对城乡之间土地资源配置和利用的影响；三是对农业经营体制的影响；四是对农民土地财产权利的影响。从对十八届三中全会决定的解读来看，可以把复杂的农村土地制度改革分解成三大块：第一块涉及国家征地制度的改革，对象为用于工业化、城镇化建设的农村集体土地；第二块涉及农村集体建设用地，既包括农民的宅基地，也包括乡镇企业的用地，还包括农村的公共设施和公益性用地；第三块涉及农地，主要是从事农业生产的耕地。

关于征地制度改革问题。党的十八届三中全会决定对征地制度改革提出了五项要求：一是允许符合规划和用途管制的农村集体经营性建设用地进入建设用地市场，并且和国有土地同等权利。其意为：在城镇建设规划区的范围内，如果涉及符合规划和用途管制的农民集体经营性建设用地，这部分土地可能就不再征收，以继续保持农民集体所有权的状态进入城镇建设用地市场。这对于保障农民土地权利、增加农民从土地开发中获取收益具有重大意义。二是在前一条的基础上进一步缩小征地范围，规范征地程序，同时，健全对被征地农民的多元保障机制。即使不属于农村集体经营性建设用地，但如果符合规划和用途管制，农村集体的土地也可以进入建设用地市场。这就进一步缩小了征地范围。城镇化还在推进阶段，城镇建设需要用地，但新增建设用地中实行征收的土地比重会逐步下降，这可能是未来改革的趋势。这就意味着，有更多的农村集体土地在不改变所有权的前提下进入城镇建设用地市场，这对于如何改革国家的土地管理制度、对于如何保障因城镇化而失去农地的农民权利都将提出新的要求。三是比允许符合规划和用途管制的农村集体土地进入城镇建设更重要的问题是，农地转为非农建设用地后的增值收益怎么分配。城镇中有两种土地所有制后，政府未来不必通过改变土地所有权的方式来推进城镇建设，而只需以监管者的身份，要求所有的土地权利人在土地利用中必须符合规划和用途管制，这是管理制度上的深刻变化，也是世界上多数国家采取的做法。但关键还是如何解决土地增值以后的收益分配。党的十八届三中全会明确提出，要建立兼顾国家、集体、农民的土地增值收益的分配机制，并明确要求合理提高个人收益。世界各地采取的办法大体为两种：一种是土地的增值收益归土地所有者，然后由政府通过税收来调节；另一种则是由法律确定一个合理的分成比例，规定农民所得的比例。我国台湾地区的规定是不低于40%，这基本可被当地农民所接受。四是减少划拨用地，更多的建设用地要通过市场机制来配置；还提出要建立有效调节工业用地和居住用地合理比价机制，提高工业用地价格。这对于遏制城镇化进程中的土地饥渴症显然有重要意义。五是提出要完善建设用地二级市场，这对推进城镇建设用地的二次开发、节约集约用地也会发生重要作用。

关于农村集体建设用地改革问题。人们关注的焦点其实都集中在城近郊区、城中村的农村土地，而那些远离城镇的农区土地实际上与城镇建设用地并没有太大的关系。当然，通过拆农房、并村庄，把农村建设用地指标倒到城里来用，则是另一回事。所以，不能用解决城镇化地区农民土地的办法来对待整个农村的建设用地。同时，也要考虑我国的城镇化到底还需要多少建设用地。第二次全国土地调查的结果是，到2012年底，城镇建设用地已达7.3万平方公里；将来即使城镇化率达到70%，按人均100平方米来计算，城镇建设用地也不应超过10.5万平方公里，比现在再增加3.2万平方公里。而村庄建设用地到2012年底已近18.5万平方公里。因此，绝不可能把农村节约的建设用地指标都倒到城镇来用。城乡建设如何统筹规划，农业人口转移、部分村庄逐步消亡后如何合理补偿农民，以将农房、村庄复垦为耕地等问题，应抓紧研究。党的十八届三中全会决定还提出农村集体建设用地改革的一个重要问题，即对于农民住房财产权的抵押、担保和转让。但住房财产权的准确定义（即它与土地使用权是什么关系），仍需继续探讨。农民住房抵押、担保、转让的问题很复杂，至少涉及三项重要制度。第一，农村集体经济组织制度。农民宅基地是农民以集体组织成员的名义获得的，且只有本集体的成员才能在本集体申请宅基地，如果农民可以将其住房抵押、担保、转让，是不是意味着集体外部人员也可以获得？这涉及农村宅基地制度的根本改变。第二，虽然农民房屋的建设费用是自己负担的，但是宅基地所有权是集体的，而农民的宅基地是无偿获得的，这表明农民的房产权的权能是不完整的。如果允许产权不完整的农民住房直接进入市场，那制度上该如何对待城镇中类似的住房，比如经济适用房和其他购买型的保障房？这涉及整个房地产市场规则的根本改变。第三，我国最高法曾经解释：接受房屋抵押的银行在抵押人无力偿还贷款、房屋被银行收走的情况下，必须保障抵押人及其赡养人口的基本居住权。这些情况都表明农民住房财产权抵押、担保、转让的复杂性，这也可以理解为什么党的十八届三中全会决定中提出的农房抵押、担保、转让只是选择若干试点、并要慎重稳妥推进的深层考虑。

关于农民承包耕地经营体制改革问题。党的十八届三中全会提出，在农民向城镇转移以后，要引导农民承包土地经营权的流转，发展土地适度规模经营，并且提出要以多种形式来创新农业经营主体和农业经营体系，提出了家庭经营、合作经营、集体经营、企业经营等多种多样的形式共同发展。改革中需要解决好的问题主要在于两个方面：第一，怎样保障农户作为土地承包者的权利；第二，怎样通过流转土地经营权使农业在现代化道路上更快发展。党的十八届三中全会决定提到加快构建新型农业经营体系。农业经营体系创新当然需要培育多种主体，不仅要培育从事农产品生产的多种经营主体，还要培育那些不直接提供农产品、但给其他农户提供经济技术服务的多种主体。这是我国农村近期发生的一个深刻变化。"耕、种、收靠社会化服务，日常田间管理靠家庭成员"的经营形式，这种靠扩大社会化服务的规模，弥补农户土地经营规模不足的经营形式，明显提高了农业的效率和效益，也符合现阶段大量农村劳动力在城乡之间徘徊的现实要求。从这个角度而言，以承包农户流转土地经营权、发展多种形式适度规模经营为主要形式的农地经营体制改革正比较顺利地向前推进。只要把握住这个方向，坚持让农民依法、自愿、有偿流转土地经营权，不搞大跃进、不搞强迫命令，不搞行政瞎指挥，就不会出现大的问题。

农村土地制度改革的方向选择是农村土地市场化。深化农村土地制度改革，从家庭承包制度到实行所有权、承包权、经营权"三权分置"，中间所经历的一系列改革都是基于市场经济条件下，农村集体土地市场化改革这一主线展开的。农村集体土地市场化改革是农村基本经营制度的自我完善，是正确处理农民和土地的关系，不断探索农村土地集体所有制的有效实现形式的制度创新。农村集体土地市场化路径不论如何选择，农村土地农民集体所有必须牢牢坚持，严格保护农户承包权，任何组织和个人都不能取代农民家庭的土地承包地位必须牢牢坚持，任何情况下都不能非法剥夺和限制农户的土地承包权。同时，农村土地制度改革又要放活土地经营权，在依法保护集体所有权和农户承包权的前提下，平等保护经营主体依流转合同取得的土地经营权，保障其有稳定的经营预期。

农村集体土地市场化改革的基本路径选择是农村土地股份化。党的十八届三中全会《决定》提出"保障农民集体经济组织成员权利，积极发展农民股份合作，赋予农民对集体资产股份占有、收益、有偿退出及抵押、担保、继承权"。我国农村集体所有的包括土地在内的资源性、经营性、非经营性资产是一笔数额巨大的财产，保持好并利用好农村集体财产意义重大。推进农村集体土地股份制改革面临诸多问题：一是基层干部缺乏改革的主动性。发展壮大集体经济，开展集体资产股份合作制改革是有"三怕"：一怕难，农村集体资产股份合作制改革政策性强，工作难度很大，改革程序复杂，基层干部有畏难心理；二怕乱，改革过程中会遇到很多历史问题、遗留问题，基层干部不愿去捅"马蜂窝"；三怕失权，长期以来村社干部对集体经济收入的支配权大，要建立完善的集体经济组织治理机制，基层干部担心改革后会失去对集体经济的支配地位。二是缺乏明确的市场主体地位。农村集体经济组织没有明确的法人地位，部分地方通过改革试点，成立村集体资产管理公司，建立股份制农民专业合作社，经营管理农村集体资产。但由于立法滞后，其市场主体地位缺乏法律依据。绝大多数村没有集体经济组织，普遍由村委会或村民小组行使集体经济组织职责，难以独立开展经济活动。三是改革后税费负担加重。针对农村集体经济组织的税费优惠政策极少，改革后的集体经济组织及其成员承受过重的税负压力，相当部分集体经济组织及其成员对改革心存疑虑。推进农村集体土地市场化改革，就当前而言：一是加快推进农村集体资产股份合作制改革。尽快研究制定推进农村集体资产股份合作制改革的指导意见，明确改革的总体思路、目标任务、重点环节等，建立符合市场经济要求的新型农村集体经济组织。二是明确农村集体经济组织法人地位。加快立法调研，抓紧出台或者修改相关法律、条例。制定农村集体经济组织法，或者制定农村集体经济组织条例，并修改民法总则中相关规定，将农村集体经济组织作为一类独立法人。三是支持农村集体经济组织发展壮大。加强对改革后建立的新型农村集体经济组织的支持，对其"扶上马、送一程"，实行"多予少取"，在土地、税收等方面给予更大的支持。特别是应加快制定相关税费减免优惠政策，对集体经济组织利用经营收入从事农村公共事务和公益事业建设的部分，实行税前列支。对农民获得的集体资产收益，不征收个人所得税。

第一章

农村集体土地市场化基本理论

第一节 农村集体土地市场化概述

明晰农村集体土地市场化的基本概念和基本理论，是研究农村集体土地市场化的前提。从农村集体土地、农村集体建设用地、农村集体土地市场化的概念出发，分析对农村集体土地市场化产生重要影响的土地产权理论、土地法权理论、土地市场理论相关理论。

一、农村集体土地

农村集体土地是指农民集体所有的土地，也称作劳动群众集体所有的土地。这里的集体，是专指乡（镇）、村、村民小组等类同性质的农业集体经济组织对土地的所有权，其他任何集体对土地没有所有权，农村的土地（包括城市郊区），除法律规定属于国家所有或已依法征收的外，均属于集体所有，农民使用的宅基地、自留地、自留山等都属于集体所有。

集体土地是中国土地所有制的一种形式。农村集体土地的所有权主体是农民集体，而不是集体经济组织。

中国实行土地的社会主义公有制，土地的所有制形式包括国家所有（全民所有）和劳动群众集体所有两种形式。

农村集体土地除了具有土地的基本属性以外，还有综合性、生产性、竞争性、增值性、资产性、流通性等特性。综合性是指集体土地是由土壤、气候、水文、地形、地质、生物及人类活动的结果所构成的综合体。土地的各组成部分紧密结合，相互影响，人类不可能改变其中一种组成要素而使其他要素保持不变。例如，人们大肆砍伐森林，不仅会直接改变林木和植物的生长状态，也会引起土壤、水分、动植物及气候发生变化。生产性是指集体土地具有一定的生产力，可以生产出人类需要的某种植物或动物产品。竞争性是指土地面积的有限性及位置的固定性，导致人们对集体土地的竞争行为。一方面，国家在推进城镇化、工业化和进行道路交通、水利、教育等基础设施建设过程中，必然会占用土地资源，但由于城市的土地资源有限，不能满足其需要，就必然要占用集体土地。另一方面，作为国民经济基础的农业要发展，就需要对耕地和农田进行保护，对集体土地而言，也形成了竞争行为。增值性是指对集体土地的每一次投入，都表示其价值的提高。土地增值的直接原因来自于有效投入，间接原因是由于社会需求、供求关系以及人的心理、文化传统等因素的刺激。在农用地利用过程中既有经济投入（人、财、物等），也有自然投入（太阳能、化学能等），这些均会对土地增值形成重要影响。资产性是指土地可以被垄断形成资产，土地既有资源的属性也有资产的属性。流通性是指由于集体土地是集体经济组织的资产，像其他商品一样可在市场上流通，即土地流转，但流通的不是集体土地的实体本身，而是集体土地的某些权利。

我国法律对农村集体土地的界定：(1)《中华人民共和国宪法》第10条规定"农村和城市郊区的土地，除由法律规定属于国家所有的以外，属于集体所有；宅基地和自留地、自留山，也属于集体所有。"《中华人民共和国土地管理法》第2条"中华人民共和国实行土地的社会主义公有制，即全民所有制和劳动群众集体所有制"。第8条"城市市区的土地属于国家所有。农村和城市郊区的土地，除由法律规定属于国家所有的以外，属于农民集体所有；宅基地和自留地、自留山，属于农民集体所有。"(2) 集体土地经营管理方面的规定。《中华人民共和国土地管理法》第10条"农民集体所有的土地依法属于村农民集体所有的，由村集体经济组织或者村民委员会经营、管理；已经分别属于村内两个以上农村集体经济组织的农民集体所有的，由村内各该农村集体经济组织或者村民小组经营、管理；已经属于乡（镇）农民集体所有的，由乡（镇）农村集体经济组织经营、管理。"(3) 集体土地所有权的确认。《中华人民共和国土地管理法》第11条"农民集体所有的土地，由县级人民政府登记造册，核发证书，确认所有权。"(4) 集体土地的征收和征用。国家为了公共利益的需要，可以依照法律规定对土地实行征收或者征用并给予补偿。(5) 集体所有的土地可以由集体或者个人承包经营，从事农林牧渔生产。

二、农村集体建设用地

集体建设用地，又称乡（镇）村建设用地或农村集体土地建设用地，是指乡

（镇）村集体经济组织和农村个人投资或集资，进行各项非农业建设所使用的土地。集体建设用地分为三大类：宅基地、公益性公共设施用地和经营性用地。集体建设用地所有权归集体所有，农民享有使用权，使用期限无规定。

农村集体经济组织使用乡（镇）土地利用总体规划确定的建设用地兴办企业或者与其他单位、个人以土地使用权入股、联营等形式共同举办企业的，应当持有关批准文件，向县级以上地方人民政府土地行政主管部门提出申请。村公共设施、公益事业建设，需要使用土地的，经乡（镇）人民政府审核，向县级以上地方人民政府土地行政主管部门提出申请。

农村集体建设用地的法律界定。《国土资源部关于促进农业稳定发展农民持续增收推动城乡统筹发展的若干意见》（以下简称《意见》）。《意见》强调，规范集体建设用地流转，逐步建立城乡统一的建设用地市场。一是明确土地市场准入条件，规范集体建设用地使用权流转。在城镇工矿建设规模范围外，除宅基地、集体公益事业建设用地，凡符合土地利用总体规划、依法取得并已经确权为经营性的集体建设用地，可采用出让、转让等多种方式有偿使用和流转。国土资源部将下发农村集体建设用地出让和转让办法。二是完善土地资源配置机制，构建城乡统一建设用地市场。各地要充分依托已有的国有土地市场，加快城乡统一的土地市场建设，促进集体建设用地进场交易，规范流转。三是制定集体土地收益分配办法，增加农民财产性收入。各地在集体建设用地出让转让等流转活动中，要按照"初次分配基于产权，二次分配政府参与"的原则，总结集体建设用地流转试点经验，出台和试行集体建设用地有偿使用收益的分配办法。国土资源部将积极与相关部门沟通，研究建立集体建设用地有偿使用有关税费征缴和分配办法。

《意见》规定，严格宅基地管理，依法保障宅基地用益物权，促进节约集约利用农村土地。一是科学规划宅基地，促进新农村建设合理布局。按照统筹城乡建设用地和控制总量、合理布局、节约用地、保护耕地的总要求，严格划定农村居民点扩展边界，合理确定宅基地数量、布局和用地规模，创造条件，编制好村级土地利用规划，引导农民住宅相对集中建设，促进自然村落适度撤并。二是抓紧修订现有宅基地使用标准，促进土地集约利用。各地要遵循工业化、城镇化进程中的客观规律，按照节约集约用地原则，根据城乡不同的地域特点，区分不同住宅类型，抓紧修订现有的宅基地面积标准，建立和完善农村人均用地标准，控制宅基地和村庄建设用地规模。三是强化自我约束，探索宅基地节约集约利用新机制。各地要积极探索在集体经济组织内建立宅基地有偿使用制度，强化内部约束机制，促进宅基地公平分配，提高宅基地利用率。引导集体经济组织在充分尊重农民意愿的前提下，用经济手段调节宅基地的分配使用，规范农村宅基地特别是闲置宅基地的合理利用，促进解决现有宅基地集约利用和超标问题。四是改革完善宅基地审批制度，简化审批手续。各地要适应农民住宅建设的特点，按照严格管理、公开高效、便民利民的原则，改革宅基地审批办法。村民住宅建设利用未利用地的，经村、乡（镇）逐级审核，批量报县（市）政府批准；涉及占用农用地的（基本农田除外），由各县（市）按当年总量，每年分若干批次向上级人民政府申请办理农用地转用手续，由省（区、市）或设区的市、自治州政府批准。

三、农村集体土地市场化

农村集体土地的生产性、竞争性、增值性、资产性、流通性等特征，决定了农村集体土地市场化的不可避免。本书重点从农村集体土地所有权市场化和农村集体土地使用权市场化两个方面对农村集体土地市场化进行分析。

宪法规定，我国的土地制度实行社会主义公有制，即：城市的土地归国家所有，农村的土地归农民集体所有。从理论上讲，土地所有权的流转只能在国家和集体这两个主体之间进行，其他任何主体均无权参与。我国当前土地所有权的转换形式主要为集体土地国有化，即：因城市发展壮大，原属农村的乡（镇）村部分或整体性地并入到城市框架内，随着乡（镇）村的撤销，转变为城市基层行政单位或居民自治组织，农村集体经济组织成员部分或全部由农村居民转为城镇居民，原属农村集体所有的土地，随之也部分地或全部划归国有。

我国农村集体土地分为建设用地和农业用地，农村集体土地市场化的重要内容是农村集体建设用地和农业用地两种土地经营使用权的市场化，即利用价格机能使农村集体土地达到供需平衡的一种理想的市场状态。

现行法律制度对农村集体建设用地入市的界定：2014年12月2日，习近平主持召开中央全面深化改革领导小组第七次会议。会议审议了《关于农村土地征收、集体经营性建设用地入市、宅基地制度改革试点工作的意见》（以下简称《意见》）。会议指出，坚持土地公有制性质不改变、耕地红线不突破、农民利益不受损三条底线，在试点基础上有序推进。2015年1月，中共中央办公厅和国务院办公厅联合印发了《关于农村土地征收、集体经营性建设用地入市、宅基地制度改革试点工作的意见》，这标志着，我国农村土地制度改革即将进入试点阶段。

《意见》在农村土地征收改革方面提出了要探索缩小土地征收范围；规范制定征收目录，健全矛盾纠纷调解机制，全面公开土地征收信息；完善对被征地农民合理、规范、多元保障机制等。在符合规划和用途管制前提下，允许农村集体经营性建设用地出让、租赁、入股，实行与国有土地同等入市、同权同价。缩小征地范围，规范征地程序，完善对被征地农民合理、规范、多元保障机制。扩大国有土地有偿使用范围，减少非公益性用地划拨。建立兼顾国家、集体、个人的土地增值收益分配机制，合理提高个人收益。完善土地租赁、转让、抵押二级市场。

农村集体建设用地入市要把握好三个限定词：一是它是集体的经营性建设用地，并不是集体的所有的建设用地，因为农村还有公益性建设用地和宅基地，更不是原来建设用地之外的其他耕地，这是一个限定词。二是符合规划。即使取得土地使用权，要建设什么也要符合规划。三是用途管制。概括地说，允许入市的只是农村集体经营性建设用地，必须在符合规划和用途管制的前提下，农村集体的经营性建设用地才可以出让、租赁、入股，并不是说所有的农村建设用地都可以自由入市，而且注意，即便是集体的经营性建设用地入市，首先也还要确权、确地，不能无证转让。还要规范公开的市场操作，不能私下授受，所以需要开展试点，不是一下就推开的。

第二节 农村集体土地市场化基本理论

一、土地产权理论

土地产权是指以土地所有权为核心的土地财产权利的总和，包括土地所有权及与其相联系的和相对独立的各种权利，如占有权、使用权、经营权等。由于国情及历史原因，世界各国的土地产权制度不尽相同，中国实行的是土地公有制，而其他国家的土地产权形式则90%以上为永久业权、世代相传。

(一) 世界几个典型国家的土地产权制度

1. 英国土地产权制度。英国的土地制度历史悠久，体系完整。在英国、英联邦国家和地区，全部的土地从法律上都归英国国王或国家所有。也就是说，英国国王是唯一的绝对的土地所有人，个人、企业和各种机构团体仅拥有土地的使用权。英国、英联邦国家和地区的土地虽然在法律上都属于英王（国家）所有，但拥有永久业权的土地持有人实际上就是该土地的拥有者。因此，英国是一个土地私有制国家，绝大部分土地为私人或法人所有，政府和公共部门所有的土地仅占很小的一部分。

在法律上，土地保有权的拥有者称为土地持有人或租借人。土地持有人所保有的土地权利的总和，叫作地产权。地产权有两种形式：一种是自由保有的地产权，即为永久业权，主要有三类，即无限制的单纯地产权、限制继承的地产权和终身地产权。自由保有权为保有权人永久所有，一般以契约或居住、耕作使用等形式为基础确定，在他人土地上居住或使用12年，土地视为使用者保有。另一种是租用保有地产权。也称为租业权，它是有一定期限的地产权，大部分依协议而产生。租用保有权有125年、40年、20年、10年等，并通过合同或协议确定土地权利和内容。而且在租赁期内，确定的土地权利和内容不能随意更改。自由保有权人不能随意干涉。最重要的租借地产权是有期限的地产权和定期地产权。

虽然英国实行土地私有制，但因公共利益需要，如基础设施建设，可通过行使强制购买权来征用土地。享有这项权力的有政府和其他机构，包括中央政府各部、地方政府、高速公路局、城市发展公司以及自来水和电力公司等。而何种用地功能属于公共利益范畴则由议会决定，并以法律形式确定下来。征地机构在取得强制征用权后须经过一系列严格的步骤并对被征地人做出最合理的补偿。被征地人如对公开质询的结果仍有异议，还可向最高法院上诉，对于收入在一定范围内的被征地人，还可在法律费用方面获得经济资助。

在英国，土地权利受法律保护且可以自由交易，然而，土地所有者并不能随意对土地进行开发，这一限制通过土地用途管制来实现。1947年，《城乡规划法》规定一切土地的发展权，即变更土地用途的权利归国家所有。这项法律实质上实行"土地发展权国有化"。任何土地所有人或其他人如欲变更土地用途，必须申请规划英镑许可。

英国的房屋购买者须缴纳印花税，2008年9月初，英国政府为拯救低迷的楼市，大手笔启用了一份涉及近百亿英镑的财政援助计划。该计划的重要组成部分便是印花税假期政策，即政府对价格在17.5万英镑以下的住房交易停征印花税1年。

2. 美国土地产权制度。美国国土面积中私人所有的土地占58%，主要分布在东部；联邦政府所有的土地占32%，主要分布在西部；州及地方政府所有的土地占10%。土地以私有制为主，国有土地只占其中一小部分。美国法律保护私有土地所有权不受侵犯，各种所有制形式之间的土地可以自由买卖和出租，价格由市场供求关系决定。

联邦政府所有土地主要包括联邦政府机关及派驻各州、县、市机构的土地和军事用地等。州、县、市政府也各自拥有自己的土地。联邦、州、县、市在土地的所有权、使用权和受益权上各自独立，不存在任意占用或平调，确实需要时要依法通过买卖、租赁等有偿方式取得。

土地私有制是由欧洲移民引进美国的，美国有全世界最自由的土地制度，土地所有权分为地下权（包括地下资源开采权）、地面权和地上空间权（包括建筑物大小、形状等），这三部分权益可以分别转让。政府无权任意征用与拆迁。地主愿意让政府在自己土地上修路以换取开发权，开发区的道路、学校等基础设施费用由政府负担，开发商仅需提供宅基地内的建设费用，取得私有土地权与开发权的代价不高，使得大笔资金注入土地投机与开发，土地供应量大且地价低。

在征地方面，美国是按征用时市场上的公平价值补偿，这种市场价值，不仅包括征用时的使用价值，而且包括被征用财产的最佳使用价值，即财产因其开发潜力所具有的"开发价值"，体现了对私有财产利益的保护。

美国征用土地主要分两种形式。

第一种是警察权，指政府为了保护公众健康、安全、伦理以及福利而无偿对所有人的财产施以限制乃至剥夺的行为。警察权包括土地区划、建筑和健康法规、让移要求、土地分割、污染以及出租管制等。警察权准许政府规划私人土地，而不需要支付补偿。这种征用的方式适用的场合非常有限，并受相关法律严格制约。

第二种是有偿征用，指政府依法有偿取得财产所有人的财产的行为。美国联邦宪法第五条修正案规定了关于有偿征用的三个要件：正当的法律程序、公平补偿以及公共使用。在有偿征用中，同样有相当严格的步骤需要遵守。

美国地产市场十分发达，制度健全，所有的土地都实行有偿使用，在政策规定许可的范围内，土地可以自由买卖、出租和抵押。政府对私人土地的管理主要是通过登记收费和规划引导。私有土地买卖完全是私人之间的事，手续十分简单，在双方自愿签订协议之后，只需向政府缴足规定的税金，进行注册登记即可。土地买卖价格，则由买卖双方根据当时土地的市场价值进行估计，完全由买卖双方协商，也可由私人估价公司帮助双方达成协议，并完成交易。

3. 新加坡。在新加坡，建屋发展局可以无偿得到政府划拨的土地，而私人房地产开发商则必须通过土地批租，有偿获得土地使用权。政府通过这种方式在一定程度上照顾了中、低收入者的利益；防止地产炒作，对居民购买组屋次数做出严格限定；居民购买组屋后一定年限内不得整房出租；组屋在购买后5年之内不得转让，也不能用于商业性经营，否则将受到法律严惩。此外，新加坡已开始征收房产税，按照规定，业主出售购买不足1年的房屋，要缴纳高额房产税。

（二）中国土地产权制度的理论与实践

1. 土地制度变迁。中华人民共和国成立后土地制度的变迁，大致经历了土地改革、人民公社体制、家庭联产承包责任制及农地流转的出现等几个阶段。

（1）土地改革。封建地主土地所有制在中国具有几千年的历史，农民租种地主土地,"两权分离"。1949年中华人民共和国成立后,《中华人民共和国土地改革法》变封建地主土地所有制为劳动人民的土地所有制,农民第一次拥有了自己的土地产权。当然,土地改革也带来了一些负面效应,如土地的过于细碎使规模化生产和农业现代化难以进行,更主要的是,这种土地制度不符合新中国成立后宏观政治经济形势的要求。

(2) 人民公社体制。1952年土改完成后,中国农村历经了互助组、初级社和高级社形式的合作化道路的探索,最终确立了人民公社制度,即将农民私有、集体统一经营使用的土地制度改革为集体统一所有、统一经营的土地制度。这种制度安排导致土地产权的模糊性——土地既是集体的,又是国家的,国家在某种程度上以产权主体资格参与分配,农民的利益不可避免被侵占。同时,这种"一大二公"的单一产权制度必然导致劳动监督成本、组织成本过高和劳动激励过低的弊端。

(3) 家庭联产承包责任制。1978年开始实行。它是将集体所有、统一经营使用的土地制度变革为集体所有、家庭联产承包经营使用的土地制度,确立了多元产权格局,所有权和承包权分离,农民事实上成为生产经营权主体。在这种新的产权制度格局下,农民在分配中是作为拥有部分产权的一方权利主体而存在的,农户通过"交够国家的,留足集体的"利益承诺,换取了土地的使用权和剩余索取权。但随着农村市场化进程的加快,家庭联产承包责任制的局限性也逐渐显露出来。由于它对传统体制下形成的土地集体所有制的固有缺陷采取了回避态度,试图通过经营形式的改善来克服根源于所有制的产权缺陷,不仅没从根本上解决土地产权制度对农业持续增长的激励问题和对各经济主体的约束问题,还引发诸如集体所有权对经营权的侵蚀、农民土地承包权不稳定等新的矛盾。

(4) 土地流转。1984年前后,随着家庭联产承包责任制对农业激励作用由潜能释放进入消散阶段,中国农村土地制度的又一次变革——土地流转应运而生。土地流转的实质是让农民不仅拥有土地使用权而且拥有在承包期内的转让权。2002年8月通过的《农村土地承包法》对调整农地承包关系作出了进一步规范,但相关制度不完善和配套措施不健全。目前,农地赋予农民以生存保障的福利机制,限制了土地流转;同时,由于土地承包经营权属于契约规定的债权性质而不是法律赋予的物权,使农民集体和农户对农地实际上没有交易权、租让权、抵押权,导致一些农村集体土地流转严重"异化",出现侵农害农事件。

2. 中国土地权利体系。土地权利是指权利人按照法律规定,直接支配土地、享受其利益,并排除他人干涉的权利。土地权利是一种财产权,土地权利在物权法上就是土地物权,是最重要不动产物权。2007年3月颁布的《物权法》,以基本法的形式对我国土地权利体系进行了明确,将土地权利分别在所有权、用益物权和担保物权中作了规定。其中，所有权中规定了国家土地所有权和集体土地所有权；用益物权中规定了土地承包经营权、建设用地使用权、宅基地使用权和地役权；担保物权中规定了土地抵押权。根据《物权法》的规定，结合我国土地权利的传统划分和相关法律规定，可将其划分为土地所有权、土地使用权、地役权和土地抵押权四个大类。

（1）土地所有权。土地所有权，是指国家或农民集体在法律规定范围内，对土地所享有的全面的、支配性的权利。土地所有权人对所拥有土地，具有占有、使用、收益和处分的权能。土地所有权具有全面性、完整性、永续性、弹力性的特征。土地所有权是土地权利体系中最重要、最基础的土地权利，其他土地权利都是在此基础上派生的。土地所有权属于财产所有权的范畴，但我国土地所有权相对于一般财产所有权，还具有主体特定性、交易禁止性、权属稳定性等特点。

土地所有权是由土地所有制决定的，土地所有权是土地所有制在法律上的表现。我国实行土地的社会主义公有制，即全民所有制和劳动群众集体所有制，从而在土地所有权方面，确立了国家所有和农民集体所有这两种土地所有权。国家和农民集体是我国土地所有权的主体，国家和农民集体对自己所有的土地行使权利受法律保护。

国家土地所有权。国家土地所有权是指国家作为土地所有权的权利主体，依法对国家所有的土地享有的占有、使用、收益和处分的权利。国家土地所有权是我国土地所有权制度的重要内容，是确定社会主义全民所有制经济占主导地位的经济制度的基础。国有土地的所有权只能由国家统一行使，国家以外的任何社会团体和个人都不得作为国有土地的所有权人。《物权法》第45条第2款规定：国有财产由国务院代表国家行使所有权；法律另有规定的，依照其规定。《土地管理法》第2条第2款规定：全民所有，即国家所有土地的所有权由国务院代表国家行使。国务院代表国家依法行使对国有土地的占有、使用、收益和处分的权利。在法律上规定国务院是国家土地所有权的代表，一是明确地方各级人民政府不是国有土地所有权代表，无权擅自处置国有土地，只能依法根据国务院的授权处置国有土地；二是赋予中央人民政府行使国有土地资产经营管理的职能；三是明确国有土地的收益权归中央人民政府，国务院有权决定国有土地收益的分配办法。

根据我国《宪法》《物权法》《土地管理法》等法律规定，国有土地的范围包括：城市市区的土地；农村和城市郊区中已经依法没收、征收、征购为国有的土地；国家依法没收、征收的土地；依法属于国家所有的荒地、山岭、滩涂、林地和森林、草原、水域所覆盖的土地；依法属于国家所有的名胜古迹、自然保护区的土地；国有公路、铁路、学校或其他公用事业占用的土地；其他不属于集体所有的土地。这里的城市是指依照《城市规划法》规定，国家按行政建制设立的直辖市、市、镇。

集体土地所有权。集体土地所有权，是指农村集体经济组织对其所有的土地行使占有、使用、收益和处分的权利。农民集体土地所有权是除国家土地所有权外的另一种土地所有权。农民集体所有权的主体有三种：一是村农民集体所有，即原来实行人民公社时期以生产大队为核算单位的农民集体所有；二是村内两个以上农村集体经济组织的农民集体所有，即原来实行人民公社时期以生产队为核算单位的农民集体所有；三是乡（镇）农民集体所有，即原来实行人民公社时期以人民公社为基本核算单位的农民集体所有。

对于集体所有土地所有权的行使，《物权法》第60条规定，①属于村农民集体所有的，由村集体经济组织或者村民委员会代表集体行使所有权；②分别属于村内两个以上农民集体所有的，由村内各该集体经济组织或者村民小组代表集体行使所有权；③属于乡镇农民集体所有的，由乡镇集体经济组织代表集体行使所有权。

根据我国《宪法》《民法通则》《物权法》《土地管理法》等法律规定，农民集体所有的土地包括：①除由法律规定属于国家所有以外的农村和城市郊区的土地。也就是说，农村和城市郊区的土地原则上属于集体所有。如果法律规定属于国家所有的，则属于国家所有。这里所讲的"法律"应是全国人大及其常委会通过的具有法律约束力的规范性文件，包括宪法和其他法律。②宅基地和自留地、自留山。农民集体所有的宅基地，主要是指农民用于建造住房及其附属设施的一定范围内的土地；自留地是指我国农业合作化以后农民集体经济组织分配给本集体经济组织成员（村民）长期使用的土地；自留山是指农民集体经济组织分配给其成员长期使用的荒山和荒坡。

（2）土地使用权。土地使用权这一概念在《物权法》中没有直接的规定，但在我国《土地管理法》《城市房地产管理法》《担保法》等法律中有明确规定。土地使用权，是指单位和个人按照法律规定，对交由其使用的国有土地和农民集体土地的占有、使用、收益以及依法处分的权利。《土地管理法》第9条规定，"国有土地和农民集体所有的土地，可以依法确定给单位或者个人使用。使用土地的单位和个人，有保护、管理和合理利用土地的义务。"国有土地和农民集体所有的土地可以依法确定给单位或者个人使用，体现了土地所有权和土地使用权相分离的基本原则。《物权法》用益物权规定的土地承包经营权、建设用地使用权、宅基地使用权都属于土地使用权。

土地承包经营权。土地承包经营权是在我国农村改革中产生的，在调动农民的积极性、推进生产力发展等方面，显示出巨大的威力。这种承包经营关系反映在法律上，就产生了土地承包经营权这个特定的概念。根据《物权法》《民法通则》《土地管理法》《农村土地承包法》等法律规定，土地承包经营权是指土地承包经营权人依法对其承包经营的耕地、林地、草地等享有占有、使用和收益的权利。土地承包经营权是一项独立的物权，在依法取得后，承包权人就有在承包经营的土地上依法占有、使用、收益的权利，这些合法的权益受法律的保护。

  建设用地使用权。在《物权法》出台前，建设用地使用权是按土地用途划分的一个土地使用权类型，它包括国有建设用地使用权和集体建设用地使用权。《物权法》主要规定了国有建设用地使用权，《物权法》第135条规定，建设用地使用权人依法对国家所有的土地享有占有、使用和收益的权利，有权利用该土地建造建筑物、构筑物及其附属设施。建设用地使用权具有以下特点：①在设立范围上，建设用地使用权可以在土地的地表、地上或者地下分别设立。新设立的建设用地使用权，不得损害已设立的用益物权。随着经济和社会的发展，土地分层利用问题日益突出，《物权法》对此作出了相应的规定。我国土地所有权属于国家所有或集体所有的性质，决定了土地上下空间的所有权属于国家或集体，当事人只能通过设定建设用地使用权等取得对地上、地下空间的使用权利。在分层设立建设用地使用权时，不同层次的权利人是按照同样的规定取得建设用地使用权的，在法律上他们的权利和义务是相同的，地位是平等的；不同的是，各个建设用地使用权的空间范围、位置有区别。②在设立方式上，《物权法》规定，建设用地使用权可以采取出让或者划拨等方式。工业、商业、旅游、娱乐和商品住宅等经营性用地以及同一土地有两个以上意向用地者的，应当采取招标、拍卖等公开竞价的方式出让，否则建设用地使用权设立行为无效。采取招标、拍卖、协议等出让方式设立建设用地使用权的，当事人应当采取书面形式订立建设用地使用权出让合同。按照《土地管理法实施条例》第29条规定，建设用地使用权还可以国有土地租赁、国有土地使用权作价出资或入股的方式设立。在国有企业股份制改革中，还有以国家授权经营的方式设立建设用地使用权。③在权利内容上，建设用地使用权人有权将建设用地使用权转让、互换、出资、赠与或者抵押，但法律另有规定的除外。因设立方式不同，出让建设用地使用权和划拨建设用地使用权权利、义务不同。以划拨方式取得的建设用地使用权转让时，应经过行政审批，并缴纳相应的土地出让金或土地收益。建设用地使用权转让、互换、出资或者赠与的，附着于该土地上的建筑物、构筑物及其附属设施一并处分。建筑物、构筑物及其附属设施转让、互换、出资或者赠与的，该建筑物、构筑物及其附属设施占用范围内的建设用地使用权一并处分。④建设用地使用权期间届满后如何续期问题，《物权法》对住宅建设用地和非住宅建设用地区别对待。住宅建设用地使用权期间届满的，自动续期。非住宅建设用地使用权期间届满后，依照法律规定办理，即建设用地使用权人可以在建设用地使用权期间届满前一年申请续期。

宅基地使用权。宅基地使用权作为一项独立的土地权利类型，是《物权法》中的新规定。根据《物权法》《土地管理法》等法律规定，宅基地使用权是经依法审批由农村集体经济组织分配给其成员用于建造住宅的、没有使用期限限制的一种土地权利。宅基地使用权人依法对集体所有的土地享有占有和使用的权利，有权依法利用该土地建造住宅及其附属设施。

土地使用权具有以下特征：一是土地使用权是在国有土地和集体土地所有权的基础之上派生出来的一种权利，这一权利是依据土地所有权的存在而存在，没有土地所有权也就没有土地使用权。二是土地使用权的目的，是获得土地的使用价值，从土地利用活动中获得经济利益或为其他活动提供空间场所。三是土地使用权是对土地的直接占有、支配权和一定范围内的处分权。四是土地使用权具有一定的稳定性。一方面，土地使用权人只要依法使用土地，就不受他人非法干涉，包括不受土地所有权人的干涉；另一方面，土地使用权虽没有期限，但一般期限比较长。比如农民集体所有的土地由本集体经济组织的成员承包经营从事种植业、林业、畜牧业、渔业生产的，土地承包经营期限为 30 年。国有土地使用权出让最高年限，居住用地 70 年，工业用地 50 年；等等。五是土地使用权一般仅限于地上、地表和地下的一定空间范围。根据《宪法》和有关法律的规定，地下矿藏、文物、埋藏物等属于国家，土地使用权人不能因为对土地具有使用权，而认为对上述财物具有权利。六是使用土地的单位和个人，有保护、管理和合理利用土地的义务。对于土地资源的利用不仅是权利人对自己权利的行使，而且还关系到其他社会成员生存的权利。

（3）地役权。地役权是指土地权利人按照合同约定，利用他人的不动产，以提高自己的不动产的效益的权利。地役权是一种用益物权，是在土地所有权、使用权、承包经营权基础上设立的从属的物权。在地役权关系中，有权利用他人不动产而使自己土地的利益和价值得到提高的一方为地役权人，其土地为需役地；允许他人利用其不动产而获得一定补偿的一方为供役地权利人，其不动产为供役地。《物权法》将地役权作为一项重要土地权利写入了我国法律中，并对其形式和内容进行了具体规范。

（4）土地抵押权。土地抵押权是指抵押人以其合法拥有的土地使用权作为履行债务的担保，当债务人到期不履行债务或宣告破产时，抵押权人有权处分土地使用权，并从中优先受偿的权利。土地抵押权是担保物权，是一种从权利。

（三）中国的农村土地产权及界定

农村土地产权的孕育与形成，是市场经济成长的必然之物。随着现代市场经济的发展和生产日益社会化,传统的农村土地所有权内涵已经不能完全解释和说明当代市场经济中的各个独立或相对独立的农村利益主体利用农村土地所产生的复杂利益关系及其运作状况。农村土地权益主体的日趋多元化以及农村土地权益日益分散化的趋势,使得单纯从农村土地所有权的角度研究和运作农村土地,已经不能适应变化了的社会经济现实,因此,就产生了从包括农村土地在内的土地占有、利用角度来研究农村土地产权关系和农村土地产权制度的学说——现代农村土地产权理论。

1. 农村土地产权的内涵。农村土地产权是农村土地所有权演变、发展的必然结果。当社会经济日益发展,农村土地所有权的占有、使用、收益、处分等内在权能不断分离派生并独立化为各个特殊权益时,量变导致质变,原来农村土地所有权就只保留了最终处分权能,即农村土地的最终所有权或所有者产权。此时,通常而言的农村土地所有权实质上仅是农村土地的最终所有权或所有者产权,它已经不能包容各个独立化的农村土地权益了。于是,农村土地产权应运而生,成为农村土地所有权的各项权能在市场经济中的独立运作层面。

根据产权相关理论,我们可以得出:农村土地产权关系并非人与农村土地之间的关系,而是指由于农村土地的存在和使用而形成的一些被法律认可、被保障的行为性关系。农村土地产权制度则是界定各个权益主体,包括国家、法人、自然人、非法人的组织等在农村土地利用方面的地位及其社会经济关系的系统规范;由此决定的农村土地产权分离格局则具体规定了各个权益主体与那些农村土地运作相关的行为规范。农村用地主体在与他方相互进行经济联系或交往的过程中都必须遵守这些规范;否则,将承担不遵守这些规范的成本,即经济责任。为了更深入地理解农村土地产权,有必要将"农村土地所有权"和"农村土地产权"这两个既有联系又有区别的范畴进行分析。"农村土地所有权"是农村土地所有制的法律用语,实质上是农村土地经济关系在法律上的表现。因此,农村土地所有权侧重于强调农村土地与社会经济制度相联系的生产关系属性。农村土地产权的客体或标的是农村地产。因此,农村土地产权侧重于强调各个权益主体共同指向农村土地并受法律保护的权利。具体地说,农村土地产权就是有关农村地产的一切权利的总和。也就是说,农村土地的所有权、使用权、收益权、处分权等各项权利共同组成农村土地产权。农村土地产权可理解为单项权利的权利束或权利组合,其不同的组合方式形成不同的土地产权结构,不同的产权结构形成了不同的利益结构,而不同的产权结构也就具有不同的产权效率。

2. 农村土地产权的特征。"农村土地产权"是所有权的运作形式。从农村土地所有权和农村土地产权的变迁来看,土地所有权是伴随国家、法律而出现的,但最初土地所有权与其他权能几乎是一体化的,正如在原始社会中,奴隶主既拥有土地的所有权，同时也通过奴隶的劳动实现土地收益。这时，没有必要也不可能在土地所有权权能中分离其他的要素。后来，奴隶经济有了一定发展，土地所有权中其他权能才逐渐从中分离出来，构成相对独立的权利，随着商品经济（它的高级形式是市场经济）的发展，土地产权制度才逐步确立。实际上，土地产权制度的确立，经历了"否定之否定"过程。第一次"否定"，是土地所有权内部其他权能逐步相对独立，占有权、使用权、收益权和处分权等相对脱离所有者的控制，并为土地的占有者、使用者带来直接的经济利益。这是土地所有权内部要素对所有权本身的否定。第二次"否定"，是第一次"否定"之后，所有权中其他权能的独立行使主体，将其加以运作，形成新的所有权即法人所有权。法人所有权形成以后，土地的市场运作功能强化了。在现代市场经济中，尽管所有权以外的其他权能的作用功能加强了，但土地所有权仍然是产权体系的核心部分。因为农村土地产权与农村土地所有权的根本区别是：前者是经济体制范畴，直接与资源配置相联系，强调的是农村土地的市场运作；后者是经济制度的范畴，直接与生产关系相联系，强调的是最终归属。农村土地产权的功能在于，作为一种行为规则，决定着人们在占有农村土地所进行的"竞争—合作"的条件与方式，并通过这种对人的行为方式的影响，进而影响农村土地资源配置，影响农村土地产出结构和收益分配。因此，可以说，农村土地产权是农村土地所有权的运作形式。

农村土地产权的特征表现在以下几个方面。

一是农村土地产权是各个利益主体对农村地产的"权利束"。农村土地产权是指当事人对农村土地的一组权利，而不是一种权利。农村土地产权的内容包括农村土地所有权、农村土地使用权、农村土地收益权、农村土地处分权，以及这些权能的细分及其组合，等等。这些农村土地产权要素是可以界定、可以分离的，因而，能在不同的权益主体之间进行排列组合状的分割或配置，形成多种不同的农村土地产权组合形式或产权结构。美国土地经济学家巴洛（R. Barlow）把这种包括农村土地在内的土地权利组合体的内涵分述为：占有、使用、出售、馈赠、出租、抵押、重分、授予等，并列举政府机构具有如征税、为公共用途征用、控制土地利用和无主归公等另一些权利。这些土地权利组合按主体地位的不同，可区分为农村土地所有者产权和农村土地使用者产权。

二是农村土地产权是农村土地市场的交易对象。农村土地产权和农村土地市场交易具有内在的必然联系。农村土地市场中的交易行为基本特征，是农村土地具有区位固定性，是不可移动的，但以它为载体的农村土地产权则是活化和流动的。某个权益主体参与农村土地市场活动，表面上看是在土地交易中的竞争，但实质上只是为获得某些规定的权利，以便在经济上有效地利用这宗土地，而不是为了农村土地物质本身。所以说，农村土地市场交易实质上就是农村土地产权的交易。然而，要进行农村土地产权的交易，就得使作为交易对象的农村土地产权具有客观性和可分割性。

三是农村土地产权结构影响农村土地资源的配置效率。农村土地交易费用的存在是各权益主体选择不同的农村土地产权结构的主要原因。根据科斯定理，只要农村土地交易费用等于零，法定农村土地权利的初始配置并不影响效率。但在现实社会经济生产中，农村土地的交易费用总是大于零，所以农村土地的交易费用水平不同。于是，各权益主体就会选择那种使得农村土地交易费用最低，农村土地资源配置效率最高的农村土地产权结构或"权利束"。所以，农村土地产权结构对农村土地资源的配置效率会产生积极的或消极的影响。

四是农村土地产权人有明显的排他性。对农村土地产权界定的合理性，是以农村土地产权的排他性来衡量的。农村土地产权的排他性可以分为"农村土地的排他性使用产权"和"拥有产权的合法转让性"两个层面。"农村土地的排他性使用产权"，是指农村土地所有者在被允许的范围内，对该资源具有不受限制的选择权利。只有这样，才能保证农村土地产权主体在运作产权的过程中获得稳定的经济预期，并促进农村土地资源的有效利用。"农村土地产权的合法转让性"，则是指农村土地所有者所拥有的利用农村土地资源的资格和权益是可以自由转让的；在这种情况下，农村土地资源才能投入最有效益的使用范围，从而实现资源优化配置的期望值。因此，必须根据农村土地产权的排他性规范和界定农村土地产权，明晰它的运作界区。

五是农村土地产权体现为一种法律规范。现代市场经济体制下，土地产权以明确的法律规范进行界定和保障。也就是说，土地产权是以法律法规的形式对人与人之间关于土地的各种权利作出明确规定，并对这些权利加以法律层面的约束和控制，对破坏权利的行为和行为人施加处罚和惩戒。或者说，土地产权不仅仅是法律形式，而且是受法律规范的、可操作的、可追求、可借以实现的资格和权利。

二、土地发展权理论

征地纠纷的本质是各方对土地发展增益的争夺，土地发展增益在法律上表现为土地发展权。我国《土地管理法》基本采取了土地发展权国有模式。土地发展权并非土地所有权的派生权利，它因国家管制权的行使而成为一项独立的权利。目前，西方国家主要有两种土地发展权制度模式，一是以英国为典型的土地发展权（部分）国有制度，二是以美国为典型的土地发展权（定额私有）转让制度。

两者差异颇大，但均能保障基本公平，可防止少数人独享土地发展增益。

（一）土地发展权的内涵

土地发展权是指土地所有人遵守土地开发的法律规定，将某块地或其上的建筑物用于某种特殊用途，包括开发地或其上建筑物的面积、密度、容量和高度。土地发展权是可以和土地所有权分离的一种财产权。土地发展权是土地变更为不同使用性质的权利，是一种可以与土地所有权分割而单独处分的财产权。它既可以与土地所有权合为一体，由拥有土地所有权的土地拥有者支配，也可以单独支配，它是土地处分权中最重要的权利。

土地发展权在西方国家是一个很普通的观点：土地拥有者往往是既有土地所有权，又有土地发展权，这样的土地拥有者在自己所拥有的土地范围内可享受自主开发建设、自主耕牧、自行开采矿山等权益。如遇国家需要占用其土地，国家必须向其购买土地发展权和征用土地所有权；但也有很多土地拥有者只有土地所有权而没有土地发展权，这样的土地拥有者只能对其拥有的土地进行延续的使用，而不能改变其使用性质，如耕牧只能耕牧，不能建设或开采，如需建设或开采、开发，则必须向政府购得土地发展权。

土地发展权是对土地在资源利用方面改变原有的利用形式，进行再开发的权利，是突破原有的土地利用形式，在空间维度上向纵深方向发展，在使用上变更土地用途之权，是一种未来土地使用性质权益变更的获利性，它是一种不动产的物权。

土地发展权基本分类：一是农地变更为非农用地的发展权或称之为农地发展权；二是未利用土地变更为农用地或建设用地的发展权；三是在农地使用性质不变的情况下扩大投入的发展权；四是在建设用地上进行建设的发展权。

（二）土地发展权的法律属性

配置权利是为了保障利益，土地发展权是土地发展增益分配格局的法律保障。由于土地发展增益来源于全社会的共同努力，因此，土地发展权的制度初衷应当是实现土地发展增益的社会共享。如果土地发展增益来源于土地所有权，那么将其完全分配给土地所有权人就是合理的，但事实上并非如此。因此，土地发展权不太可能是土地所有权的派生权利。这一点，还可以从法律理论上得以印证。

1. 土地发展权与土地所有权的关系。土地发展权派生论的立论基础是"所有权绝对"的观念。"所有权绝对"观念认为，土地是具有三维空间之物，地表上下能满足权利人需要的一定空间都是土地权利人的当然支配范围。古代罗马法有"土地所有权及于土地之上下"的谚语，后来注释法学家将其绝对化，解释为土地所有权"上达天空、下及地心"。1804年，《法国民法典》贯彻了"所有权绝对"观念，它规定："所有权是对于物有绝对无限制的使用、收益及处分的权利"（第544条），"土地所有权包含该地上及地下的所有权"（第552条）。"所有权绝对"意味着，土地的纵向范围不受限制，可以延伸至地上及地下无限的空间；权利人对土地上下空间的支配权，可以包含在土地所有权或使用权之中，也可以分离出来作为独立的物权。基于此，农民（农村集体）应当拥有完整的土地所有权，包括占有、使用、收益、处分等权能。其中，土地的使用和收益，包括直接使用收益，如种植作物、养殖鱼类；也包括间接使用收益，如保持水土、保护环境等；还包括选择性使用收益，即权利人可以选择未来使用收益；也包括存在性使用收益，如特定的自然资源的保留即可以获取收益。

依据上述观念，土地发展权就被认为是从土地所有权中分离出来的一种物权，是通过土地利用的纵深扩展或用途变更来谋取更大发展增益的权利，它是土地所有权的派生权利。因此，土地所有权人理所当然地拥有土地发展权。这意味着，农地无论以何种方式转变为非农用地，原所有权人都应当获取全部增值收益，只有这样才称得上"农民的土地产权完整"。从"所有权绝对"的观念出发，认为土地发展权从土地所有权中派生而来，自然就会主张农民（农村集体）拥有土地发展权。

我国《物权法》第86~92条体现了这种对所有权的限制。根据这些条文的明确规定，土地所有权因相邻权利人用水、排水、通行等受到限制，因相邻权利人建造、修缮建筑物以及铺设电线、电缆、水管、暖气和燃气管线等而负有必要的义务，因相邻权利人的通风、采光、环境安全、不动产安全等而负有必要的义务。

土地所有权不仅受到私法的限制，还普遍受到公法的限制。在日本，土地所有权至少受到土地征收法、都市计划法、都市再开发法、国土使用计划法、自然公园法、自然环境保护法、都市绿地保全法、消防法、道路法、航空法、电波法、下水道法、河川法、森林法、渔业法、矿业法、采石法等的限制。在中国，土地所有权也受到若干公法的限制，至少包括土地管理法、环境保护法、耕地保护法、航空法、渔业法、矿产资源法、森林法、文物保护法、防洪法等。

在公法和私法都对土地所有权作出广泛限制的今天，依据"所有权绝对"的观念，认为土地发展权派生于土地所有权，主张土地所有权人应当得到土地发展增益的全部，这在法律理论上缺乏足够的说服力。

不过，土地发展权的实现毕竟需要高度依赖于土地所有权，需要依赖于土地上下空间，因此，会牵涉地上权（建设用地使用权）、空间权，而地上权、空间权被认为是土地所有权的派生权利，它们都是设定在土地所有权上的用益物权。随着人类活动范围的扩大，空间逐渐成为稀缺资源。我国《物权法》第136条也规定："建设用地使用权可以在土地的地表、地上或者地下分别设立。"据此，土地发展权的实现，似乎是建设用地使用权、空间权的应有之意。不过，这只是一种误解。因为土地发展权不仅涉及私法上的关系，还涉及公法中的土地规划、用途管制等。土地建设、使用和空间分割的前提是权利人享有土地发展权，若公法对土地开发有所限制，土地建设、使用和空间分割并不具现实可能性。例如，根据《耕地保护法》《土地管理法》和某市建设规划，基本农田保护区内的某地块不能用于非农建设，其建设用地使用权、空间权就不可能设立。所以，建设用地使用权、空间权设立的前提是权利人享有土地发展权。可以说，土地发展权构成了对所有权、使用权、地上权、空间权等物权的限制。

2. 土地发展权与国家管制权的关系。公法中的土地规划、分区、用途管制等权力，在性质上属于国家管制权，它隶属于国家主权。管制权是国家为了促进和维护公众的健康、安全、道德和一般福利，而扩大立法范围直至对个人进行干预的权力。它是现代社会健康发展所不可缺少的，构成了立法保护公共卫生、公共道德、公共安全和整体福利的内在权力基础。土地规划、分区控制、用途管制、地方建筑准则、建筑从业许可等，都是国家在土地利用方面行使管制权的体现。管制权的实施不会给国家带来赔偿土地所有人价值损失的义务。土地发展权产生于国家管制权对土地开发利用的限制。土地利用若不受限制，就无须所谓土地发展权，古代的土地利用就自由而不受限制，到了近现代，基于对土地开发利用进行管制的需要，产生了土地发展权的观念和制度。

然而，土地规划和用途管制会限制某些土地的发展（非农利用或高强度利用），限制其对土地发展增益的分享，这样反过来增加了另一些土地（可以非农利用或高强度利用的土地）所能分享的发展增益。具体地块能否分享以及可以分享多少发展增益，与土地的自然属性无关，而与政府管制行为密切相关，政府的管制可以使社会发展的成果刚好集中在特定地块。土地发展权的制度初衷，就是政府为了贯彻土地利用规划，而对土地发展增益分配进行干预，以平衡并重构土地利益结构。如果赋予城郊农村土地无限制的发展权，就违背了土地发展权的制度初衷，它会使土地分区规划、用途管制所造成的土地利益落差缺乏平衡补救机制。因此，土地发展权与国家管制权的"限制"相伴而生，它力图平衡和解决土地发展增益的分配，以促进土地资源的有效利用，最终达到保护历史古迹、环境、城市开敞空间、粮食安全等目的。

中国在土地利用方面行使国家管制权，体现在土地上，包括规定土地用途、编制用地规划、进行开发管理控制等多方面。我国城市土地归国家所有，农村土地归村集体所有。城市土地经审批后可以开发建设；农村土地要开发用于非农建设，需要先进行征收，转变为国有建设用地。国家垄断了土地开发一级市场，政府或其授权委托的企业，对农村集体土地进行统一的征收、拆迁、安置、补偿，并进行适当的市政配套设施建设，然后在土地二级市场上进行有偿出让或转让。在土地二级市场中获得土地使用权的主体，要进行非农建设，还需要城市规划部门核发"一书两证"（建设项目选址意见书、建设用地规划许可证、建设工程规划许可证）。

在国家管制权的作用下，我国法律虽未言明土地发展权，却近乎采取了土地发展权（益）国有模式。这至少意味着，农村集体土地的发展权（益）与土地所有权是分离的。英国、美国等西方国家则明确规定，土地发展权可以与土地所有权分离，土地发展增益的独立性，得到了普遍承认（下节有详细介绍）。英国、美国及我国的法律制度都不认为：土地发展权是土地所有权的派生权利，土地所有权人应当享有土地发展增益。也就是说，土地发展权（益）是一项独立于土地所有权的权利（利益）。随着法学理论和司法实践的发展，特定的利益上升为权利的现象不断增多，且不断被法律规范所认可。因此，我国法律明确以土地发展权的形式调整土地发展增益，这可能是大势所趋。

（三）土地发展权的必要性

1. 建立土地发展权制度有利于促进基本人权建设。发展权是一项普遍的、基本的人权，不仅得到国际社会的确认，而且我国已将"发展"定为国家的"第一要务"，土地发展权制度建设是促进基本人权建设的重要举措。

2. 建立土地发展权制度促进社会利益最大化，是追求社会公平的需要。随着所有权的社会化，国家为了实现公共管理和服务职能，通过土地用途管制制度限制土地所有权的行使，来保护农地、营造良好的环境。但是，土地用途管制制度自身带来了土地所有权人之间的不公平。一部分土地所有者对土地的利用受到限制，不能够以更有效益的方式利用土地，如将低收益的农业用地转变为收益颇高的商业用地，这部分土地所有者受"暴损"；而另一部分发展不受限制的土地所有者，却因为土地用途管制制度带来的土地资源的稀缺性，获得暴利。发展受限制地区的人民牺牲了发展权益，为社会提供了良好环境、开敞空间等公共物品，反而遭受暴损；可发展地区的土地所有者为了私利开发利用土地，却获得暴利。这种现象显著不公平。如果设置一种产权将保护生态环境的正外部性行为内部化，由可发展地区的土地所有者对发展受限制地区土地所有者进行补偿，则可实现社会公平，并且激励良好环境、开敞空间等社会公共利益的提供。

3. 建立土地发展权制度也是土地管理的需要。土地发展权的缺失，造成土地使用权权能的模糊、空洞，导致其出让、转让、出租和抵押等市场交易活动不规范，城市土地发展和农地被征用等所发生的土地增值无法以产权的形式进入市场，巨大的土地增值收益无法有序流动。同时，地方政府多重目标导致的短期化、寻租等不规范行为起到推波助澜的作用。土地发展权作为作用于土地使用性质变更的财产权，为土地管理优化开辟了一条新途径。

（四）构建土地发展权的意义

1. 有了土地发展权，就可以从行政和产权两方面明确界定政府的土地管理权限，维护土地规划的法律权威性。土地发展权是土地使用性质变化发展的财产权，是一项目的性、功利性非常强的制度，是土地利用规划的法律依据。因此，土地用途的更改受到产权和法律的保护，任何政府组织和个人不能肆意变更土地用途。土地规划就是对土地开发用途的产权界定，具有法律权威性，必须建立对政府土地开发权限的行政和产权双重约束机制。各级政府官员应该遵循土地发展权的产权法律规定，明确各自在城市土地开发中的权能权限，不能破坏土地规划的法律权威性和非法干预土地用途变更。

2. 构建土地发展权市场运作机制，增强市场调节作用，促进土地利用规划的调整和完善。土地发展权市场运作指在土地发展权国家源头供给的前提下，由行政单独配置划拨土地发展权向政府与市场双重配置土地发展权转换。在规划实施过程中借助经济手段对土地发展权配置的调整和弥补，通过支付土地发展权取得成本，提高使用土地的门槛，从而达到控制建设用地总量、保护农用地、保护生态环境、保护城市开敞空间的目的，最终促进土地利用规划的调整和完善。

3. 建立土地发展权的产权运作流程，优化土地开发利用管理流程。土地发展权的产权运作流程：创设、让渡、变更和灭失。依据土地发展权的产权运作流程，土地开发利用操作流程进行如下优化：界定现行土地利用现状和利用主体利益，确定土地使用性质变化发展的具体内容；对土地使用现状变化发展进行行政和产权双重管制，有效管制土地发展权的授予、让渡、出让等行为；政府对土地开发密度、强度和用途进行管理，并审批土地开发者土地开发用途变更的申请；确认土地发展权因法律或事实原因的不存在，进行土地发展权回收管理，处理相关产权纠纷。

（五）中国的土地发展权概况

土地发展权的提法在我国目前还仅限于理论界，在实践中并未作为一个明确的概念使用。在国外，土地发展权一般归政府所有，这主要基于社会公平的考虑。土地所有权可以买卖、土地使用权可以转移，但是，土地所有者和使用者都不能随意变更土地发展权。如果土地所有者要改变土地用途或增加土地使用集约度，必须先向政府购买发展权。

而我国现行国有土地使用权出让过程中，其土地使用出让金在性质上是地租。"地租是土地使用权的价格——对于土地所有者来说，地租是出售一定时期的土地使用权所收取的价格，其经济实质是土地所有权在经济上的实现；对于土地使用者来说，地租是购买一定时期的土地使用权所付出的价格"。因此，土地使用权出让金只是一定年限土地使用权的价格，而不是土地发展权的价格。

创立归国家所有的土地发展权尤其有利于保护耕地，使对耕地的保护置于国家的总体规划之下，从而防止有关组织或部门任意变更农地为非农建设用地。对确实需要变更土地使用性质的，则必须向国家购买发展权，这样就能明晰变更土地使用性质而产生的收益，以此补偿土地发展权变更后相关利益群体的损失。

三、土地市场理论

人多地少，是我国的国情。但是，农村土地撂荒的问题却是不争的事实。在目前农民的整体收入中，来自财产权利的收入不足3%。在我国农村尤其是欠发达地区、劳务输出地区的农村，土地撂荒的面积并没有随着国家惠农政策的不断加强而减少，大部分农民认为"种地不如打工"。究其原因主要体现在以下几个方面：农业生产回报效益低，所付出的劳动力换不回所付出的劳动价值，从事农业生产不如从事非农业生产效益高；农村主要劳动力大量进城务工，贫穷落后的农村留下的是"留守老人和儿童"；随着国家经济的发展，城镇化率不断提高，农民向非农业产业的转移越来越多；土地零星、分散、偏远、贫瘠不便于管理；传统农业产业收益不稳定。由于传统产业受季节和气候影响，收入难以确保；务农人员缺乏对市场经济的分析，造成农业产业风险过大；土地流转依然较慢且处于无序状态；农村产业结构不合理。

解决我国农村土地改革的根本出路在于逐步实现农村土地市场化，逐步建立与社会市场经济相适应的、有利于土地资源充分开发与合理利用的市场机制，实现土地资源配置合理化和资产效益最大化，以促进农村市场经济和农业现代化的发展。

（一）农村土地市场化改革历史沿革

农村土地制度市场化改革在中国改革开放历史进程中作用巨大，农村土地制度改革的成功突破，引发了整个中国农村经济体制的全面变革，进而又带动了中国城市经济的市场化改革。

1. 农村土地联产承包责任制理论体系形成（1978~1989年）。

20世纪80年代是中国改革开放探索的试点阶段，同时，也是冲破计划理论禁区的大胆创新阶段，这种创新是对我国长期的计划经济思想束缚的一种试探性的冲击，虽然受到了来自原有思想观念的制约，但从理论和实践深层次看，中国的改革更多的是从实践中率先突破，然后才是理论上的完善和丰富，并进而理论指导实践。20世纪80~90年代，中国土地制度改革历程可以分为两个阶段：1978~1984年，土地联产承包责任制理论形成阶段；1985~1989年，土地联产承包责任制反思与完善阶段。

（1）土地联产承包责任制理论的初步探索（1978~1984年）。安徽凤阳县小岗村农民为了能够获得能够赖以生存的粮食，秘密签字画押协议承包土地，开创了中国经济改革的新纪元，对我国农村实行的农村集体所有制为基础的人民公社制度进行了改良。掀起了一次中国农村土地制度改革的浪潮，引发了农村经济体制改革和整个中国的全面改革。最后命名的家庭联产承包责任制是在经过了1979~1982年的不断试点、完善基础上才得以确立的，而真正在全国推广则到了1982年后。1982年，中共中央正式肯定了"包干到户"也是一种生产责任制，是社会主义农业经济的组成部分，标志着家庭联产承包责任制进入了全面推广的阶段。土地制度理论探讨是随着农民实践的发展而展开的。家庭联产承包责任制在当时经历了一个由点到面，由少到多，由贫困边远山区到富裕平原地区，从违法最终到合法的过程。

（2）对农村土地联产承包责任制的反思与完善。前一个阶段，农村经济的改革主要有两项措施：一是推行家庭联产承包责任制；二是取消农副产品的统派统购制度，实行合同订购。但1985年后出现了许多新问题、新矛盾，如土地经营规模过小，效益难以提高；流通渠道不畅，卖粮难等现象反复出现以及非农产业发展缓慢等，而1985年后连续几年粮食大减产给政府和社会各界敲响了警钟。需要从更深、更广角度来探讨农村改革和发展问题，改革思路和模式包括改革流通体制、健全商品经济、健全市场、调整产业结构、发展新型合作经济等，而农村土地制度自然是一切问题的核心点。

2. 城乡土地市场化制度改革理论的形成（1990~1999年）

20世纪90年代是中国经济走向全面改革的10年，改革的重点开始从农村转向城市，这主要得益于中国农村土地制度成功改革和农村经济发展基础巩固。尽管农村改革也面临着很多新问题，但从总体上来说，农村土地联产承包责任制制度框架已经形成，整个90年代农村经济改革的重点已转移到购销体制改革，农村土地制度改革的重点已主要体现在稳定承包责任制，而最重要的就是相继确定了延长土地承包期15年和确定中国农村土地承包责任制30年不变的基本政策和相应的法规制度。因此，20世纪90年代，中国土地制度改革的重心和最大贡献就是城镇土地制度市场化改革取得突破性进展和中国城镇土地制度改革理论体系初步建立和形成，这也成为中国推动区域改革发展的重要支撑。

(1) 20世纪80年代城镇土地使用权市场化探索。尽管农村土地制度改革是20世纪80年代的主线和重点，但是，伴随着农村土地家庭联产承包责任制如火如荼地展开以及改革开放思潮的影响，关于城市土地制度改革的理论探讨也逐渐开始。但这时还只是一种理论概念上的探讨，真正的深入探讨是从1985年之后开始的，同样，也是伴随土地使用费征收试点逐步深入的。总的理论观点就是，改变城市土地"无偿、无限期使用、无流通"的制度弊端，向"有偿、有限期、有流动性"的使用权改革方向进行。

(2) 20世纪90年代城镇土地制度市场化改革理论初步形成。20世纪80年代的城镇土地制度改革讨论为90年代中国城镇土地市场化制度改革营造了一个理论基础，而促进和推动中国城镇土地制度改革理论研究形成的关键，还是深圳率先进行的土地有偿化试点以及后来上海浦东开发的实践。90年代城镇土地制度市场化改革理论研究初步形成，主要包括：一是城市土地的所有权、经营权问题。主张政府所有、职能部门所有和法人所有。二是城市土地产权制度内容。坚持所有权与经营权两权分离，但不排斥权利束理论、物权理论。城市土地产权讨论为我国城市土地所有权与使用权分离和土地有偿使用奠定了理论基础。三是城市土地市场机制运行。完善我国城市土地市场机制是90年代我国城镇土地制度改革的又一重点内容。运用马克思地租理论或西方经济学理论来研究我国城市土地市场机制，认为土地作为生产要素，开放土地市场的根本目标是孕育土地价格机制，使城市土地资源配置和使用引入有效传导机制和动力机制，城市土地市场构建目标与城市土地制度创新目标应一致，要充分发挥土地作为生产要素和资产双重功能以及调控职能。

(二) 土地市场化改革的制度变迁

1. 农村土地市场化改革：农民逐步获得农地农用土地交易权。改革开放后，随着家庭经营制度在农村的推行和改革的深化，中国农地产权结构沿着不断强化农民土地产权的方向演进，农民逐步获得农地农用土地交易权。2008年，《中共中央关于推进农村改革发展若干重大问题的决定》指出，"赋予农民更加充分而有保障的土地承包经营权，现有土地承包关系要保持稳定并长久不变""完善土地承包经营权权能，依法保障农民对承包土地的占有、使用、收益等权利""加强土地承包经营权流转管理和服务，建立健全土地承包经营权流转市场，按照依法自愿有偿原则，允许农民以转包、出租、互换、转让、股份合作等形式流转土地承包经营权，发展多种形式的适度规模经营"。中央政府不仅在政策层面上继续坚持农业的家庭经营制度，而且运用法律规定进一步赋予农民较自由的土地农用交易权。

2. 城市土地市场化改革：逐步构建城市土地市场结构，政府垄断一级土地市场。初期，城市土地使用制度改革的破冰之举更多地局限于试点地区。1982年，深圳特区开始按城市土地等级收取土地使用费，但同年12月颁布的《宪法》却规定，"任何组织或者个人不得侵占、买卖、出租或者以其他形式非法转让土地"。1987年9月，深圳首次以协议方式出让住宅用地使用权，同年12月深圳首次以拍卖方式出让国有土地使用权。深圳、上海等试点城市按照国有土地所有权和使用权分离的原则，在保留城市土地国有的前提下，通过协议、招标、拍卖等方式将土地使用权出让给使用者，出让后的土地使用权可以进行转让、出租和抵押。改革的实践倒逼政府对相关法律进行修改。1988年4月颁布实施的《宪法修正案》删除了土地不得转让的规定，增加了"土地使用权可以依照法律的规定转让"的条文。《土地管理法》相关条例修改为"国家依法实行国有土地有偿使用制度""国有土地和集体所有的土地的使用权可以依法转让"。1990年5月颁布实施的《中华人民共和国城镇国有土地使用权出让和转让暂行条例》规定，"依法取得的城镇国有土地使用权在使用年限内可以转让、出租、抵押或者用于其他经济活动，合法权益受国家法律保护"。进入21世纪以后，城市土地市场化改革不断深入，国有土地使用权招标拍卖挂牌出让的范围进一步扩大。2002年5月，国土资源部《招标拍卖挂牌出让国有土地使用权规定》，"商业、旅游、娱乐和商品住宅等各类经营性用地，必须以招标、拍卖或者挂牌方式出让"。2008年，《国务院关于促进节约集约用地的通知》提出，要严格限定划拨用地范围，"工业和经营性用地出让必须以招标拍卖挂牌方式确定土地使用者和土地价格"。

3. 农地非农化市场化改革：不断完善征地制度，有条件地逐步开放农地非农化市场。我国现行法律规定，征地是农地非农化的唯一合法途径。1982年5月，《国家建设征用土地条例》明确规定，"全民所有制单位同农村社队联合投资建设的项目，需要使用农村社队集体所有土地的，视同国家建设征用土地。"1998年8月新修订的《中华人民共和国土地管理法》规定，"任何单位和个人进行建设，需要使用土地的，必须依法申请使用国有土地。"进入21世纪后，鉴于征地矛盾日益突出，政府按照缩小征地范围、提高补偿标准、完善征地程序的改革思路在多地进行了改革试点。2004年10月，国务院发布的《关于深化改革严格土地管理的决定》提出，"土地补偿费和安置补助费的总和达到法定上限，尚不足以使被征地农民保持原有生活水平的，当地人民政府可以用国有土地有偿使用收入予以补贴。"进入21世纪后，农地非农化所产生的较大土地增值收益极大地激发了政府以地生财的积极性，与此同时，日益突出的征地矛盾倒逼政府不断深化农地非农化制度的改革，国家禁止农村集体建设用地流转的政策限制不断被突破，并形成一定规模的隐形市场。2008年10月，《中共中央关于推进农村改革发展若干重大问题的决定》指出，"在土地利用规划确定的城镇建设用地范围外，经批准占用农村集体土地建设非公益性项目，允许农民依法通过多种方式参与开发经营并保障农民合法权益。逐步建立城乡统一的建设用地市场，对依法取得的农村集体经营性建设用地，必须通过统一有形的土地市场、以公开规范的方式转让土地使用权，在符合规划的前提下与国有土地享有平等权益"。

4. 农村集体建设用地市场化改革：完善土地法规，转变政府职能，发挥市场对土地资源的配置作用。农村集体建设用地市场化是发展社会主义市场经济的内在需要。中国农村集体建设用地市场化从20世纪90年代末以来，先后经历酝酿、尝试和启动三个阶段。随着经济社会的进一步发展，突破现有法律法规限制、制度体制障碍，推进农村集体建设用地市场化已经成为客观需要和现实选择。在转型时期，实现农村集体建设用地市场化需要共同发挥市场的资源配置作用和政府的宏观调控职能，以完善法律法规为前提，以扩大土地权能为基础，以征地制度改革为突破，以转变政府职能为支点，发挥市场的资源配置作用，从而构建城乡统一的建设用地市场体系。农村集体建设用地市场化有其客观必然性：第一，农村集体建设用地资源的封闭性，引发农民、集体经济组织和政府的利益冲突，影响政府间关系、土地政策的稳定性，也引发社会矛盾，开放和流转已成为必然。第二，法律法规制度的形成与制定落后于经济实践，当农村集体建设用地入市成为合理需求并且隐形交易经常性发生时，需要对其进行规范，使其成为法内行为，这就需要制度变革。第三，农村集体建设用地利用的政策目标发生了变化，从最初的支持国有、集体经济和乡镇企业发展，演变为满足城镇建设用地需求，兼顾耕地保护和土地管理秩序，最终演变为支持城乡统一土地市场的构建，兼顾农民利益的保障。第四，农村集体建设用地从早期须经征用转为国有土地才能入市，转变为目前村集体有更多的决定权，可作为与市场对接的主体，使集体建设用地直接入市，政府可以税费、交易形式等政策进行干预，政策的强制性在逐渐减弱。

农村集体建设用地市场化发展要着力解决好三个问题：一是农村集体经营性建设用地使用权确权登记；二是完善城乡统一的建设用地市场交易规则；三是健全集体土地资产处置决策程序，探索土地增值收益在国家、集体、个人之间，以及在集体内部公平合理的分配的机制与办法。

5. 城乡统一建设用地市场化改革：完善土地租赁、转让、抵押二级市场。土地是最重要的生产要素之一。党的十八届三中全会通过的《中共中央关于全面深化改革若干重大问题的决定》（以下简称《决定》）提出建立城乡统一的建设用地市场，明确了深化农村土地制度改革的方向、重点和要求。

（1）改革的前提是扩大土地权能。《决定》的一个亮点，就是进一步扩大了土地的权能，不仅允许土地承包经营权抵押、担保，而且赋予了农村集体经营性建设用地与国有建设用地平等的地位和相同的权能。《决定》提出："在符合规划和用途管制前提下，允许农村集体经营性建设用地出让、租赁、入股，实行与国有土地同等入市、同权同价""完善土地租赁、转让、抵押二级市场"。这为建立城乡统一的建设用地市场提供了保障。

完善农村集体经营性建设用地权能是治本之策。现代市场经济是统一开放、公平竞争的经济，要求各类要素平等交易，农村集体经营性建设用地作为重要的生产要素也不例外。长期以来，农村集体土地所有权与国有土地所有权地位不对等，集体建设用地产权不明晰、权能不完整、实现方式单一等问题已经成为统筹城乡发展的严重障碍。法律规定，农村集体所有土地的使用权不得出让、转让或者出租用于非农建设，农村集体建设用地不能单独用作抵押。除农村集体和村民用于兴办乡镇企业、建设村民住宅和乡（镇）村公共设施、发展公益事业外，其他任何建设不能直接使用集体土地，都要通过征收程序将集体土地变为国有建设用地。法律限制过多，导致农村集体建设用地财产权利实现渠道受阻，制约了农村集体建设用地市场建设，损害了农民土地权益。多年来特别是党的十七届三中全会以来，一些地方积极开展集体建设用地和宅基地改革探索，取得了重要进展，广东、安徽、湖北等省先后出台了全省性的规范集体建设用地流转的规定，为完善农村集体建设用地权能奠定了实践基础。

坚持同等入市、同权同价。为解决上述突出问题，《决定》在深入总结国内外经验的基础上提出，农村集体经营性建设用地实行与国有土地同等入市、同权同价。同等入市，意味着农村集体经营性建设用地可以与国有建设用地以平等的地位进入市场，可以在更多的市场主体间、在更宽的范围内、在更广的用途中进行市场交易，为完善农村集体经营性建设用地权能指明了方向；同权同价，意味着农村集体经营性建设用地享有与国有建设用地相同的权能，在一级市场中可以出让、租赁、入股，在二级市场中可以租赁、转让、抵押等，为完善农村集体经营性建设用地权能提供了具体明确的政策依据。这必将为深化农村土地制度改革注入强大动力。

严格用途管制和用地规划管理。《决定》强调，农村集体经营性建设用地入市要以严格用途管制、符合用地规划为前提。建设用地具有较强的不可逆性。实现土地资源的优化配置，既要发挥"看不见的手"的作用，也要发挥"看得见的手"的作用，要坚持"两手抓、两手都要硬"。实行用途管制是世界大多数国家的通行做法，是确保土地利用经济效益、社会效益、生态效益相统一的根本途径，是统筹经济发展与耕地保护的重要举措。无论国有建设用地还是农村集体经营性建设用地，都要遵守用途管制和用地规划。

（2）改革的关键是征地制度。征地制度是国有建设用地市场建设的基本制度，关系农村集体经营性建设用地市场发展的空间，更关系农民的切身利益。切实解决征地中存在的突出问题，《决定》在总结征地制度改革经验的基础上，指出了深化征地制度改革的方向和重点任务就是缩小征地范围，规范征地程序，完善对被征地农民合理、规范、多元保障机制；建立兼顾国家、集体、个人的土地增值收益分配机制，合理提高个人收益。

解决征地问题的根本出路在于深化改革。多年来，土地征收制度在保障我国工业化、城镇化对建设用地的需求方面作出了历史性贡献。但在实践中，现行征地制度暴露出一系列突出问题。随着征地规模和被征地农民数量逐年增加，征地引发的社会矛盾也逐年增多，导致涉及征地的信访居高不下，群体性事件时有发生，社会风险加剧。这既与现行法律法规执行不到位有关，也与征地范围过宽、征地补偿标准偏低、安置方式单一、社会保障不足、有效的纠纷调处和裁决机制缺乏有关。征地引发的问题，核心是利益，根子在制度，出路在改革。按照党的十七届三中全会关于深化征地制度改革的要求，各省（区、市）制定公布并实行征地统一年产值标准和区片综合地价，较大幅度提高被征地农民的补偿标准并建立定期调整机制；一些地方积极开展征地制度改革试点，探索缩小征地范围和留地安置等让被征地农民分享增值收益的多种方式，为改革征地制度奠定了基础。

缩小征地范围，规范征地程序，完善对被征地农民合理、规范、多元保障机制。缩小征地范围，就是按照《中华人民共和国宪法》规定精神，将征地界定在公共利益范围内，逐步减少强制征地数量，从源头上减少征地纠纷的产生，同时，为建立农村集体经营性建设用地市场留出充足空间。规范征地程序，就是通过改革完善征地审批、实施、补偿、安置、争议调处裁决等程序，保障被征地农民的知情权、参与权、收益权、申诉权、监督权，进一步规范和约束政府的征地行为，防止地方政府滥用征地权。建立对被征地农民合理、规范、多元保障机制，就是从就业、住房、社会保障等多个方面采取综合措施维护被征地农民权益，使被征地农民生活水平有提高、长远生计有保障，确保社会和谐稳定。

建立兼顾国家、集体、个人的土地增值收益分配机制，合理提高个人收益。提高被征地农民在土地增值收益中所占比例，被征地农民集体和个人除了得到合理补偿外，还能通过一定方式分享一定比例的土地增值收益，并且所获得的增值收益要向个人倾斜。这不仅是重大的理论创新，也是维护被征地农民利益强有力的举措，必将进一步深化征地制度改革，为切实解决征地突出矛盾、促进社会和谐稳定奠定制度基础。同时，建立土地增值收益分配机制，要求我们将深化征地制度改革与建立农村集体经营性建设用地市场统筹考虑，同步研究、系统设计、协调推进，平衡好相关各方的利益关系，确保改革平稳推进。

（3）改革的方向是城乡统一。改革开放以来，我国城镇国有建设用地市场从无到有、从小到大、从无序到规范，建设发展取得了明显成效，但农村集体建设用地市场发展不平衡、不规范的问题仍十分突出，城乡建设用地市场呈现明显的二元特点。《决定》提出建立城乡统一的建设用地市场，为今后土地制度改革指明了方向。建立城乡统一的建设用地市场是一项长期艰巨的任务，需要深入研究、系统设计，区分轻重缓急，分步实施、配套推进。基本要求是统筹城镇建设用地与农村集体建设用地和宅基地，统筹增量建设用地与存量建设用地，实行统一规划，遵循统一规则，建设统一平台，强化统一管理，形成统一开放、竞争有序的建设用地市场体系。

规范农村集体经营性建设用地流转。随着社会主义市场经济不断发展，农村集体建设用地和宅基地有了较大增值空间，自发隐形无序流转十分普遍，这在城乡结合部尤为突出。由于这种流转不符合法律规定，缺少有效监管措施和办法，存在巨大法律风险，一旦发生纠纷，集体建设用地和宅基地所有者、使用者的权益都难以得到有效保护。要借鉴国有建设用地管理的经验，加快建立农村集体经营性建设用地流转制度，并将农村集体经营性建设用地交易纳入已有国有建设用地市场等交易平台，以促进公开公平公正和规范交易。要大力培育和发展城乡统一建设用地市场信息、交易代理、市场咨询、地价评估、土地登记代理、纠纷仲裁等服务机构。

切实维护农民宅基地用益物权。《决定》提出，"保障农户宅基地用益物权，改革完善农村宅基地制度，选择若干试点，慎重稳妥推进农民住房财产权抵押、担保、转让，探索农民增加财产性收入渠道。"当前，农村宅基地问题十分突出：一是宅基地取得困难，违法点多面广，治理难度大；二是退出机制不健全，既造成宅基地闲置，也影响农民财产权益实现，在一定程度上阻碍了农民顺利进城落户。这既有管理不到位的因素，也有制度和政策不适应的问题。维护农民宅基地用益物权，推动农民增加财产性收入，必须改革完善宅基地制度，在确保农民住有所居前提下，赋予农民宅基地更完整的权能，并积极创造条件，将其逐步纳入城乡统一的建设用地市场。

进一步扩大市场配置国有土地的范围。《决定》指出，"减少非公益性用地划拨""完善土地租赁、转让、抵押二级市场"，这就是要让市场在国有建设用地配置中发挥更大作用。虽然国有土地有偿使用推行多年，但重点是在新增建设用地，大量存量建设用地属于划拨用地，划拨用地比例依然偏高，存量划拨用地的盘活还存在政策障碍,二级市场的作用尚未充分发挥。同时,在新增建设用地中,经营性基础设施用地等尚未纳入有偿使用范畴。从未来发展趋势看,新增建设用地增长将受到严格制约,存量建设用地的盘活将成为建设用地供给主要来源。因此,必须在进一步扩大国有建设用地市场配置新增建设用地范围的同时,大力发展和规范完善租赁、转让、抵押二级市场,鼓励支持盘活存量建设用地,为建设资源节约型社会、促进经济结构调整和发展方式转变做出积极贡献。

建立建设用地合理比价调节机制。《决定》要求,"建立有效调节工业用地和居住用地合理比价机制,提高工业用地价格。"价格是实现土地资源优化配置的重要手段。多年来,居住用地价格过高、工业用地价格过低,导致资源利用效率降低、产业结构失衡,影响民生事业和经济持续健康发展。对这个问题,各级政府要引起高度重视,切实加强土地供需调节,加快构建居住用地和工业用地合理比价调节机制,促进地价合理回归和土地市场健康发展。

系统安排建立城乡统一建设用地市场的配套措施。建立城乡统一建设用地市场涉及重大利益格局调整,事关全局、政策性强,是一项极为复杂的系统工程,必须切实加强领导,坚持培育扶持和严格管控相结合,从法制建设、用途管制、确权登记、市场管控、共同责任等方面整体设计、配套推进。

加快推进相关法律法规修改和制度建设。在深入研究重大问题和系统总结各地改革实践经验的基础上,抓紧修改物权法、土地管理法、担保法、城市房地产管理法等法律法规。同时,加快推进建立统一建设用地市场的相关制度建设。抓紧研究出台农村集体经营性建设用地流转条例、农村集体土地征收补偿安置条例。改革完善土地税制,合理调节农村集体建设用地流转收益,促进城乡建设用地市场繁荣发展。

全面落实用途管制要求。以第二次全国土地调查和年度土地利用变更调查数据为基础,以土地利用总体规划为依托,综合各类相关规划,加快建立完善国土空间规划体系,明确城乡生产、生活和生态功能区范围,充分考虑新农村建设、现代农业发展和农村第二、第三产业发展对建设用地的合理需求,为建立城乡统一的建设用地市场提供用途管制和规划安排。

扎实做好城乡建设用地确权登记发证工作。加强农村地籍调查,尽快完成农村集体建设用地、宅基地和城镇国有建设用地的确权登记发证工作;加快建立城乡建设用地统一登记信息查询系统;抓紧研究制定不动产统一登记条例。

严格管控城乡统一建设用地市场。深化农地转用计划和审批管理制度改革。建立健全农村集体建设用地节约集约标准体系。加强城乡建设用地供应和利用的统计监测和形势分析。切实发挥土地储备对建设用地市场的调控功能。

对现有违法违规城乡建设用地开展全面清查并研究制定处理政策。加强新形势下对城乡建设用地违法违规行为的执法监察。加强基层国土资源管理机构和能力建设。

协力构建共同责任机制。充分发挥方方面面的积极性、主动性和创造性，形成推进合力。坚持党委领导，人大、政府、政协等各负其责，加强部门联动、政策协调，健全统筹协调推进改革的工作机制，统筹规划和协调重大改革。充分相信群众、依靠群众，切实发挥农村集体经济组织的主体作用，增强其履行农村集体土地所有者职责和维护农民土地权益的能力。

第二章

农村集体土地市场化制度

党的十八届五中全会通过"十三五"规划建议,我国将在"创新、协调、绿色、开放、共享"发展理念指引下,实现新的发展目标。中国是世界上最大的发展中国家,也是最大的农业国家。农业、农村、农民的发展问题,是事关发展全局的重大问题。解决好"三农"问题的关键,在于通过合理的土地制度安排,让土地资源为农业、农村、农民的生存与发展提供坚实保障。

党的十八大、十八届三中全会对农村土地征收、集体经营性建设用地入市、宅基地制度改革试点提出了基本方向、基本原则和总体要求。中共中央办公厅、国务院办公厅印发了《深化农村改革综合性实施方案》,对深化农村集体产权制度改革做出了全面的部署。按照中央的统一部署,"正确、准确、协调、有序"推进农村土地制度改革,是当前的一项重要政治任务。

第一节 农村土地产权制度及改革

一、我国现行农村土地制度存在的主要问题

(一)现行的土地征收制度难以保障被征地农民"生活水平有提高,长远生计有保障"

1. 没有体现出与时俱进的公平性。土地征收补偿一直以被征收土地的粮食作物年产值作为基点进行测算。由于农业产值增加远远赶不上工业发展的速度,农产品和工业产品附加值的差距越来越大,造成了被征地农民的实际受偿水平大大减少、相对收入大大降低。而农地转为国有建设用地,进行第二、第三产业的开发,被征地农民却无法合理地分享发展成果,经济发展权无法保障。

2. 没有保障农民在新时期的发展需要。过去征地制度是"既要地，也要人"，将被征地农民通过"农转非"转为"吃皇粮的非农人员"，让被征地农民的子子孙孙过上具有就业和生活保障的城里人日子。当前的普遍做法是给被征地农民发放一笔安置补助费，让他们自谋出路，农民面临失去生产资料，陷入丧失发展权的危机中。老百姓抵制、抗争征地，主要原因就是担心未来的发展权没法得到有效落实。

3. 没有实现平等的集体土地权能。现行土地制度，依据土地所有者"身份"的差异，分别设立不同的土地占有、使用、收益、处分等权能。农村土地仅赋予了资源属性，缺乏资产和资本属性，仅在有限的情形下才可以进行建设和进入市场，限定了农村集体所有制土地使用范围和用途，限制了市场流转的可能性，客观上限制了农民土地财产权的实现，导致他们在社会分配中处于弱势状态。

（二）现行农村集体土地产权制度既不利于"三农"问题的解决，也不利于工业化、城市化进程

1. 不利于农民自主推进农业现代化。农村集体土地权能并不完整，权利和利益主体界定也不明确，农民个人也因此无法获得充分的土地处置和收入权益。联产承包责任制下，赋予农民的仅是承包经营权。土地使用权无法流转，土地资源整合困难多，现代农业组织形式和生产方式难以形成，农业企业化、规模化、专业化、规范化难以实现。

2. 束缚了农村剩余劳动力的自由流动。现行的制度设计对农村人力资源向城市的流动给予了种种限制。根据《农村土地承包经营法》有关规定，农民如果举家迁入城市，就必须放弃在农村仅有的土地权利，去一个全新的环境白手起家，具有很大的生活、生存风险。所以选择"留守一亩三分地"的农民居多，产生了十分突出的"农民穷、民工荒"同时并存的局面。

二、完善农村集体土地产权制度的思考

（一）我国仍处于工业化、城镇化快速发展期，由土地利益引发的矛盾也将进入激发期

1996~2010年，全国建设用地增加了7410万亩，造成3000多万农民失去土地。2010~2020年，预计全国还需要安排新增建设用地5250万亩，其中，占用耕地约3000万亩。按照目前全国人均耕地水平和现阶段每征收一亩耕地大约造成0.78个农民失去土地进行测算，将新增近2300万失地农民。如果继续沿袭现

行的"只要地、不要人的""一脚踢"模式,势必招致农民的抵制,破坏党和政府的形象和公信力。

(二) 经济发展权益是核心

在现有土地利益分配格局下,失地农民强烈的心理落差和对未来生活无着落的担忧,是他们不愿意被征地的主要原因。大量被征地农民往往未能实现生产生活的同步发展,甚至变为新的"无产者",加上少数地方在征地过程中工作方式简单、粗暴,以及存在违反程序、克扣征地补偿款项等行为,引发强烈不满和抗争,破坏了建设和谐社会的大好局面。

(三) 科学可持续发展是根本目的

从源头来讲,必须科学研判经济发展形势,利用土地价格机制加快第二、第三产业转型升级,缩短我国进入后工业化时代的进程,将建设用地的峰值控制在合理的规模;要在理性分析现有技术水平和市场需求状况的前提下,科学测算用地总规模,合理安排各个发展阶段的用地;要切实"做到各类建设少占地、不占或少占耕地,以较少的土地资源消耗支撑更大规模的经济增长",充分发挥每一块地的最大效益,减少征地规模,确保留足粮食安全必需的生产用地和子孙后代生存发展的空间。

(四) 赋权是关键

从根本来讲,必须坚持以党的十七届三中全会精神提出的"产权明晰、用途管制、节约集约、严格管理"的16字方针为指导,在坚持农村土地集体所有制的前提下,深入贯彻落实《物权法》精神,进一步强化土地民事权利制度,赋予农民群众完整的土地财产权,强化产权的保护与经济发展权的制度安排,加快推进农村集体土地制度改革,解除失地农民的后顾之忧。

(五) 改革是必然选择

从当前来讲,必须切实转变思想观念,以科学发展观为统领,将农民的利益纳入城市化进程一并考虑。坚持市场化改革导向,充分兼顾公平和效率,秉承尊重民意、惠及民生的理念,以实现不同产业、不同行业、不同阶层同时同步发展、包容性增长为目标,加快农村土地制度改革,促进土地使用权通过市场机制有序流动,并得到合理、有效的配置,大大促进农业规模化、机械化,大大促进农村劳动力资源的转移,实现农村劳动力、资本、土地资源集约高效配置的良性循环模式。

三、农村集体土地产权制度改革措施

(一) 加快构建适应市场经济体制要求的现代农村集体土地产权制度

1. 明晰健全农村集体土地权能。进一步完善和发展我国农村集体土地权利体系，逐步赋予集体土地的完整产权，包括对土地的永久占有权、使用权、收益权和处置权，并细化设置发展权、典权、地上权等土地权利。

2. 建立合理有序的城乡统一的土地市场。严格按照党的十八届三中全会"同等入市同权同价"的指导思想，在法律中明确赋予农村集体与国有土地同等权利，在符合相关规划前提下，允许农民通过集体建设用地的土地使用权出让、产权交易、租赁、入股等多种方式参与生产经营建设。

(二) 加快按照"权益不减少"的原则推进征地制度改革

探索"两权一机会"的补偿制度，即以"留地、留物业"等的实物形式补偿被征地农民的经济发展权；以货币的方式补偿被征地农民失地期间的用益物权；以发展机会均等的原则保障被征地农民发展权的实现。

1. 探索以"留地、留物业"补偿被征地农民的发展权。量化被征用土地的经济发展权益，按照"经济发展权不减少"的原则，以"留地安置""换地安置""留物业安置"等多种方式，将一定比例的农用地转为农村集体建设用地，留给农村集体发展生产，并且通过用途安排、明确规划和修订法律等手段，确保老百姓发展权益的实现，切实保障被征地农民的持续生存和发展能力。

2. 探索以货币方式补偿被征地过程中农民用益物权的损失。按照土地原用途年使用价值乘以从征地到被征地农民能基本正常经营"留用地或留物业"的时间为原则，确定货币补偿标准。同时，结合当地的总体收入和消费水平，适当地调整其货币补偿的水平，确保被征地农民生活水平不会降低。

3. 探索以发展机会均等的原则改革资源配置和政府采购制度。农民土地被征收后，政府要适时引导农村基层组织形式的改革，调整农村集体组织的生产关系。根据"各阶层发展机会均等"的原则，结合区域社会经济发展状况、农村集体经济组织管理水平、经营能力等，给被征地农民制定倾斜政策，给"留用地"配套合适的商业机会和产业项目，将老百姓能够经营好的项目交由村民经济组织经营；同时定向采购农村集体的产品，让农村集体的土地转变为有稳定、持续收入的财产性物权，共享工业化与城镇化成果。

（三）加快按照"把监管和服务抓起来、把权力和责任放下去"的原则改进征地工作机制

1. 充分发挥被征地农民和基层的主体作用。充分尊重农民集体、个人与政府、企业的平等民事权利主体地位，逐步构建政府监管服务为基础、人民群众组织为主体、市场配置机制为主导的新格局。通过建立经费奖励、投劳投工报酬等新的利益机制，充分调动农民的积极性。允许农民集体经济组织成立征地拆迁公司，作为实施征地拆迁的主体。

2. 引入司法裁决机制，做到征地程序公开透明。加强法制政府建设，进一步提高政府及有关部门依法行政的意识和能力，充分发挥司法、监察等部门的职能作用，畅通更多利于农民权利保护和救济的渠道。除依法不能公开的，都应向社会公开征求意见，创造条件让公众广泛参与，使征地工作相关重要决策事项充分体现人民群众的意愿。

四、农村土地产权制度改革的重点

当今中国，城镇化、工业化进程加快、国有土地的价值持续上升，接踵而来的问题也是不断的涌现，在城乡一体化大潮中，按照市场经济运行规律，农村集体土地的价值必须显性化，必须赋予农民更多的财产权，但又要避免国有土地开发出现的老问题。农村建设性土地包括国家征收的农村土地、农村集体经营性建设用地和农民宅基地等三种类型，这三种类型的土地是农村不用于生产的土地，却是非常重要和有价值的土地，其改革不仅牵涉农民的切身利益，也牵涉国家整个农村土地制度改革的成败，因此，成为在《深化农村改革综合性实施方案》中成为唯一要求"试点"推进的改革。深化农村集体产权制度改革要把握以下重点和关键环节。

（一）做好确权登记颁证这个基础工作

因为短期内需要付出较多人力财力，而大多数人眼前难以从中受益，一些地方缺乏开展这项工作的积极性。必须看到，付出是短期、一次性的，收益是长期、渐进的。要按照到2020年基本完成土地等农村集体资源性资产确权登记颁证的要求，继续扩大农村承包地确权登记颁证整省推进试点，明确和提升农村土地承包经营权确权登记颁证的法律效力，探索对通过流转取得的农村承包土地的经营权进行确权登记颁证。加快推进房地一体的农村集体建设用地和宅基地使用权确权登记颁证。对集体经营性资产，重点是推进股份合作制改革，将其折股量

化到本集体经济组织成员。集体资产所有权确权存在遗留问题的地方,要严格按照产权归属,把农村集体资产的所有权确权到相应的组、村或乡镇农村集体经济组织成员集体,并依法由集体经济组织代表成员集体行使所有权。

(二) 探索还权赋能的新途径

农村集体产权权能残缺,国家对集体产权赋能不足、集体与成员权利边界模糊不清,是目前我国农村集体产权制度存在的突出问题。要按照党的十八届三中全会《决定》精神,积极探索还权赋能改革。在承包地方面,要稳定农村土地承包关系,落实集体所有权,稳定农户承包权,放活土地经营权,完善"三权分置"办法,尽快明确农村土地承包关系长久不变的具体规定,研究制定稳定和完善农村基本经营制度的指导意见;依法推进土地经营权有序流转,搞好232个县(市、区)承包土地的经营权抵押贷款试点。在宅基地方面,要完善宅基地权益保障和取得方式,探索农民住房保障新机制;搞好59个县(市、区)农民住房财产权(含宅基地使用权)抵押贷款试点。在集体经营性建设用地方面,要按照同权同价、流转顺畅、收益共享的原则,为符合规划和用途管制的存量土地,以出让、租赁、入股等方式入市交易开辟通道,适当提高农民集体和个人分享的增值收益,抓紧出台土地增值收益调节金征管办法。在农村土地征收方面,重点是缩小征收范围,规范征收程序,完善对被征地农民合理、规范、多元保障机制,建立兼顾国家、集体、个人的土地增值收益分配机制,合理提高个人收益。在集体经营性资产方面,以多种形式的股份合作制改革为基础,赋予农民对集体资产股份占有、收益、有偿退出和抵押、担保、继承权。

此外,还可探索将财政资金投入农业农村形成的经营性资产,通过股权量化到户,让集体组织成员长期分享资产收益。

(三) 规范流转交易市场机制

在确权、赋能的基础上,发育农村产权市场,引导农村产权规范流转交易,是提高农村要素资源配置和利用效率、彰显农村产权价值、增加农民财产性收入的必然要求。鉴于还权赋能是一个渐进的过程,有些仅限于试点地区,因此,流转交易要遵从必要的约束。如对农民住房财产权抵押贷款的抵押物处置,受让人原则上应限制在相关法律法规和国务院规定的范围内;农民获得的集体资产股权,现阶段流转交易的受让人也要限定在本集体经济组织内部。同时,需要注意的是,适应农村人口流动需要,逐步增强农村集体产权的流动性也是大势所趋。《深化农村改革综合性实施方案》提出,"探索宅基地有偿使用制度和自愿有偿退出机制","在有条件的地方开展农民土地承包经营权有偿退出试点"。党的十八届五中全会《建议》明确要求,"维护进城落户农民土地承包权、宅基地使用权、集体收益分配权,支持引导其依法自愿有偿转让上述权益"。2016 年中央一号文件也提出,"完善和拓展城乡建设用地增减挂钩试点,将指标交易收益用于改善农民生产生活条件""探索将通过土地整治增加的耕地作为占补平衡补充耕地的指标,按照谁投入、谁受益的原则返还指标交易收益"。落实这些改革举措,需要尽快明确农民退出的这些成员权利由谁承接,如何保障指标交易收益真正惠及集体成员。

农村集体产权制度改革涉及广大农民切身利益,涉及一系列法律法规的修订,必须稳妥推进、试点先行、依法改革。为调动基层改革积极性,应尽快制定促进农村集体产权制度改革的税收优惠政策。

第二节 农村土地使用制度及改革

农村土地使用制度具有安天下、稳民心的战略特性。农村土地使用制度改革创新是引领和促进农业现代化,提高农业发展的质量、效益和竞争力,补齐农村农民这块全面小康短板的关键性要素。改革创新农村集体土地使用权制度是破解"三农"发展难题,厚植现代农业发展优势,坚持以法治化的发展新理念引领、促进和保障现代农业发展的新动力。

一、农村集体土地使用制度的基本形式

(一) 农村集体土地征用制度

集体土地征收是指国家为公共利益的需要,通过法定程序,将原属于农民集体所有的土地征为国有的行为。土地征收方案依照法定程序批准后,由被征收土地所在地的市、县级人民政府予以公告并组织实施。被征收土地的所有权人、使用权人应在公告规定的期限内,持土地权属证书到公告指定的人民政府土地行政主管部门办理征地补偿登记。

我国的征地制度形成于计划经济时代,是配合国家工业化、城市化战略的一项重要政策,对促进国民经济的发展起到了积极作用。征地制度是整个土地制度的核心内容之一,是沟通国有土地和集体土地的中心环节,是联系城市土地制度和农村土地制度的重要纽带,也是调整中央政府、地方政府、农村集体经济组织和农民个人四者之间土地权利和收益分配关系的法律制度。我国现行农地征用制

度形成于计划经济时期,随着社会主义市场经济的逐步建立,经济的高速发展和城市化水平的不断提高,其存在的问题和负面效应日益显现出来,各地因征地引起的社会矛盾越来越突出,特别是因为征地造成农民生活水平下降、就业无着落等问题日益严重,已成为影响社会长治久安的重要因素之一。

1. 现行农村土地征收制度存在的主要缺陷。

(1) 土地征收权被滥用。当前,土地征收过程中所存在的一系列问题与我国土地征收法律、法规的不完善和政府对土地管理的缺位有关。《中华人民共和国宪法》第10条第3款规定:"国家为了公共利益的需要,可以依照法律规定对土地实行征收或者征用并给予补偿。"《中华人民共和国土地管理法》第2条第4款规定:"国家为了公共利益的需要,可以依照法律对土地实行征收或者征用并给予补偿。"实际上公共利益的概念已被扩大到经济建设,可以说,许多企业都打着"公共利益"的名义来申请用地,那么这就存在一个"公共利益"如何界定的问题。我建一个学校和医院是为了公共利益,我开发一个经济适用房住宅小区是否也为公共利益呢?另外,"公共利益"外延界定的不明确也导致土地征收权被国家权力机关极度滥用。因为我国土地征收的补偿费用实行的并非真正的市场价格,而是由国家单方制定的补偿标准和范围,远远低于市场价格。即使这样的低价也往往是由用地单位来支付的,国家实际上是无对价取得土地,这就加剧了土地征收权的滥用。

(2) 土地征收补偿标准和范围不合理。第一,补偿标准和范围缺乏足够的法律依据。按照目前的土地征收制度,实际上是土地所有权的转移,即由农村集体所有转变为国家所有。既然是两种所有制的转移,那么在市场经济条件下土地的价格就应该由市场来决定,就应该由法定的土地价格评估机构来评估,而现行法律规定是按照被征用土地前3年的平均产值的6~10倍来计算的。一方面,这种制度受多种因素的影响如市场、土地用途、地区差异、种植条件等;另一方面,按照法律规定集体土地征收是单方强制性的,被征收单位不得拒绝。按照《中华人民共和国土地管理法实施条例》第25条第3款的规定,被征收土地的农村组织和农民只有对土地补偿标准有异议的,才有权要求批准征收土地的人民政府裁决。这个异议是指对6~10倍以内,而对于被征地单位的补偿要求高于10倍的救济措施在立法及司法解释中并未提及。另外,这样的规定也违背了民法规定的财产所有权的基本权能,体现不出农村集体组织作为土地所有权人的法律地位。第二,征地补偿范围小、标准低。从现行的法律法规来看,土地征收的补偿范围一般限于土地补偿费、安置补助费、青苗补偿费、地上附着物补偿费、新菜地开发建设基金、土地复垦费或耕地开垦费等。这样的补偿范围在土地市场发展的今天远远弥补不了农民失去土地的损失。因此,是否能考虑一下像国外一样进一步扩大征地的补偿范围，如加拿大的土地征收补偿一般包括：被征收部分的补偿，必须根据土地的最高和最佳用途及当时的市场价格；有害或不良影响补偿，主要针对被征收地块剩余的非征地，因建设或公共工作对剩余部分造成的损害，可能还包括对个人或经营损失及其他相关损失的补偿；干扰损失补偿，被征地所有人或承租人因为不动产全部或基本征收，因混乱而造成的成本或开支补偿；重新安置的困难补偿。德国对土地的补偿范围也值得借鉴，土地或其他标的物权利损失补偿标准为：以土地或其他标的物在征收机关裁定征收申请当日的转移价值或市场价值为准；营业损失补偿，补偿标准为：在其他土地投资可获得的同等收益；征收标的物上的一切附带损失。第三，安置补助费过低，解决不了劳动力安置问题，也与我国现行劳动法不协调。例如，湖北省的安置补助费一般每亩在 5000～14000 元，这样低的安置费，用人单位根本不愿接受。在劳动力安置方面，我国《土地管理法》虽然作了多次修改但仍未脱离计划经济的阴影，主要表现在与我国现行劳动立法不协调，如企业都是自负盈亏的市场经济主体，企业有自主与劳动者签订劳动合同的自由，强行向企业安排劳动力显然干涉了企业的用工自主权。企业实行的是全员劳动合同制，当劳动者违反劳动合同或劳动法规时，企业有权单方解除劳动合同，这样的结果是被安置农民的就业权利根本无法得到保障。

（3）土地征收程序不规范，缺乏民主。我国土地管理法及其实施条例虽然对建设用地的规划、批准及其实施方案作出了具体规定，但在实施过程中存在许多问题，严重侵犯了被征地农民的利益。如《中华人民共和国土地管理法实施条例》第 25 条第 3 款规定：市、县人民政府土地行政主管部门根据经批准的征用土地方案，会同有关部门拟定征地补偿、安置方案，在被征用土地所在地的乡（镇）、村予以公告，听取被征用土地的农村集体经济组织和农民的意见。而事实上，在征收土地的过程中不但不听取意见，甚至在补偿方案未出台的情况下用地单位就将推土机开到地里。在生活中这样的事早已不是新闻。另外，在签订土地补偿合同时，应该由征地单位和土地所有权人或土地承包人依法签订土地征收补偿合同，而在操作过程中显得很混乱，如新乡市东开发区在征收延津县农用地时先是延津县国土局和土地被征收的村民委员会所在的乡政府签订一份合同，然后再由乡政府和村民委员会签订一份合同，至于承包土地的农民则任何合同都没有。

实质上，不管是土地管理法及其实施条例或是村民委员会组织法，其立法目的都是为了规范和监督在土地征收过程中存在的问题。也就是防止征收权力被滥用，在这里，主要是指村民委员会和村民小组的主任、组长，因为他们的民主法律意识很淡薄，有些事情不要说召开村民会议，甚至事后也不通知群众，严重违反《村民委员会组织法》第 19 条规定的民主议定原则。一个小组长甚至连上百亩的土地都敢私自出卖，完全不顾村民的利益，更不考虑失去土地的农民以后的生计，这也是土地上访案件逐渐增多的原因之一。

（4）存在"以租代征"现象。我们知道，土地管理法及其实施条例对农村土地的征收程序作出了相当严格的规定，目的是不言而喻的，我们并不是反对租用土地，而是由于立法滞后用地单位及有关部门忽略了土地租用后的复耕等一系列问题，最终受害的还是农民。

土地问题根本上与制度有关，农民合法的土地得不到应有的保障，现有的财税制度在相当程度上还存在着"土地财政"的现象。这造成一手从农民那里廉价得到土地，另一手又高价卖给开发商。必须从制度和立法上解决集体土地征收和补偿中存在的问题，诸如补偿标准过低、补偿不公、失地农民生活保障、暴力强拆等。

2. 农村集体土地征用制度改革的基本策略。

（1）以立法形式明确界定国家征地的公共利益范围。土地是不可再生资源，是农民赖以生存的基础，对农民有多重保障功能。让农民失去土地涉及经济、社会等方方面面的重大问题，必须慎之又慎，必须坚决贯彻执行中央最严格的耕地保护制度，强化节约用地的责任感和紧迫感，尽量不多占用农民的土地。因此，改革农村土地征用制度，必须从源头上遏制地方政府滥用征地权谋取利益的行为，严控征地规模。从理论上说，土地征用是国家为了公共利益的需要而依照法定程序把集体土地转为国有土地，并付给合理补偿的政府行为。其中，公共利益是衡量国家是否滥用征地权的标准，是土地征用权是否合理行使的唯一标准。因此，必须以立法形式严格而明确地确定公共利益用地的范围，这是严肃征地行为、改革征地制度的关键。要站在维护国家长远发展大局和保护农民利益的高度，严格界定国家为了公共利益而进行征地的范围，从严控制各类建设占用耕地。尤其要按照中央要求，严格界定公益性和经营性建设用地，把国家征地范围严格限定在公共利益范围之内。根据国际经验和我国的实际，必须以立法的形式，把国家公共利益征地的范围严格限定在以下领域：军事设施、涉外等特殊用地；机关团体、科教文卫、公共设施等公共服务用地；地面线路、场站等交通运输用地；陆地水域、海涂、沟渠水工建筑物等水域及水利设施用地；其他由政府兴办、用于以公共利益为目的的事业用地等。在公共利益之外的用地，不能动用国家征地权。特别是要将商业、娱乐、商品住宅、各类开发区工业用地等经营性用地，退出国家征地范围，使它们在土地利用总体规划和农地转用年度计划的控制下，通过公开的市场交易取得土地使用权。即使公共事业也不一定全部动用国家征地权，除了军事设施、战备需要、抗洪抢险救灾用地等之外，一般性的公共事业项目完全可通过市场购买的方式获得土地使用权，从而从根本上控制征地规模，遏制滥征乱占耕地现象，切实维护农民的土地合法权益。

（2）明晰农村集体土地产权主体。产权的核心特征是具有排他性，改革农村土地征用制度，必须对现行的农村土地集体产权进行改革，对土地产权进行科学合理和充分的界定，这是解决问题的根本所在。如前所述，由于我国目前的农村集体土地产权制度存在虚置和模糊的缺陷，这里的关键，是必须对农村集体土地的产权主体进一步具体化、明晰化。这里的重点，一是要还原农村集体土地所有权的各项权能，明晰农民的土地承包经营权，从法律上明确农民对承包土地的实际占有权、利用权、处分权和收益权，也可以赋予土地承包经营权以物权属性，防止农民的承包经营权受到"集体经营权"的侵害，从而确保农民自身土地权益的实现。二是可以尝试在坚持农村集体土地公有制的前提下，考虑把村民小组作为农村集体组织的有效单位，明确确定为农村集体土地的产权主体或被征地主体。这样做的目的，不是主张将农地产权分解到个人，也不是主张废弃农村土地的集体所有制，而是在维持现有农村社会政治组织形式的基础上，对农村集体土地产权主体的进一步明确化和具体化。因为村民小组一般都以自然村落为单位，家庭之间具有一定的血缘或亲朋睦邻关系，历史交往悠久，相互联系密切，共同利益一致，透明度和民主性较强，相互监督相对容易。把村民小组确定为产权主体和被征地主体，能够更好地代表本区域农民的利益，能够进一步调动农民的积极性，充分行使承包土地所赋予和带来的各项土地产权，有利于在民主协商的基础上，更好地团结一致，充分发挥博弈主体的作用，提高在土地征用中与开发商和政府的谈判能力，切实维护自身的利益，有效阻止其他各级组织侵犯其权利。并且更重要的是，能够在一定程度上克服村集体组织作为农村集体土地所有权主体带来的弊端，使农村集体土地所有权主体更加规范化、明晰化、具体化、稳定化，更加显化土地产权的完整性。就实践来看，在现行的征地调查中，很多地方一般都是以村民小组为调查对象，所以，确定村民小组为农地产权单位或被征地主体，实践中更易于操作，也可以充分显示其生产与征用的公平与效率原则，实现土地资源的优化配置。在保证国家土地公有和农村基本经济制度稳定的基础上，尝试将村民小组作为被征地的产权单位和产权主体，对于我国农村土地制度改革具有重要的探索意义。

（3）建立完善的土地征用程序规范体系。土地征用程序的烦琐复杂和实施中的暗箱操作，是违规征地泛滥的重要原因。改革农村土地征用制度，必须致力于建立公开、公平、公正、高效的土地征用程序和管理体制，这是我国农村土地征用制度改革的重要环节和主要目标之一。要通过健全和完善国家土地征用的相关法律法规，形成一整套完整的土地征用程序规范体系，保证地方政府土地征用的操作过程受到严格的规范体系的约束，把土地征用纳入规范化、法制化的轨道。

首先，要在科学合理地简化过于烦琐的征地程序的基础上，建立土地征用审查制度，只有在确认符合公共利益需要、进入征收目录的项目后，才能动用征地权。其次，要强化土地征用公告制度，增强征地各个环节的透明度。征地凡涉及拟定拟征地项目的补偿标准、安置方案等需报相关政府部门批准的事项，必须提前三个月公告，一律在公开栏予以公开，或书面告知当事人，以增强征地工作的公开性和透明度，真正实行阳光工程，有效杜绝暗箱操作。也可以引入规范的土地征用听证程序，让土地所有人或相关权利人参与到征地过程中，了解具体详细情况，保证被征地农民享有充分的参与权、知情权和话语权。凡不按照规定予以公告、不举行听证的，农民可以有权拒绝征地。最后，要建立与被征地农村集体和被征地农民的协商机制，建立公平的争议仲裁制度，充分听取被征地集体和农民的意见和建议。具体的征地方案必须同每个被征地农户直接见面，征求意见，充分协商，并签订补偿安置协议。有争议的可向所在地县级以上人民政府申请复议，可以向当地人民法院提起诉讼，切实保障农民的申诉权。也可以考虑建立第三方仲裁机构，或者在省人大常委会下设立土地征用审查机构，负责调查、受理并裁决土地征用中的争议和纠纷，切实在程序上保障失地农民的合法权益不受侵害。

（4）实行多元化的征地补偿和安置方式。土地补偿是征地问题的核心，也是保障被征地农民利益的关键。我国现行的征地补偿标准明显偏低，完全是一种与市场无关的政策性价格，过于偏离土地的市场价格和农民的预期，政府通过低征高卖可以获得巨额经济利益，具有多征滥征的利益驱使。同时，现行征用补偿费用违反市场经济的平等竞争原则，严重侵犯农民土地权益。改革农村土地征用制度的重点之一，就是要改革征地补偿制度，不断提高补偿标准。根据国内外征地补偿的成功做法，我国的征地补偿标准必须在确认农民集体土地财产权利的基础上，以土地当时的市场价格为依据，建立市场化的农地征用补偿机制，实行公平合理的补偿。在此原则下，征用补偿费至少应包括土地本身的市场价格和其他相关赔偿及补助等。其具体补偿标准应体现被征土地对农民的生产资料功能和社会保障功能、发展功能，体现征地给经营者带来各种直接和间接损失赔偿。这个赔偿不仅要考虑土地被征用前的价值、现有价值，还要考虑土地可预见的未来价值，特别要考虑农民再就业成本、物价上涨引起的风险成本以及土地市场潜在收益，对被征地农民的基本生活、长远发展、就业、住房和社会保障等多方面从制度上做长远安排，使农民得到公正、公平、合理的补偿，确保其生活水平不降低和有较稳定的生活来源。按照被征土地的市场价格进行补偿，是世界上大多数发达国家的做法，也是我国征地补偿制度改革的方向。但就我国各地实际情况来看，如果完全按照市场价格对农民进行补偿，可能会使许多地方政府在财政上难以承受。因此，目前可行的做法是，根据当地经济发展和人民生活的实际水平，在努力不断提高补偿标准的同时，采用多元化的补偿和安置方式，即一方面继续进行货币补偿，与此同时，采用实物补偿、债券或股权补偿的方式加以补充。其中，实物补偿包括留地补偿和替代地补偿，支持被征地农村集体经济组织和农民从事生产经营活动，解决农民失地后的就业问题。此外，也可以针对基础设施建设周期长、收益稳定的特点，适当发放一定的土地债券或股权作为土地补偿，给予失地农民以长期生活保障。这些方式在都有成功的经验和做法，可以根据各地实际综合运用。为了从制度上保证补偿费的合理分配与使用，还要建立土地征用补偿费管理机制，及时把土地补偿费发放到农民手中，不能随意拖欠和克扣。在对失地农民的安置方面，要把农业安置、留地安置、保险基金安置、低保安置、居住安置、培训就业安置等安置形式结合起来，多方面保障失地农民的利益和长远发展需求。

（5）逐步推进农村集体建设用地入市制度。为了统一城乡建设用地市场、挖掘农村集体建设用地潜力、保障被征地农民的合法权益，也为了充分发挥市场机制在土地资源配置中的基础性作用，优化土地资源配置，在农村土地征用制度改革中，必须逐步推进农村集体建设用地合法入市，实现与城市国有土地"同地、同价、同权"流转，这不仅是农村土地制度改革的重要内容，也是农村土地征用制度改革的必然趋势。实现农村集体建设用地合法入市，可以降低交易成本，有利于打破垄断，逐步形成反映市场供求关系、资源稀缺程度、环境损害成本的土地价格形成机制，建立与城镇地价体系相衔接的集体建设用地地价体系，充分发挥市场机制对土地资源优化配置的作用。通过推进农村集体建设用地合法入市，以公开、规范的方式转让农村集体建设用地土地使用权，可以防止以权力扭曲集体土地的流转价格，有利于充分挖掘集体建设用地的巨大潜力，有利于形成统一、开放、竞争、有序的城乡建设用地市场体系，也有利于让失地农民分享土地级差收益，充分享受到城镇化发展的成果，更好地保障失地农民的长远利益。

（6）强化对政府征地的监督制约和责任追究。改革农村土地征用制度，必须构建政府征地权力运行的制度框架，完善政府征地权力监督制约机制。这里的重点是，为了规范和监督土地征用权，必须正确发挥地方政府在土地征用中的职能，必须建立严格的监督制约机制。如，要加强地方政府的外部监督和内部监督，发挥人大对地方政府征地行为的监督和司法监督的作用，加强新闻媒体的监督，加大土地征用违法案件的查处力度，提高滥用征地权力的成本与风险等，用严格的监督制约机制约束地方政府的滥征行为。同时，必须建立明确的征地责任制度保障及责任追究机制，明确规定征地的责任主体、责任内容、责任范围等，一旦发现土地征用中存在违法违规行为等过错，应根据过错的性质与实际损失，追究相关人员的行政和法律责任。

(二) 农村集体土地流转制度

1. 农村土地流转的内涵。农村集体土地流转有两种理解：一种观点认为，集体土地使用权流转包括首次流转和再次流转。前者是指集体土地所有者与建设用地使用者之间的土地使用权流转关系；后者是指土地使用者相互之间的土地使用权流转关系。另一种观点认为，集体土地使用权流转仅指集体建设用地使用权在土地使用者之间的转移。从严格意义上讲，土地使用权流转是指集体所有的建设用地使用权在土地使用者之间的转移，不应包括发生在土地使用者与土地所有者之间的土地使用权"首次流转"，更不应该将流转的客体扩大到家用地。

虽然"首次流转"和"再次流转"都可以实现土地有偿使用，但两者间有着重要的区别："首次流转"，实质上是土地使用权与土地所有权的初次分离。在我国现行土地制度下，这种分离与建设用地使用权的取得实质上属于同一过程，通常会涉及土地用途的改变和土地利用规划的实施。因此，集体建设用地使用权与所有权分离的前提是政府依法审批。虽然"首次流转"中土地所有者与使用者之间的流转协议，最终还要经人民政府的批准，但这种批准是被动的、形式上的，很难体现审批的真正意图。在政府审批把关不严的情况下，很可能导致大量土地在乡（镇）政府的操作下涌入市场，耕地保护将更加艰难。而"再次流转"仅限于建设用地使用权的流转，一般不涉及农地的转用问题和规划的变更，也无须政府审批。以"首次流转"获得建设用地使用权的做法，实质上是规避政府审批的非法占地行为。

"首次流转"主要发生在集体土地所有者与土地使用者之间，通常是在地方政府的操作下进行。其结果通常是增加建设用地的供给总量，而不是提高现有存量建设用地的利用率；而"再次流转"是对存量建设用地使用权的重新分配，其结果是使目前利用效率较低的土地资源得到更加充分、合理的利用，并不会增加新的建设用地。

"首次流转"如果监管不力，极易造成土地供给失控，产生严重的社会后果；而"再次流转"比较容易监控，以通过流转合同、土地使用权变更登记、税收、价格等手段予以监控。

集体建设用地土地使用权流转是指存量建设用地使用权在集体建设用地使用者之间的流转，而不应包括土地所有者与土地使用者之间所谓的首次流转。就像国有土地使用权出让不同于转让，农村土地承包经营中的发包不同于转包一样，它们遵循的是不同的规则，有不同条件和要求。准确界定"流转"的含义，对于我国集体建设用地使用权流转制度的建立，对于未来国家进行土地市场的宏观调控和监管，以及对于土地资源的合理利用与保护，都具有十分重要的意义。

2. 农村土地流转的基本形式。

（1）反租倒包。由乡（镇）或村集体将农民承包的土地"返租"回来，再承包给个人和单位（往往是有经营能力的种养能人或经济实体），由接包方向集体缴纳承包费，同时，给转包土地使用权的农民以经济补偿。这种形式在尊重农民土地承包权的前提下，改变一家一户分散种植的格局，实现了区域农业生产规模化经营；在发挥统一种植、统一管理、统一收获的优越性的同时，也发挥了家庭分散劳动的优越性。

（2）土地股份合作。即农民把土地的承包权和使用权交给集体，从而换取一定数量的股份。集体建立土地股份合作社（或股份公司），实行股份合作制经营，并通过章程或协议将投资形式、投资份额及收益分配等经济处理办法事前做出规定，农民以土地使用权入股参与经营，并获得相应收益。股份公司的成立主要有两种形式。一是行政村或自然村的所有土地和其他资产经评估被作为投资入股，然后根据评估的结果给农户配股；二是以土地作为唯一的资产入股，并根据一定方式（如社区成员资格、承包土地的数量和年限、年龄等）给每一个成员配股。

（3）土地转包。原承包方将其土地使用权以一定的条件再发包给第三方，而原承包合同中所规定的权利与义务不变。在这种方式下，新的承包人不与土地所有者直接发生经济关系，双方根据当时的经济、技术和社会条件签订转包协议，以确定双方的权利和义务。转包市场期限机动灵活。这种情况多数是转包者已有非农就业门路，不以土地为生，从而转让土地使用权，保留承包权，一旦失去非农就业机会仍有土地作为生活保障。

（4）土地转让。指原承包方与第三方签订合同，将自己与发包方业已形成的权利与义务关系由第三方向发包方履行。这种现象主要集中在经济较为发达的农村、近城郊区和厂矿工业区附近。这些地方的农民有相对稳定的非农收入，从而不必再依赖土地来维持生计。土地使用权转让后，农民不必再为几亩田的经营牵肠挂肚，可以安心从事第二、第三产业。

（5）土地互换。土地互换有两种形式：一是由集体出面组织的互换。某些乡（镇）村基于连片种植的需要，统筹规划产业带，宜粮则粮、宜林则林、宜果则果，农户通过换地，从事自己愿意的种植方式。二是农户之间的互换。土地使用权的当事人为便于耕作，双方互换土地使用权，各得其所，这是以双方各自的土地使用权为标的物的市场交易行为，主要是因土地分散、地块零散引起的。

（6）委托经营。指农户因外出等原因而又不愿放弃土地，从而委托他人代行经营，收益分配由双方协商解决。一些地方，种粮农户们只要缴纳一定的费用，并进行简单的田间管理，便可坐享收成。期间各类农事，由他人负责打理，即通过专业农场、农机专业合作社、粮食专业合作社对粮食生产实行"统一翻耕、统一育秧、统一播种、统一植保、统一收割"的"一条龙"有偿服务，或提供某一关键环节有偿服务，实现土地耕作社会化服务。

(7) "四荒"地拍卖。指竞争买卖"四荒"地，即众多欲订约人通过公开竞争，与农村集体经济组织订立合同，购买"四荒"土地使用权，用于农业种植养殖。

3. 农村集体土地流转的主体与客体。

(1) 农村集体土地使用权流转客体。集体土地使用权流转客体的建设用地，包括现实的已经被土地使用者合法取得建设用地使用权的土地和已被土地利用总体规划和乡（镇）村建设规划确定为建设用地的土地。由我国土地使用制度改革的目标所决定，作为集体土地建设用地使用权流转客体的应该是前者而不是后者。近年来，不少试点地区都将后者列入集体土地建设用地使用权流转的范围，并以此为主进行流转。以四川省江油市四个镇的试点情况为例：2000 年底，四个镇土地利用总体规划确定的集体土地建设用地共 1414.25 公顷。截至 2003 年 6 月底，实际已使用集体土地建设用地 1120.65 公顷，占土地利用总体规划的 79.24%；而现已使用的集体建设用地中实际发生流转行为的土地共 207.32 公顷，仅占已使用集体建设用地的 18.5%。这是一个不容忽视的问题。虽然在规划用途上两者都属于建设用地，但两者间有着重要区别：前者一般是土地使用权主体明确的、现实的建设用地；后者通常是土地使用权主体尚未确定的、可能的建设用地。如果将后者作为集体建设用地使用权流转的对象，以流转的方式来取得建设用地使用权，至少存在以下几个问题。

第一，违反现行法律规定。我国《土地管理法》明确规定，"在土地利用总体规划确定的城市和村庄、集镇建设用地规模范围内，为实施规划而将农地转为建设用地的，按土地利用年度计划分批次由原批准土地利用总体规划的机关批准。在已批准的农地转用范围内，具体建设项目用地可以由市、县人民政府批准"。表明土地利用总体规划确定的村庄、集镇建设用地，要变为现实的建设用地，需要经有批准权的人民政府按土地利用年度计划分批次批准；而将规划建设用地使用权作为流转的客体，以流转方式来取得建设用地使用权，实质上是提前用地，扩大建设用地规模，必然会对土地年度利用计划的执行产生巨大的冲击。

第二，耕地保护将更加艰难。如果将规划建设用地作为流转对象、纳入流转范围，大量非法用地行为便会在土地使用制度改革、加快小城镇建设、增加农民收入等口号下，名正言顺地得以实施。在目前有关法律制度不完善的情况下，其结果必然是加快农地向非农业建设用地转化的速度，耕地保护将遇到更大的挑战。实践中，已有相当数量的农业用地以"流转"的名义提前变成了建设用地。

近年来，随着农业产业化经营的兴起和农村劳动力转移的日益增多，集体土地使用权流转从幕后走向前台，并且速度明显加快，但存在不少违背农民意愿、损害农民利益的问题。如有的随便改变土地承包关系，有的把土地使用权流转作为增加乡村财政或集体收入的措施；有的用行政手段将农户的承包地转租给企业经营，严重影响了农民正常的生产和生活；有的为了降低开发成本，更多地招商引资，借土地流转之名，随意改变土地的农业用途，并强迫农民长时间、低价出让土地经营权。在农民土地权益受到侵害的同时，大量的耕地也变成了建设用地。

第三，在我国现行土地制度下，任何土地使用权流转的法律后果都是土地使用权主体的变更，因此，作为流转对象的土地使用权，应该是由土地使用者依法享有的、权利主体明确的、依法可以流转的土地使用权。规划建设用地尚不具备这些条件，土地使用权在法律上尚未被具体的土地使用者取得，土地使用权主体处于未知状态，将无具体使用权人的土地作为流转的客体，既无法律依据又缺理论基础。

因此，今后国家在立法时应将集体土地使用权流转的对象，限定在存量建设用地使用权的范围，并对流转的对象、范围、条件和程序做出明确的规定，以规范集体土地使用权流转行为；而规划建设用地使用权的取得，则应按土地管理法的规定由有审批权的人民政府审批，批准与否的决定因素应是土地利用总体规划、乡镇村建设规划和土地利用年度计划的要求，而非土地所有者与使用者之间的流转协议。

（2）农村集体土地使用权流转的主体。集体建设用地使用权流转的主体应为土地的使用者而非所有者。集体建设用地使用权流转是集体土地使用者之间的交易，无论其采用何种形式，转移的都是土地使用权。在现行土地制度下，集体建设用地使用权与所有权一般都处于分离状态，土地使用权的享有者通常是实际的土地使用者，因此，能够作为集体建设用地使用权流转主体的应该是集体建设用地使用权人和意向土地使用者。实践中，不少地方将集体建设用地使用权主体扩大到土地所有权人，并以规范性文件规定"农民集体所有建设用地的所有权人或使用权人经批准可以采用转让、租赁、抵押或作价入股等形式进行流转"。这种将集体土地所有者作为建设用地使用权流转主体的做法，无疑扩大了流转主体的范围，客观上为违法占用集体土地进行非农建设的行为提供了依据和条件。

首先，集体所有的建设用地，通常是已经政府批准确定给乡（镇）村企、事业单位使用和村民住宅使用的土地。其有具体明确的土地使用权人，他们所享有的土地使用权受法律保护，土地所有者不能随意收回再以流转的方式进入市场；在土地使用权与所有权处于分离状态的情况下，土地所有者（农民集体）无论在法律上还是在事实上都不能成为建设用地使用权流转的主体。其次，目前我国集体土地所有权主体是抽象的、法律上的权利主体，由其作为土地使用权流转的主体客观上难以操作，只能由村委会或集体经济组织代为流转行为。在目前对土地经营管理者缺乏必要监督机制的情况下，土地所有者在土地使用权流转中享有的权益缺乏必要的保证。最后，虽然集体建设用地的所有者是农民集体，但在我国现行土地制度下，集体土地建设用地使用权的取得和变更，从来就不是由土地所有者来决定的。由集体土地所有者作为建设用地使用权流转的主体，实际上是为某些地方政府或其派出公司控制和操作土地流转创造条件。

我国实行集体土地建设用地使用权流转的主要目的是通过市场配置资源，使利用效率较低的集体存量建设用地得到充分、合理的利用。因此，集体土地使用权流转的主体应是建设用地的使用者，而不应该是土地所有权人。

4. 农村集体土地使用权流转收益分配关系。集体建设用地使用权流转产生的收益包括转让收益和土地增值收益。这笔收益如何分配是集体土地使用权流转制度建设中的核心问题，它关系到土地资源配置机制的形成以及集体土地使用权流转的动力。从理论上讲，集体建设用地使用者作为土地使用权人，在自己不能有效利用土地的情况下，将土地使用权再让渡给他人，从中获得了土地收益，其自然是转让收益分配关系的参加者。土地所有者（农民集体）在其土地所有权与使用权分离之后，并未丧失土地所有权，其当然享有土地的收益权，也自然享有土地转让收益分配的参与权，并据此获得应得的收益。因此，集体土地流转收益分配关系的参加者，主要是土地的所有者和土地的使用者。同时，由土地利用的特殊性所决定，土地增值收益的形成，主要是社会经济发展、政府投资、周边环境改善以及规划实施的结果。就此而言，国家也应成为土地流转收益分配的参与者，但其所得的土地收益应以征收土地增值税的形式取得（这属于再分配的范畴）。因此，在集体土地使用权流转中，土地收益分配关系的主体应是土地所有者、使用者和国家。但从一些地方的试点方案来看，不少地方都将各级地方政府作为集体土地流转收益分配关系的直接参与者。如有的地方要求"收取的土地流转收益及土地增值收益，在土地所有者与镇、区、市人民政府之间按 2：5：2：1 比例进行分配"。国土资源部批准的流转试点方案和管理办法，虽然要求"对集体建设用地使用权流转所得的收益要严格按着 5：4：1 的比例进行分配"，但仍将"集体土地所有者、试点镇、市县政府"作为土地流转收益分配的参加者。诸如此类的分配方式和分配比例，作为试点中的一种探索是可以理解的，但是作为未来制度建设的模式是不可取的。

首先，土地使用权流转是一种交易行为，参与这种交易关系的主体只能是土地的权利人，地方政府既不是土地的所有者又非土地的使用者，没有理由参加土地流转收益的分配。即使像有些人所讲的那样政府作为投资者使土地增了值，也是其职责使然，而不应成为参与土地使用权流转收益分配的理由。其次，各级政府参与集体土地使用权流转收益的分配，很可能导致土地供给失控并扰乱正常的市场秩序。据有关调查资料，目前，集体土地使用权流转主要是采用乡（镇）政府（或投资公司）将土地使用权收购，并给予经济补偿，再将土地使用权出让（转让）给企业的方式；或者采取土地使用权租赁的方式，先由镇政府、村与农户签协议，再由乡镇政府（公司）与用地单位签协议，基本上是基层政府在操纵主导集体土地使用权的流转。在这种土地使用权流转过程中，政府所处的地位和所扮演的角色就决定了政府既是集体土地使用权流转的主导者，又是土地使用权流转的受益者，流转的土地越多，其收益越大，其后果可能是我们始料不及的。而国家以税的形式对集体土地使用权流转收益进行调控，可以规范市场秩序保证流转收益的公平分配。

集体土地使用权流转收益的分配，是土地使用权流转机制的核心，也是决定市场能否健康有序发展的关键，关系到集体建设用地的合理利用和耕地保护。因此，土地使用权流转收益分配制度的设计一开始就应建立在公平、合理的基础上，并按市场规则运行。

对此，国家有关部门应予以高度重视，并尽快制定统一的规范性法律文件，对那些重要而具有普遍性的问题做出明确的规定，以引导和规范集体土地使用权流转行为，堵住"流转"掩盖下非法用地的漏洞，保证农村土地市场健康发展和土地资源的合理利用。

随着社会主义经济体制的建立、经济社会的快速发展和土地使用制度改革的深入推进，集体建设用地流转，已不再是一个讳莫如深的概念，尤其是在经济相对发达的省份和城乡结合部，集体建设用地流转已由自发、小规模出租房屋、场地等，逐步演变为有组织、有规模、形式多样的流转。在基层，由于长期以来一直执行较为严格的土地用途管制制度，对集体建设用地流转也一直持谨慎态度，在一定程度上限制了集体建设用地流转的规模和频率，但毋庸讳言，在一些区位优势明显、工业经济发展较迅速的乡镇，集体建设用地流转还是时有发生，而且近几年来有逐步上升的势头。那么如何从基层实际出发，采取切实可行的措施，正确引导和规范集体建设用地流转，使之成为推动农村经济发展和社会稳定的重要手段呢？党的十七届三中全会出台的《中共中央关于推进农村改革发展若干重大问题的决定》中关于建立城乡统一的土地市场的重要论述无疑给我们吃了一颗"定心丸"，给了我们必要的政策依据。

5. 农村集体土地流转改革的措施。农村集体建设用地流转制度的建立是一项系统工程，涉及集体土地所有权实现形式等一系列制度的改革，需要一项一项抓落实，一点一滴去完善。

（1）完善农村土地产权体系。明晰的产权界定是进行市场交易的基础性条件。当前，集体土地所有权和集体建设用地使用权的界定不清、权利设置不完整以及权利内容不全，从根本上限制了集体对其所拥有的土地所有权行使设定权利。依法明确集体土地的所有权和建设用地使用权主体及权能也就成为集体建设用地使用权流转制度的基础。农村集体土地所有权证书，是保障产权主体产权和利益的凭证。我们可以借鉴苏州等地试点的经验，切实加快农村集体土地所有权登记发证步伐。通过发证工作，明确土地所有权的主体，增强农民对土地财产权的控制、流转以及收益的行为能力，从根本上促进农村集体建设用地的"公开、公平、公正"流转。同时，要加强集体土地使用权登记工作和信息公开制度建设。

（2）完善价格形成机制。在集体建设用地流转前对资产价值进行评估，一方面，可以为集体土地市场的建立和发展提供地价标准和宏观导向；另一方面，也是实现地产公平交易、合理征收土地税费的基础。当前，集体土地市场正处于起步阶段，有意识地根据当前国有土地流转市场的经验，为集体建设用地流转市场价格形成机制的建立创造条件是当前准备工作必不可少的内容，同时，也是建立城乡统一的土地市场的必然要求。因此，要在总结现有估价实践经验的基础上，建立与当前国有建设用地定级估价技术规范与规程相适应的估价规则体系，为城乡统一的土地市场的建立构建基础。集体建设用地流转时，应由具备资质的地价评估机构进行评估确定。对于不同的集体建设用地流转方式应区别对待。

（3）加强土地用途管制与利用规划。土地用途管制是为了保护土地资源和耕地，国家以管理者身份对土地采取保护性措施而行使的一项管理职能。但农村集体建设用地由于点多面广，土地管理部门往往无力顾及，由此造成的多占、乱占、占而不用的现象普遍存在。所以，严格控制新增建设用地的总量因市场的开放而骤增无疑是需要解决的首要问题。这就需要我们土地管理部门在搞好产权发证工作的同时，必须强化土地利用规划的作用和地位，发挥规划在管理中的基础性作用。在科学规划的引导下，配合用途管制制度的实施，严格控制农用地转非农建设的数量和速度，确保耕地保护工作的落实。

（4）改革完善集体建设用地流转市场监管体系。在这方面，一是要建立完善城乡一体化的建设用地招、拍、挂制度，集体建设用地凡是用于工业、商业、旅游、娱乐和商品住宅等经营性用地的，一律以招拍挂方式出让或租赁；二是要建立完善土地交易许可管制制度，对集体建设用地流转市场准入要坚持维护农村稳定的原则，防止农村集体组织负责人提供虚假证明骗取审批，甚至擅自处置农村集体土地资产，要求在办理集体建设用地流转前必须由土地所有权单位召开村民代表大会或股东代表大会，经 2/3 以上代表同意并形成决议后，方可办理。三是对各类违法违规形成的集体建设用地要进行清理和处理，严格限定集体建设用地流转的条件。只有符合土地利用规划、用地性质合法、用地手续齐全、不存在权属争议的集体建设用地，才能经交易许可后依法流转。不符合条件的违法违规用地、用地手续不全的用地、不符合规划的用地等，在进行处理前一概不准流转。

除此之外，还需要农村经管部门积极配合对集体建设用地流转收益的合法、合理使用进行监督，民政部门要进一步强化和推进农村村务公开、财务公开等。农村集体建设用地流转是一项系统工程，必须调动各方面的力量，正确引导，严格规范，才能促使其依法流转，为农村经济又好又快发展提供强有力的发展后劲。

二、农村集体土地使用制度改革现状与问题

（一）农村土地承包经营权流转改革滞后阻碍了现代农业发展

以农村家庭承包经营为基础、统分结合的双层经营体制的确立，使农民在土地经营权上的权益得到了保护，激发了广大农民群众的积极性和创造性，极大地解放和发展了农村生产力。但随着农村经济的发展，家庭承包责任制也暴露出许多弊端，越来越表现出小农经济固有的狭隘性和封闭性，土地平均拥有和一家一户的耕作模式已越来越不适应农村市场经济和现代农业的发展。把土地作为农业基本生产要素按照市场效益原则进行合理流转与优化组合，为现代生产要素流入农业提供有效载体，已成为新阶段发展现代农业的一条重要途径。由于取消了农业税和土地承包费，农产品的涨价带动了农业生产效益的提高，以及农村劳动力转移不充分和就业不稳定等因素影响，部分地区近几年土地流转有萎缩的现象，土地流转制度迫切需要巩固完善。

（二）农村承包田调整困难造成了村庄规划难落实

受长期以来传统生产生活方式的影响，加之近年来在城市化、工业化的推进过程中政府疏于引导管理，农民分散建房的格局没有改变。这种格局导致了土地、水等资源利用不经济，基础设施、生态建设和环境治理的难度加大。但是，推进村庄布局调整，促进农村人口适当集中，必然涉及承包土地调整等政策性问题。

（三）农村宅基地置换机制不健全制约了农民向城镇转移

根据现行法律法规，一方面，农村宅基地由村集体组织从村集体所有的土地

中采取无偿、无使用年限的方式划拨给村民使用;另一方面,村民对宅基地只能自用,不能转让、抵押和出租。这种管理制度在目前市场经济条件下,产生了人均宅基地面积过大、宅基地空置现象严重、宅基地隐性市场普遍存在等问题,不仅造成了极大浪费和交易纠纷,也使农民的财产权益难以体现和保护,延缓了农民进城步伐,影响了城镇化进程和农村第三产业发展。

(四) 集体建设用地使用权流转受限影响村集体和农民共享土地增值收益

按照我国的法律规定,我国的土地资源有国有土地(主要是城市用地)和集体土地(主要是农村用地)之分,存在着二元结构,"两种产权"形成了两个分割的土地市场。市场的分割,对于城市建设和农村城镇化的发展人为地制造了一个有形的障碍。随着城市和农村城镇化的不断发展,集体建设用地的资产性质逐渐显现出来,以出让、转让、出租和抵押等形式自发流转集体建设用地使用权的行为屡有发生,在数量上和规模上有不断扩大趋势,集体建设用地的隐形市场就客观存在。由于缺乏规范性的管理办法,出现了不少问题,特别是由于国家、集体、农民三者之间的利益关系尚未理顺,作为土地所有者的村集体和使用者的农民不能分享土地的增值收益,大大阻滞了农村内在的发展活力。

(五) 征地制度不完善导致失地农民的长远利益缺乏保障

一方面,现行的征地补偿办法和补偿标准,是沿用1986年《土地管理法》中规定的年产值倍数的标准,1996年新的《土地管理法》只不过在老办法的基础上提高了补偿倍数。因此,这种办法实际上还是计划经济时代的产物,已不适应当前农村经济的发展水平,不足以解决失地农民的长远生计。另一方面,目前的征地主体还存在不规范、不合法(谁用地谁征地),影响到征地补偿标准的统一和落实。寻找政府、征用地主体、失地农民间最佳的利益结合点,建立合理的征地补偿和利益分配机制,已成为解决失地农民问题的关键。同时,由于失地农民文化程度普遍不高,缺乏一技之长,再加上全社会就业形势并不乐观,失地农民的就业面临着很多困难,大量失地无业农民的存在已经成为一种潜在的社会不稳定因素,必须加大就业援助工作力度,妥善解决失地农民就业困难的问题。

三、农村土地使用制度改革的紧迫性与必要性

(一) 农村土地使用制度改革是全面深化改革和依法治国的重点之一

坚持农村土地集体所有制不动摇是土地管理制度改革的核心。农村土地使用

制度的改革涉及经济社会发展的一系列法律，政策、法律和社会、经济等各领域的关联度和敏感度都很高，应该坚持依法规范、谨慎稳步推进。全面深化农村土地使用制度改革，应当依法确保耕地红线不被突破，在确保耕地总量不断适度增加的基础上实现基本稳定。土地承包经营权流转应当符合土地使用制度改革方向和基本原则，非农业生产用地应坚持节约集约的原则。农村土地使用权制度改革创新更应注重引领、推进节约集约利用土地。通过深化新型城镇化土地使用制度改革创新，不断提高宅基地利用率，确保农村有更多的土地能复垦整理为高质量的耕地，不断拓展"三农"发展和美丽乡村建设的新空间；依法以规引领和规范企业建设高标准厂房，坚持多规合一"管地"，确保园区和企业把土地集约利用到最大限度；坚持按照规划设置功能片区，实现多部门统一规划、联动管理的长效机制，为统筹城乡和区域经济社会发展提供土地资源保障。改革创新土地使用权制度，应确保始终坚持依法管理土地、不触耕地红线、不危及生态环境、不损农民利益这一底线。作为经济社会发展不可或缺的重要资源，"土地只有流转起来，才能使生产者的能力与其拥有的土地相匹配，才能真正实现公平与效率的统一。"但中国经济社会实现快速发展的同时，土地管理的法治建设却未能及时跟进完善，导致现行土地承包经营政策与经济社会发展的需要不相适应，土地利益分配不公的问题在多个领域凸显，并累积了一定的社会问题，如因历史原因形成的承包地块面积不准、四至不清等问题逐渐显现，成为制约农业适度规模经营和"四化"同步发展的突出问题。因此，亟待通过全面深化改革来健全土地法律制度，有效解决土地使用、管理和利益分配等领域的深层次问题。土地是国家粮食安全、生态安全和政治安全的物质载体，土地公有制是中国特色社会主义制度的重要组成部分，中国土地管理法律制度与最基础的政治经济制度密切相关。因此，推进土地管理制度的全面深化改革，应当坚持从这一基本国情、社会制度和法律制度出发，决不能主观臆断、盲目借鉴国外的经验。

（二）新常态、新变化呼唤着以使用权为核心的农村土地制度改革创新

农村集体土地所有权是国家管理农村社会与经济的一种形式。"土地的集体所有并不仅反映一种单纯的经济关系，作为一种地权划分方式，它是种种复杂的权力关系的一个集结，反映了国家对于农村启动全面治理的过程。"中国农村土地产权包含着占有、使用、收益、处置等多项子权利，但每一项大的权利之下又可细分为多项具体权利。各项权利如何设置，以及在不同主体之间如何科学分配，这对农村集体土地使用权制度的公平与效率都有着重大影响。当前，中国经济社会发展出现了许多新的阶段性特征，农村土地制度所处的宏观背景和微观基础都在发生深刻变化，特别是以使用权为核心的农村集体土地使用权制度创新的

必要性和重要性更加凸显。在农村土地集体所有、农户家庭承包经营为基本框架的体制下，具体表现为实行农村家庭承包经营责任制的土地经营模式正逐步向"集体所有，农村家庭承包经营、合作社经营、企业化经营"等多种模式并存的方向发展。这种制度上的悄然变迁到一定程度，就需要政策和法律作出积极回应。目前的基本方向是：构建以集体所有、家庭承包、多元经营为特征，所有权、承包权、经营权"三权分置"的新型农村土地使用权制度。从其他国家的成功经验来看，世界许多国家和地区的农村土地使用权制度的实践都表明，通过法律手段对农村土地使用权制度进行创新，已经成为各国依法管理土地使用权的共同经验。不少国家在相对完备的土地使用权立法指引下，通过建立土地使用权监管的有效机制，使土地使用权获得充分的法律保障，为土地资源的科学保护与可持续性发展提供了法律支撑。

20世纪90年代以前，农村家庭大部分没有非农就业，农村土地使用权的承包者与经营者高度统一，承包权和经营权既没有区分的必要，也没有分离的价值，农村土地集体所有、家庭经营的"两权分置"制度安排能够很好地适应农业生产经营方式的需要，并且是兼顾国家、集体和农民土地权利实现的有效制度设定。但在农村劳动力大量转移到城镇，农户土地承包经营权流转明显加快，农业生产的技术装备水平不断提高，农业适度规模经营已成必然趋势的新形势下，集体土地承包权与经营权的"两权分置"就很有必要和可能了。就必要性而言，与大量农民兼业经营相比，专业化的农业经营有更高的农业生产效率。从可能性而言，近年来农民专业合作社、家庭农场和涉农企业加快发展，土地流转比例快速上升，而且能够让农户在土地流转中都受益，这就使农户承包权与经营权的"两权分置"在实践中日益成为新常态。土地与劳动力、资本、创新等四大要素属于供给侧。当前，经济增速下滑，农业发展面临诸多困难，市场需求不足是表象，供需错配是实质。因此，以土地使用权为核心的供给侧结构性改革，关键是要充分发挥宏观经济法治的调控、引领和规范作用，努力使市场在农村集体土地使用权的资源配置中发挥决定性作用。因此，应坚持通过土地供给侧结构性改革来促进经济特别是农业经济的结构调整，使要素实现最优配置，不断提升包括农业经济在内的经济增长质量和数量。积极优化土地和资本配置，改革创新村集体土地制度的核心在于土地所有权、使用权和他项权利的确权登记颁证，坚持依法自愿有偿原则，引导农村土地承包经营权有序流转，鼓励和支持土地承包经营权向种植养殖专业大户、家庭农场、农民合作社流转，发展多种形式的适度规模经营。

（三）"三权分置"是加快推进农村土地使用制度改革的必然趋势

"三权分置"是农村集体土地使用权制度改革创新的政策取向。提出"三权分置"的农村集体土地使用权制度创新,构建集体所有、家庭承包、多元经营的新型农村集体土地使用权制度,前提是坚持农村土地集体所有、家庭承包经营的基本制度长久不变,在此基础上,进一步明晰相关制度的权益内涵。这是对现有农村集体土地使用权制度和农村基本经营制度的完善和发展,而不是背离。《中共中央关于全面深化改革若干重大问题的决定》鼓励土地承包经营权在公开市场上向专业大户、家庭农场、农民合作社、农业企业流转,目的就是为了积极顺应发展多种形式的规模经营、培育新型农业经营主体、发展现代农业、提高农业盈利能力和市场竞争力的需要。同时,也为农村发展合作经济铺平道路,为农业享受更多的财政项目资助,扶持发展规模化、专业化、现代化经营奠定基础。实质而言,农村集体土地使用权制度实行"三权分置"的目的就是为加快发展现代农业扫除体制机制上障碍。"三权分置"既兼顾国家、集体、农民各方利益,又是有效的所有权制度安排。推行"三权分置",农村土地集体所有的法定属性不会变。但集体所有是一个弹性很大的制度空间,中国区域经济发展差异性明显,农村土地集体所有的意义在不同区域差异很大,在广东南海、浙江温州、江苏昆山等集体经济比较发达的地区,农村土地集体所有权的"产权强度"明显高于其他地区。在承认农村家庭土地承包经营权的前提下,一些地方采取类似"反租倒包"的做法,对农村集体土地使用权的支配能力大大增强,一些地方农村家庭土地的承包经营权已经后退至仅保留获取租金收益或股份分红的权利。而大部分主要农区和中西部地区,农村集体经济薄弱,拥有的资源和支配力量不足,土地集体所有权大部分情况下处于虚置状态,甚至一些地方出现局部土地人为撂荒的情况也较为普遍。科学分置农户土地承包权和经营权是顺应加快转变农业发展方式的需要。应对农业发展积累集聚的各种风险挑战和结构性矛盾,缓解或有效解决统筹保供给、保安全、保生态、保收入的问题,深化改革已成必然。承包经营权是一个包含诸多权利内涵而且权能还在不断丰富和拓展。土地承包经营权是典型的用益物权,在没有发生权利分离的前提下,拥有法定的占有、经营、收益、处置等完整的权利形态;在承包与经营两权分离之后,承包权则更多表现为占有和处置权,以及在此基础上衍生出的如继承权、退出权等多重权益,相应的经营权更多表现为耕作、经营、收益以及入股权、抵押权等其他衍生的多重权益,使用的权利特性凸显出来了。对国家而言,土地承包经营权的设置直接影响甚至决定农业的规模与绩效,进而影响国家粮食安全与重要农产品的有效供给,乃至农村社会稳定和公平正义。对农民而言,承包经营权的设置不仅关系其经营权利的大小和土地所有权的稳定性,而且将深刻影响其获取土地的财产收益。实现加快推进农业现代化,发展多种形式农业适度规模经营,构建现代农业经营体系、生产体系和产业体系的目标,走上产出高效、产品安全、资源节约、环境友好的现代农业发展道路，深化农业经济供给侧结构性改革已是必然的重点。因此，有必要实行承包权和经营权分置，承包权主要体现为给农户承包土地所带来财产收益，实现土地承包经营权的财产价值；经营权则通过在更大范围内的土地流转，能够有效提高有限资源的市场配置效率，并由此发展出新型经营主体和多元化的土地经营方式，有利于促进农业生产要素有序自由流动、提高资源高效配置、市场深度融合，加快培育参与和引领农业乃至更加广泛领域的农业经济竞争发展的新优势。

四、农村土地使用制度改革的基本原则

（一）农村土地使用权制度的改革必须坚持集体所有制

集体所有制是中国农村土地制度的基础，其使用权的改革创新不能偏离这一制度基础。《中华人民共和国宪法》第6条规定："社会主义经济制度的基础是生产资料的社会主义公有制，即全民所有制和劳动群众集体所有制"。《中华人民共和国土地管理法》第8条规定："农村和城市郊区的土地，除由法律规定属于国家所有的以外，属于农民集体所有；宅基地和自留地、自留山，属于农民集体所有。"在宪法和法律的基础上，解决农村土地使用权制度改革创新的问题，应当按照党的十八届三中全会决定的要求，围绕加快构建新型农业经营体系这个总目标，强化农村土地承包经营权、农村宅基地使用权和农村经营性集体用地使用权。为此，要"坚持农村土地集体所有权，依法维护农民土地承包经营权，发展壮大集体经济。稳定农村土地承包关系并保持长久不变，在坚持和完善最严格的耕地保护制度前提下，赋予农民对承包地占有、使用、收益、流转及承包经营权抵押、担保权能，允许农民以承包经营权入股发展农业产业化经营。鼓励承包经营权在公开市场上向专业大户、家庭农场、农民合作社、农业企业流转，发展多种形式规模经营。"有效推动中国农村土地制度由所有权和承包经营权"两权并行分置"成功向所有权、承包权、经营权"三权并行分置"发展，有利于进一步完善中国农村土地权能的配置，明确土地各项权能之间的权益关系，有利于提高农村土地资源市场化配置和生产经营效率，拓宽家庭经营、集体经营、合作经营、企业经营等不同市场主体共同解决"三农"问题、共同发展农业经济的路径，既有利于农业积极顺应工业化、信息化、城镇化和农业现代化深入发展的现实要求，又有利于实现农村土地的规模经营，带动和解决农村公共基础设施建设和公共事业的发展，更为重要的是，有利于有效实现向农民转移财产权，使农民真正共享社会发展和土地增值带来的财产利益。

需要明确的是，赋予农村土地承包经营权抵押、担保权能，所抵押、担保的只是农民对土地的使用权（承包经营权），只是用益物权，而不是所有权。用益物权的抵押、担保不会改变土地集体所有的性质。即使出现了抵押、担保风险，所转移的也只是合同约定的土地承包经营权，转移的只是土地使用权，对土地所有权没有任何影响，更不会超越法律规定而改变农村土地集体所有的性质。

（二）改革农村土地使用权制度必须坚持法治建设先行

党的十八届三中全会《决定》关于深化农村土地制度改革的核心内容是围绕实现全面建成小康社会这一目标，按照"创新、协调、绿色、开放、共享"的治国理政新理念，稳步健全城乡发展一体化体制机制，形成以工促农、以城带乡、工农互惠、城乡一体的新型工农城乡关系，让广大农民平等参与到现代化进程中来，共同分享现代化成果。主要是通过加强市场法律制度建设，按照市场经济规律的所有权不可侵犯原则、契约自由原则和过错责任原则等修改完善涉及城乡发展一体化体制机制的法律法规，修改完善《中华人民共和国土地管理法》《中华人民共和国城市房地产管理法》，以及涉及物权、担保、公司、投融资、规模经营、发展规划等方面的法律，制定公布《中华人民共和国农村集体经营性建设用地流转条例》《中华人民共和国农村集体土地征收补偿安置条例》等一批推动城乡统一建设用地市场建设的法律法规。确保依法引领、推进和保障新型农业经营体系的加快构建，赋予农民更多财产权利，推进城乡要素平等交换和公共资源均衡配置，完善城镇化健康发展体制机制等具体改革目标加快实现。农村土地使用权制度改革创新的重点是通过家庭经营、集体经营、合作经营、企业经营等方式推进农村土地经营权有序流转，发展农业适度规模经营的现代农业生产经营方式创新。坚持农村土地集体所有权，依法维护农民土地承包权，放活土地经营权。稳定农村土地承包关系并保持长久不变，在坚持和完善最严格的耕地保护制度前提下，赋予农民对承包地占有、使用、收益、流转及承包经营权抵押、担保权能，允许农民以承包经营权入股发展农业产业化经营。规范和引导财政专项扶贫资金、其他涉农资金投入项目形成的资产折股量化给贫困村和贫困户，实现资产收益扶贫。依法发展贫困地区农民专业合作组织，引导规范贫困户的土地、草原、林地经营权、旅游资源等入股，实现贫困人口就地就近脱贫致富。

农村土地确权登记发证工作仍然在推进之中，土地流转中长期存在着协议约定不全面、不规范，无序流转，流转协议约定期限过长，承包户在租种的土地上私搭乱建，承包户种植的农作物不符合当地产业规划等现实问题都还不同程度地存在着。尤其是农村信贷实践中还存在着土地承包经营权抵押贷款工作受到法律不健全因素制约的问题，主要是金融机构发放贷款因缺少法律的有效保障而慎贷；农村土地流转合同不规范，导致金融机构无法辨别土地权属；农业生产经营较高的风险加大了土地承包经营权抵押贷款的难度；缺乏专业的耕地评估机构，导致金融机构难以准确评估耕地的价值；尚未形成农村产权流转交易市场，制约了土地承包经营权抵押贷款业务的公开公正规范运行；农户抵押物管理难度较大，制约了金融机构主动参与的积极性。解决好农村土地管理的法治问题，依法维护农民土地承包经营权，真正赋予农民对承包地的占有、使用、收益、流转及承包经营权抵押、担保权能，完善法制是基础，提高法治化水平是关键，实现在法治化环境下规范运转是目标。

（三）切实保障农民的土地权益，合理分配土地的收益

土地是农业最重要的生产要素，是农民维持生计的保障。推进社会主义新农村建设，一个重要的政策就是给农民土地经营权以长期的保障。在加快城市化和工业化的进程中，各种建设占用农民土地必须给予应有的补偿，不能损害农民土地权益。土地征用应当有利于富裕农民，而不是造成大批农民失地失业；应当有利于缩小城乡差距，而不是扩大社会不公。在快速工业化、城市化的过程中，农业土地的价值会快速上扬，农业用地转化为非农业用地会带来巨额的增值收益。土地收益的分配问题是土地政策的焦点。目前，土地收益分配明显向城市、非农部门倾斜，农民得到的太少。下一步要从土地的收益中拿出更大的比例用于支持新农村的建设，让农民收益更多。

五、农村土地使用制度改革的总体思路与路径选择

（一）总体思路

农村土地使用制度改革政策性很强，应该在依法基础上和现有土地基本制度的框架内进行，把技术层面和制度层面分开，不涉及土地所有制层面，从而以最小的制度成本去寻求较大的制度绩效。应该在统一与平等对待城市和农村土地这一总体目标的指导下，扩大市场配置土地的范围，进一步发挥市场对土地资源配置的基础性作用，促进国有、集体土地使用权的更合理配置。为此，笔者认为，农村土地使用制度改革的总体思路应该是：切实保障农户的土地承包权，引导农民在自愿、依法、有偿的基础上逐步扩大土地规模经营；完善征地制度，确保补偿充分，过程公平、公开；探索集体建设用地市场化的可行途径，修改强制性征地的规则和办法，充分实现土地作为财产的潜在价值，使城乡土地资源按照同地、同价、同权的原则，进入统一、公开、公正、公平、规范有序的土地交易市

场，促进农地与城市土地更有效利用，为推进城乡一体化建设、建设社会主义新农村提供强有力的政策、制度和资金支持。

（二）路径选择

1. 健全土地承包经营权流转机制。

（1）大力培育农村土地市场。探索建立土地使用权流转的价格机制，允许农村土地在一定范围内流转，并通过市场机制形成合理的土地流转价格。培育和发展各种类型的为土地流转提供服务的中介组织，建立土地流转的有形市场和流转服务激励机制。建立调节机制，防止土地使用权过于集中，以调节土地流转过程中的垄断和不公平现象。

（2）积极探索多元化的土地流转形式。《农村土地承包法》规定："通过家庭承包取得的土地承包经营权可以依照采取转包、出租、互换、转让或者其他方式流转"。可见，立法者并未穷举土地流转的形式，农户可根据实际情况，采取灵活多样的各种可行方式，合理配置土地资源。

（3）加强土地流转规范化管理。完善产权登记制度，建立科学的农地资产评估体系。建立约束政府行为过度干预的机制，准确定位政府在推进土地流转中的角色，要以政策来引导土地流转，而不是运用行政手段去调整土地资源、与民争利。建立土地流转监管指导体系，做好农村土地流转工作涉及的土地政策的宣传、培训、指导、流转手续的规范等工作。加强土地流转的协调，妥善解决"有地无力开发"与"有力无地开发"的矛盾，在农民权益不受损害的前提下，让农民自愿将承包的土地流转出来。

（4）丰富土地换保障内涵。改变农村单纯依靠土地保障养老的现状，探索建立村级养老基金办法。对有条件的村，每年在收益中提出一部分，作为该村养老基金。在土地流转时，承包者除了交土地流转费用外，再额外交一定比例的资金，作为该村的养老基金或用于补助农民参加养老保险。对老年和基本无力耕作的农民，在自愿的基础上，可由村集体收回其土地经营权，并由村里筹集的养老基金给予固定的生活补助。

2. 完善土地征用制度。

（1）统一辖区范围内的征地补偿安置政策。目前，各地在其辖区范围内不同行政区之间的征地补偿安置政策普遍存在着征地补偿费的支付使用方式、不同年龄段的安置待遇、参加养老保险等方面的政策差异。同时，行政区划变动以后，不同行政区之间政策不一，难免引发"攀比心理"与群众上访。因此，各地辖区范围内的征地补偿政策应尽量统一起来。

（2）适当提高征地补偿标准。现行的征地补偿办法和补偿标准还是计划经济时代的产物，已不适应当前农村经济社会的发展水平。特别是一些重大基础设施建设项目征地补偿标准过低，远远不能满足被征地农民的就业安置和基本生活保障。为此，应充分考虑土地作为财产的市场价格以及农民失去土地后的就业保障和社会保障等各种因素，确定与市场经济条件相适应的土地征用补偿项目和补偿标准，进一步尊重和保护农民土地财产权利，促进节约集约用地。

（3）积极探索多途径安置保障办法。对城镇规划区外的征地，可采取农业生产安置方式。村集体的机动地和土地开发整理后的新增耕地以及其他农户同意调出的承包地，都可以作为安置用地；城镇规划区内的具备开发经营条件的地方，在统一规划的前提下，允许农民选择留地安置办法，以解决被征地农民的就业安置和生活保障问题；对有稳定性收益的建设项目用地，允许农村集体土地入股或租赁，获取长期性土地收益；加强对劳动年龄段内被征地人员的劳动技能培训，帮助引导其实现再就业；对选择自谋职业的失地农民，提供小额贷款、减免税收、免交管理费用等优惠政策，支持他们自主创业；结合撤村建居工作，推行社区集体资产的股份合作化经营，帮助被征地农民开辟资产经营收入渠道；通过村集体资产的量化或土地补偿费的分配，采取个人出资为主，辅之以政府适当补贴的办法引导鼓励被征地农民参加大病医疗保险。

3. 探索建立集体非农建设用地流转机制。由于集体非农建设用地的流转涉及现行法律法规和建设用地总量调控等方面的诸多限制，因而，各地可以向省（自治区、直辖市）政府提出试点请示，报国土资源部批准后开展试点工作。同时，试点工作中必须做出一些严格的工作规定。

（1）界定流转范围。集体建设用地流转范围一般包括客体范围、地域范围、用途范围和主体范围。通过对这些范围的合理界定，即可明晰流转的基本条件。客体范围应限定为集体建设用地。村民出售和出租房屋后，不得再申请新的宅基地。地域范围应限定为符合国家产业政策及当地土地利用总体规划、城市规划和村庄、集镇规划范围以内。用途范围应限定为流转的集体建设用地可用于兴办工商企业、公共设施、公益事业、农村村民住宅建设，禁止用于商品房开发建设。主体范围可不作限定，可以突破集体土地使用主体仅限于同一集体经济组织内部的规定。

（2）明确流转形式与程序。基本流转形式可设定为四个层面。一是首次流转，即集体建设用地使用权出让、出租；二是再次流转，即集体土地使用权转让、转租；三是抵押，即集体土地使用权抵押，既包含集体土地所有者抵押集体土地使用权，也包括集体土地使用权人抵押集体土地使用权；四是村民宅基地与村镇规划区内村民住房用地的置换。集体土地首次流转中，涉及商业、旅游、娱乐等经营性项目建设用地，应当参照国有土地使用权公开交易的程序和办法，进入土地交易市场，采用招标、拍卖、挂牌等方式进行流转。流转程序上建议设置两个"刚性"程序：第一，初次流转须经本集体经济组织村民会议2/3以上的成员或者2/3以上村民代表的同意；第二，集体建设用地一切流转行为无论是初次流转、再次流转还是抵押、置换，都需要双方签订书面流转合同并申办登记，对未经登记的流转行为应当视为无效。

（3）建立合理的流转收益分配体系。按照收益的初次分配基于产权的原则，集体建设用地首次流转产生的收益即出让金、租金、股权红利，除依法缴纳有关税费和基础设施建设费外，应归集体土地所有者即农民集体经济组织所有。集体建设用地再次流转的收益归集体建设用地使用权人所有，但应向当地政府缴纳有关税费，增值的还应参照国有土地增值税标准向财政缴纳增值收益。集体建设用地所有者获得的土地流转收益，应按比例在村民的社会保障、村民、发展农民集体经济和公益设施建设间进行分配。

（4）完善地价调控体系。地价调控内容包括三个方面：一是土地主管部门要制定本行政区域内集体建设用地使用权的基准地价，报上一级人民政府批准后定期调整公布，为集体建设用地标定地价的评定提供依据；二是集体土地的首次流转价格，必须经具有评估资质的中介机构的评估确定，并报土地主管部门备案；三是建立集体建设用地流转最低限价制度，低于最低限价流转的不得流转，或者当地政府有优先收购权。

4. 建立农村宅基地置换转让机制。

（1）分类制定优惠政策。根据部分地区的做法，提出两点建议：第一，在城市和建制镇规划控制区内，可分三种情况给予政策优惠。①对进入城市市区购买商品房居住的农村居民，政府对其原住房和宅基地分别予以货币补贴。②进入城市规划控制区入住公寓房。公寓房由政府统一建设，以综合成本价按照原住房建筑面积出售给进城居民，办理国有土地使用证和房屋所有权证。③进入建制镇规划控制区入住公寓房。公寓房由镇政府统一建设，以建设成本价按照原住房建筑面积出售给农村居民，办理国有土地使用证和房屋所有权证。第二，城市市区和建制镇规划控制区外的政策优惠。农村居民到新村规划点入住公寓房的，其使用的土地和基础设施配套由镇村负责，公寓房由镇村统一建设，以建设成本价按照原住房建筑面积出售给农村居民，办理集体土地使用证和房屋所有权证。居住满若干年后可申请补办国有土地出让，政府给予优惠。

（2）强化配套支持政策。资金筹措：从土地出让金、房地产开发收益和财政预算中安排部分资金，建立专项扶持资金，专户管理，专款专用，同时，减免相关行政性规费。规划管理：加强规划编制，修编完善村镇建设规划；加强建房审批管理，规范村民建房管理程序。用地方式：在城镇规划控制区范围内，农村居民住宅区用地必须办理农用地转用、征用、出让手续。其他区域采用挂钩周转指标，由镇或村在本辖区内进行调整。不能调整的，可采取补贴等办法对被占地村组及农户给予补偿。养老补助：对放弃宅基地进入城市购房的农村居民，到一定年龄后，可每人每月领取一定的养老生活补助。金融支持：进入农村居民住宅区入住的农村居民，可以房屋所有权证作抵押，在农村信用社办理住房按揭贷款。

（3）明确组织实施办法各行政区政府是实施和责任主体，要建立相应的组织和工作机构，具体负责协调、落实和推进工作。在城市市区购买商品房的，由相应的政府组织实施。入住公寓房的，根据区域范围分别由相应的政府组织实施。上级相关部门要加强工作指导和监督。在科学编制规划的基础上，选择城镇建设、工业项目建设等用地需要整体拆迁或具有一定经济基础的行政村先行试点，摸索经验，由点到面，逐步推开。

5. 发展农村土地股份合作制。

（1）充分尊重民意，保护农民权益。建立土地股份合作制时，农民可自主选择是否将土地的经营权作价入股；建立土地股份合作制公司后，农民既可继续参与土地经营，也可不参与土地经营。充分考虑到农民的长期利益，让农民获得长期、稳定的土地收益。同时，要充分兼顾农民当前的切身利益，一般实行保底分配和浮动红利分配相结合的办法，使入股农民得到实惠，以调动他们的积极性，巩固和发展土地股份合作制改革的成果。

（2）选择好改革形式。农村土地股份合作制改革，主要包括集体农用土地和非农建设用地两种类型的土地使用权改革。对于农村集体农用土地，要在贯彻《农村土地承包法》，稳定和完善农村土地承包关系的基础上，组建以农民土地承包经营权入股为主要形式的土地股份合作社，从而更好地促进集体农用地的流转，形成新的生产力，并使农民获得长期稳定的土地承包经营权益和流转收益。城郊区、开发区和工业集中区规划内的村宜探索以集体土地、集体非农建设用地使用权作价入股或采取土地使用权租赁等形式，吸引外资、民资等社会资本参股，组建股份合作社，获得长期稳定的土地收益；其他暂未列入开发区的地区，宜探索农民承包土地使用权入股的股份合作社，土地一般不作价，由合作社统一组织对外发包或租赁，进行农业开发，所得收入按入股土地份额进行分配。也可以探索以农民土地承包经营权入股为主、资金、技术参股的股份合作社，经营收入按股分配。

（3）组织好试点。开展农村土地股份合作制经营试点，组织有关部门参与的指导小组，在土地股权的界定、设置、分配、管理等方面提出明确的操作细则。

当前，要按照推进农业向规模经营集中、人口向城镇和新村规划点集中、工业向园区集中的思路，以解决农民社会保障、增加集体和农民长远收益、盘活建设用地存量、扩大农民就业和培育中小企业为重点，分类开展农村土地股份合作制改革试点。为此，可以结合农产品生产基地建设、休闲农业开发、农业龙头企业培育等农业项目，农民以土地承包经营权入股，推动农业规模经营发展。也可以结合征地制度改革、宅基地复垦，以村集体预留的非农建设用地及其他资产，组建社区股份合作社，以入股的形式参与城镇设施和工业园区建设等的开发经营，形成长效收益机制。

第三章

农村集体土地市场化实证研究

农村集体土地入市是在我国进一步深化改革的大背景下提出的。党的十八届三中全会通过的《中共中央关于全面深化改革若干重大问题的决定》中提出："在符合规划和用途管制前提下，允许农村集体经营性建设用地出让、租赁、入股，实行与国有土地同等入市、同权同价"，正式确立了"集体土地入市"的政策。以及2014年中央一号文件指出："在符合规划和用途管制的前提下，允许农村集体经营性建设用地出让、租赁、入股，实行与国有土地同等入市、同权同价，加快建立农村集体经营性建设用地产权流转和增值收益分配制度"。加之农村当前所处的环境，农民单纯依赖农村土地的收益已很难满足日益增长的物质文化和精神需求。随着农村青壮年纷纷进城务工、劳动力的锐减，农村土地荒化现象严重，加上近年来，小产权房的异军突起，隐形市场的最终形成，种种迹象表明，农村集体土地入市必将是我国当前城市化发展和市场经济的客观需求。

建立城乡统一的建设用地市场，就必须让农村集体土地入市。早在十几年前，广东、浙江就有地方提出地方性的集体土地入市法规，包括成都、重庆在内的全国不少地方也在试点。但由于各种严格的限制，农民的承包地、宅基地、住房不能作为资本流动，很难带来财产性收入。但现实情况却是，农村集体建设用地隐形市场活跃，违法用地屡禁不止，用地流转权利缺乏可靠保障。如何打破坚冰，让工业化与城镇化过程中农民也能够真正受益，需要进一步改革。农村集体建设用地流转目前还受到诸多制约限制，如何建立起一个农村集体建设用地的自由流转市场非常重要，只有实现农村集体建设用地与城市国有建设用地"同地同价同权"，要素市场平等化，才能真正的流转。

第一节 重庆模式——地票交易模式研究

从2007年重庆成为全国首批统筹城乡综合配套改革试验区以来，重庆逐渐加快城镇化发展的步伐，重庆市近几年来城镇化率提高了25%，但农村居民用地减少率不到1%，城市扩展的用地需求与难以逾越的耕地保护政策成为刚性矛盾。另一方面，由于农村大量人口进城打工，农村宅基地闲置、浪费现象日益加剧，"空心村"已经成为当代重庆农村一个普遍存在的问题，造成土地资源极大浪费。面对这样的矛盾，2008年8月，国土资源部与重庆市政府签订了战略合作备忘录，明确支持重庆设立土地交易所。同年年底，重庆农村土地交易所正式挂牌成立，并进行了首次地票交易，地票交易模式应运而生。2009年1月，《国务院关于推进重庆市统筹城乡改革和发展的若干意见》中又明确提出：对地票交易模式，赋予重庆先行先试的权利。经过5年的试点实践，地票交易模式逐渐成熟，有效化解了城乡二元结构的矛盾。2008~2012年，重庆地票每年的交易量分别为1100亩、1.24万亩、2.22万亩、5.29万亩和2.23万亩。截至目前，全市累计交易地票12.24万亩、交易额约245.3亿元，有7.68万亩地票落地使用；办理地票质押贷款3859亩、贷款额约5.22亿元，共帮助"三农"实现200多亿元的财产收益。实践过程中，地票交易模式也得到了不断的改进和发展。

一、地票交易概述

2008年12月4日，伴随着重庆农村土地交易所的挂牌成立以及地票的第一次公开拍卖，"地票"由此走进人们的视线。然而对于"地票"，许多人的理解依旧停留在"土地票据化"的初始概念范围之内。因此，有必要对地票概念进行厘清，并对重庆地票交易发展历程和运作模式进行梳理。

（一）地票概念厘清

地票，是指将闲置的农村宅基地及其附属设施用地、乡镇企业用地、农村公共设施和农村公益事业用地等农村集体建设用地进行复垦，变成符合栽种农作物要求的耕地，经由土地管理部门严格验收后腾出的建设用地指标，由市国土房管部门发给等量面积建设用地指标凭证。这个凭证就称为"地票"。

概言之，地票是建设用地指标凭证的通俗说法。尽管目前尚未规定地票拥有者在城市建设用地拍卖中有优先权，但是地票仍被尊称为"土地VIP卡"。

地票交易，字面理解就是在特定场所对地票进行的买卖。现实中，因二级市场尚未成型，地票交易仅是指在农村土地交易所进行的一级市场地票拍卖。值得注意的是，地票交易仅是民间对指标交易的称呼，官方对于地票交易，仍称之为"指标交易"。

重庆地票制度实施环节如下。

1. 复垦。前提是农民住有所居并自愿申请,将闲置、废弃或利用不充分的农居房屋复垦为耕地。至于单户申请,还是联户申请;是复垦后在本地另建新居或新村,还是到城镇购房,都遵从申请人的意愿。验收时,以权证为建设用地的合法依据,以第二次全国土地调查的图斑控制复垦范围,以实测结果确认有效建设用地的面积,并严守复垦达标的技术标准。

2. 交易。复垦一旦验收合格,就生成"地票",即可以公开交易的土地资产之凭证。权利人(农户或农村集体)可持票进场,到重庆农村土地交易所挂牌出售。根据土交所章程,城乡法人、具有独立民事能力的自然人及其他组织,均可入场平等竞购地票。地票的成交价由市场决定,信息一律公开。

3. 落地。重庆市建立计划指标、地票、增减挂钩指标分类保障用地需求的制度。制度明确规定,主城区和区县城新增的经营性用地,必须使用地票。同时,也限定不得在城市规划建设范围之外使用地票,保证地票的落地纳入城市建设规划。另外,地票落地时仍遵守现行土地征收、转用、出让的有关规定。

4. 分配。地票的成交价款扣除复垦成本之后,全部收益归农民和农村集体所有。其中,宅基地收益由农户与集体按85∶15分成,属于农户的,由土交所直接打入农户的银行账户;属于集体使用的建设用地,复垦交易后的地票收益归集体。并规定农户收益每亩不低于12万元,集体收益每亩不低于2.1万元。复垦形成的耕地,所有权归集体所有,原则上由原农户承包经营和管护。

(二) 重庆地票交易发展历程

2007年,国务院批准重庆为统筹城乡综合配套改革试验区。

2008年6月27日,国土资源部《城乡建设用地增减挂钩试点管理办法》颁布。

2008年11月17日,重庆市人民政府第22次常务会议通过了《重庆市农村土地交易所管理暂行办法》(以下简称《暂行办法》)。

2008年12月4日,重庆农村土地交易所挂牌,该交易所以"地票"作为主要交易标的,中国的地票交易制度就此诞生。

2008年12月4日,重庆农村土地交易所进行第一场地票拍卖。

2009年2月,《国务院关于推进重庆市统筹城乡改革和发展的若干意见》正式批准重庆建立统筹城乡的土地利用制度,在确保基本农田总量不减少、用途不改变、质量有提高基础上,稳步开展城乡建设用地增减挂钩试点。

2009年12月3日,重庆农村土地交易所进行第六次地票拍卖,共有玉豪龙公司、腾翔公司、中渝公司、晋愉公司、东港公司、龙湖地产等6家民企拿到过地票,截至2009年12月3日,重庆农村土地交易所总成交44宗地票,共计

8300亩用地指标，成交总金额7.38亿元，均价每亩9万元。

重庆玉豪龙实业（集团）有限公司成为第一个"吃螃蟹的人"，2008年12月4日，该公司以2560万元拍下第一张地票，2010年2月4日，重庆媒体称该公司已经"兑现"地票。

（三）重庆地票的运行模式

1. 规划布局。《暂行办法》规定：市国土资源行政主管部门依据土地利用总体规划、城镇规划，编制城乡建设用地挂钩专项规划，确定挂钩的规模和布局，经市人民政府批准后实施。

2. 立项申请。经村集体2/3成员或2/3成员代表同意，闲置的农村宅基地及其附属设施用地、乡镇企业用地、农村公共设施和公益事业用地等农村集体建设用地可以成为立项申请的标的，区县土地行政管理部门同意后，可以组织复垦。

有其他稳定居所，而且有稳定工作或稳定生活来源的村民也可申请复垦耕地。复垦整理新增的耕地继续由原宅基地农民承包经营；自己不经营的，可再次流转，获得相应收入。

3. 土地管理部门验收。村集体或村民复垦土地经土地管理部门严格验收后，腾出建设用地指标，并由市土地行政主管部门向土地使用权人发给相应面积的"地票"。

4. 地票交易价格确定。在综合考虑开垦费、新增建设用地土地有偿使用费等因素的基础上，市土地行政主管部门制定全市统一的城乡建设用地挂钩指标交易基准价格，供交易双方参考。

5. 土地交易所交易。重庆市农村土地交易所是开展地票交易的固定场所。所有法人和具有独立民事能力的自然人，均可通过公开竞价购买地票。地票交易总量实行计划调控，原则上不超过当年国家下达的新增建设用地计划的10%。

6. 地票交易收益分配。除缴纳少量税费外，绝大部分归农民家庭所有。耕地、林地的承包经营权交易收益，全部归农民家庭所有。农村集体经济组织获得的土地收益，主要用于农民社会保障和新农村建设等。

7. 地票兑现。地票作为城市建设用地指标凭证，在城镇使用时可以纳入新增建设用地计划，增加等量城镇建设用地，并在落地时冲抵新增建设用地土地有偿使用费和耕地开垦费，在符合土地利用总体规划和城乡总体规划的前提下，办理征收转用手续，完成对农民的补偿安置。征为国有土地后，通过"招、拍、挂"等法定程序，取得城市土地使用权。

二、地票交易的现实能动作用

土地是农民的生存之本,法律对农村土地流转作出了较为严格的限制。然而,随着城乡一体化进程的加快,一方面是城市建设用地供不应求;另一方面农村土地浪费严重,空心村大量出现。地票的出现,某种意义上缓解了上述矛盾,有效促进了农村土地使用权流转,并提高了农民收入,促进了城乡一体化进程。

(一) 有效促进农村土地使用权流转

根据我国现行法律规定,农村土地使用权可以流转但是限制较多,对于农村建设用地使用权,《土地管理法》在允许转让的同时,作出了严格限制。从《土地管理法》第63条规定"农民集体所有的土地的使用权不得出让、转让或者出租用于非农业建设。但是,符合土地利用总体规划并依法取得建设用地的企业,因破产、兼并等情形致使土地使用权依法发生转移的除外"可以看出,农村建设用地的流转只有在"破产、兼并等情形致使土地使用权依法发生转移"才可以出让、转让或者出租,而对于农村宅基地等,法律上规定仅限于村集体内部流通。相比于城市建设用地,农村土地使用权流转面临较大障碍,这也是农村小产权房难以在法律上得到有效承认的根源。

重庆地票交易制度突破了农村建设用地难以流转、农村宅基地不能用于非农建设的法律问题,通过激励相应的市场机制,实现了农村建设用地与城镇建设用地之间的交流,对于解决我国农村建设用地低效率使用问题、打破城镇发展的土地资源"瓶颈",具有较大的现实意义。该交易制度使农村多余的建设用地,通过复垦形成指标,进入土地交易中心进行交易,从而有效实现了农村土地使用权的流转。当然,重庆地票交易制度的实施建立在重庆城乡一体化的特殊基础之上,其他省份地票交易制度会面临更多的法律制约。

(二) 有利于新农村建设,有利于耕地的保护

新农村住房建设在各地已经深入进行,统一建起楼房后,原农村宅基地恢复为耕地,由此产生的农村建设用地指标如能进行交易,并将溢价用于新农村建设,既能促进新农村建设的深入进行,又能极大缓解城市建设用地紧张的局面。

我国人均耕地面积不足一亩,有限的耕地资源必须得到保护。地票交易制度通过"先占后补"的方式,极大地缓和了耕地资源的紧张保护局面,杜绝了农村土地资源浪费的现象,通过开源节流,一定程度上促进了农村耕地保有量

的增加。

（三）促进城乡一体化，增加农民收入

农村集体建设用地与城市建设用地远距离、大范围的转换，一方面，可缓解城市建设用地紧张，带动城乡之间土地要素流转，大幅度提升偏远地区的农村土地价值；另一方面，实现了城乡级差地租的价值化，这个价值可以转化为大城市反哺大农村的资金来源。农民通过地票增加收入，促进农村劳动力转移，增加农业投入的资金，提高进入城镇后的生活保障水平和发展能力。

三、地票交易的制约"瓶颈"

"地票"作为新生事物，从诞生的那一刻起便被赋予了一种神圣的寄托。然而，作为城乡土地流转的试水石，重庆地票交易面临着诸多"瓶颈"。

（一）复垦的落实问题

地票交易的前提是农村建设用地转化为城市建设用地的同时，耕地数量的增加和质量的不变。然而，复垦土地的数量和质量并不能得到充分保证。作为政策的执行者和受益者，相关行政部门可能更倾向于复垦耕地当时的数量，而忽视了复垦耕地的质量，以及后期复垦耕地的保护。依照《重庆市农村土地交易所管理暂行办法》的规定，对于复垦耕地，区县国土资源部门按规定组织验收，合格后，按照重庆市土地复垦有关规定，向市国土资源部门申请确认并核发地票。如此一来，地方政府"既是复垦耕地带来用地指标的受益者，又是复垦验收的审批者，同时也是复垦成本的支付者"。由于复垦耕地的未来利用与地方政府并没有直接关系，因此，地方政府不会太关心复垦土地质量的好坏，考虑更多的是换建设用地指标的问题。

（二）溢价分配问题

对于溢价分配，现行模式下规定：一是支付复垦成本，对农民的宅基地上的房屋，比照征地的标准，给予补偿，并对其新购房给予补贴；二是给付农村集体组织类似于土地出让金的价款，因建设用地所有权人是集体，农民只有宅基地使用权，因此这部分价款，不能直接支付给村民；三是区县政府建立耕地保护基金。但是，从溢价分配模式可以看出，经过层层截流，溢价款最终交付给农民的并不多，这对于保护农民利益不利。因此，如何建立一整套科学的溢价分配机制，是地票交易面临的重要问题。

(三) 地票持有者权利保护问题

《暂行办法》只赋予了地票持有者人对地块的选择权。地票持有者人要在符合城市规划和土地利用规划的范围内，寻找尚未被国家征收、又符合其市场开发需求的地块。如果该地块符合两规，又有市场需求，政府就按程序对该地块进行征用，并作为经营性用地进行招拍挂。地票持有者和其他开发者成为平等的竞争者。

然而，地票持有人不能享有同等条件下获得国有城镇土地使用权出让时的优先权。地票持有人拍到该地块使用权，地票的价格计入到招拍挂价格之中。地票持有人拍不到地块，政府从拍卖价中扣除地票价格，这部分返给地票持有人，但只返还本金，利息损失作为投资风险由地票持有人支付。可见，尽管地票被称之为"买地VIP卡"，但是法律意义上其并不具备"优先权"的含义，现实中，参与地票买卖的企业积极性并不高。可见，现行政策对于地票持有者的保护并不完善。

四、地票交易制度的完善

爱迪生发明电灯的时候并没有人意识到电气时代的到来，贝尔发明电话的时候同样没有人意识到通信时代的到来，任何新生事物可能如襁褓中的婴儿般充满了幼稚，然而，伴随其成长、成熟、成功，展现在我们面前的可能是一个巨人。地票同样如此，只要我们能不断完善相关制度，其所展现的新面目，所带来的新风貌，可能超乎我们的预期。

(一) 借鉴污染物排放权交易制度，完善土地当量问题

不可否认，重庆目前实行的地票制度，与国际上通行的污染物排放权交易制度有异曲同工之妙，区别在于，地票核定并未考虑土地质量问题。尽管国土部门认为有必要在评审确定土地数量时考虑土地质量状况，但是实际操作中，相关部门对于复垦土地的质量并未重视。然而，由于地域差别，重庆各区县复垦耕地质量差异较大，即便是同一区县的复垦耕地，因各种人为因素，也可能存在质量差异。片面的仅以面积作为地票的计价单位并不科学。

参照污染物排放当量，可以建立一种土地当量，将土地的各项综合指标均予以考虑，最终使地票能够科学合理地反映其所代表的耕地质量，同时促使土地复垦能够更为有效。土地当量制度的建立，也是农村建设用地未来全国流通的必要保证。

(二) 溢价大部分作为建设新农村住房基金

溢价全部分配给农民无法律依据，因为村集体是建设用地使用权的主体；溢价不分配给农民却损害了农民利益，因为农民让出了宅基地等作为复垦标的。对于该部分溢价，笔者认为，其中大部分作为新农村住房基金更为合适。一方面，减轻了村集体的资金压力；另一方面，是对农民失去宅基地的对应补偿，同时，新农村住房基金的设立，能够更为有效地促进新农村住房建设，增加农民的入住积极性。溢价的其余部分，可以划入耕地保护专项基金，加大耕地保护力度。

(三) 建立城市建设用地"招、拍、挂"准入制度

2010年7月1日起，在成都市"招、拍、挂"出让的土地，竞买者必须持有地票。成都市的规定保证了地票持有者的可得利益，这种准入制度事实上属于"优先权"的一种体现形式。也只有通过这种准入制度，地票持有者的合法利益才有可能得到保证，而该种准入制度在另一方面无疑会促进地票制度的发展完善。因此，重庆市也可考虑建立建设用地"招、拍、挂"准入制度。

(四) 地票交易应建立二级市场，地票质押应贯彻落实

地票作为一种预期权益，可作为质押标的。2009年12月27日，重庆土地交易所分别与中信银行重庆分行、招商银行重庆分行签订合作协议，探索地票的质押贷款。地票质押是地票持有人以地票作担保，向金融机构贷款的一种担保方式。该项业务的开辟，增加了地票的融资功能，将极大地促进农村土地交易市场有限健康发展，对推动农村金融市场的发展意义重大。为保证地票的有序流转，相关部门应该明确地票的登记制度，并配套其抵押或质押的有关规定。

五、地票制度改革的成效

2016年1月1日，《重庆市地票管理办法》正式实施。自此，引发全国关注的城乡统筹制度创新——重庆地票制度改革已风风雨雨地走过了7个年头。

作为全国统筹城乡综合配套改革试验区，重庆市于2008年12月成立了农村土地交易所，同年12月4日，首张地票成功拍卖。地票改革实践的大幕就此拉开。7年来，重庆市不断完善复垦、交易、使用和价款分配等环节设计，已基本形成了地票制度框架体系。

据统计，截至2015年12月底，重庆已累计交易地票17.29万亩、交易额345.66亿元；地票质押8354亩，金额12.23亿元；地票使用11.7万亩。

从实践来看，地票制度在保护耕地、保障农民权益、统筹城乡土地利用、促进新型城镇化发展等方面的作用日益显现，成为重庆统筹城乡发展的重要制度成果。

（一）幸福农户：沉睡的农地资产被激活

地处武陵山腹地的重庆市秀山县是国家扶贫开发重点县，总人口65万。如今，通过高山生态扶贫搬迁，3.3万余人已走出大山深处，其中，集中安置率达70%以上。这一切，都源于地票收益破解了边远山区农户搬迁资金不足难题。

同样，得益于地票制度改革，家住重庆市彭水县靛水乡新田村的农户李××一家过上了小康的日子。李××告诉记者，以前家里有父辈留下的旧宅一处，原宅基地面积约8分，院坝、圈舍等附属设施用地1亩多，全家在家务农，日子过得紧巴巴的。2010年3月，他申请将父辈遗留的旧宅复垦，拿到地票款13万多元。据他介绍，这13万元一部分投入了养殖业，买了六七十头黑山羊和200只绿蛋壳鸡，另一部分投资开了100平方米的小诊所。"两边加起来每年收益四五万元不成问题。"李××高兴地说。

其实，享受到地票制度带来实惠的不光是农户，还有集体经济组织。重庆市石柱县马武镇18个村，几年前，集体经济收入为零的有11个村，有收入的7个村，每村每年收入均低于1万元。实施农村建设用地复垦3年，全镇集体经济组织地票收入6161万元，村均342万元，极大地促进了当地经济社会发展。

（二）制度创新：以市场化破解城乡用地难题

重庆市探索地票改革的思路是，以耕地保护和实现农民土地财产价值为目标，建立市场化复垦激励机制，引导农民自愿将闲置、废弃的农村建设用地复垦为耕地，形成的指标在保障农村自身发展后，节余部分以地票方式在市场公开交易，可在全市城乡规划建设范围内使用。

地票这一制度创新，主要基于三方面的理论逻辑。

首先，地票制度是被异化的城镇化路径的正常回归。全球城镇化的普遍规律是，城市建设用地增加，农村建设用地相对减少，但农耕地不仅不会减少，还会有所增加。我国城镇化却出现了与之相悖的情形。

资料显示，2000～2011年，全国1.33亿农民进城，城镇建成区面积增长76.4%，但农村建设用地不仅没减少，反而增加了3045万亩。耕地年均减少约1000万亩。出现这一问题，其症结在于城乡二元分割的土地制度下，进城农民工在城市要占用建设用地，其在农村的宅基地因缺乏合理的退出通道而长期闲置，造成了建设用地"双增长"格局，给耕地保护带来压力。

地票制度为农民自愿有偿退出宅基地开辟了一个制度通道，有助于推进土地城镇化和人口城镇化协调发展，为破解我国的"土地困局"提供了一条路径，是顺应城镇化发展普遍规律的。

其次，地票制度是产权经济学的创新实践。农村土地为集体所有，农民有使用权，但无处分权。由于我国农村土地集体所有制产权模糊，导致出现了"人人有份，户户无权"的状况，土地产权很难"动"起来。

地票制度针对农村建设用地比较模糊的产权状况，进行确权分置：土地所有权归集体，将土地使用权视为一种用益物权归农民，所有权和使用权按比例获得各自收益，并将耕地复垦验收合格票据化形成的地票，交由政府设立的土地交易所组织市场交易。

这样，把农村闲置的、利用不充分的、价值很低的建设用地，通过指标化的形式，跨界转移到利用水平较高的城市区域，从而使"不动产"变成了一种"虚拟动产"，用市场之手把城乡之间连了起来，实现了农村、城市、企业等多方共赢。

最后，地票制度是恪守"三条底线"的审慎探索。土地是农民的命根子。重庆地票制度探索，始终恪守中央反复强调的"坚持土地公有制性质不改革、耕地红线不突破、农民利益不受损"三条底线。三条底线不能破，是重庆地票制度设计和实践的基本准绳。

（三）操作模式：自愿复垦、公开交易、收益归农

重庆地票制度经过试验探索，目前，已基本形成了以"自愿复垦、公开交易、收益归农、价款直拨、依规使用"的制度体系。"地票市场化的运作方式，更能体现农民在处置农村土地房屋财产上的主动性、自愿性和参与性。"

地票复垦由农户或农民集体自愿提出申请，农户需要保证住有所居，不下指标，不搞大拆大建；配套的农民新村建设布局、户型设计充分尊重农民意愿，不搞被复垦、被上楼；复垦形成的耕地仍归农村集体经济组织所有，由原农户优先承包使用。

地票交易实行市场化定价，由农村土地交易所根据市场供需情况统一组织，公开发布交易信息显示：地票成交单价已由首场的8万元/亩逐步提升到现在的20万元/亩左右。"地票价款扣除复垦成本后全部收益将归'三农'所有，作为农户实际使用的合法宅基地，收益由农户和集体经济组织按85∶15比例分享；属农民集体经济组织使用的建设用地，复垦交易的地票收益归集体经济组织所有。"这一政策规定尊重了农房是农民在农村主要财产的现实情况，同时，考虑了集体经济组织作为土地所有权人的权益实现，量化了农村集体土地所有权和使用权收

益分配比例，实际操作中得到了农民和集体经济组织的普遍欢迎。

此外，重庆市要求，地票制度必须与现行土地管理制度充分衔接，始终依规划实施复垦和使用地票，地票生产、使用各环节也必须符合土地利用规划、城市建设规划要求，城市规划区内的农村建设用地不纳入复垦，不在规划建设范围外使用地票，地票落地后仍按现行土地出让制度供地。

明晰土地权属，是实现农民土地财产权益的前提。

地票制度的运行建立在农村土地产权明晰的基础上。截至 2011 年底，重庆在全国率先完成了新一轮农村土地房屋登记发证工作，累计核发集体土地所有权证书 8.04 万本，宅基地及农房证书 660 万本，其他建设用地及房屋证书 4.06 万本，做到了应发尽发，为农村建设用地复垦和地票交易创造了条件。

（四）改革成效：让用地跟着人口和产业走

地票改革在重庆取得了实实在在的成效。

据重庆农村土地交易提供的信息显示：在重庆已交易的地票中，70%以上来源于渝东北、渝东南地区。这两个区域在全市发展中承担着生态涵养和生态保护的功能，发展导向是引导超载人口转移，实现"面上保护、点上开发"。而地票的使用，95%以上落在了承担人口、产业集聚功能的主城及周边地区。这种资源配置，符合"产业跟着功能定位走、人口跟着产业走、建设用地跟着人口和产业走"的区域功能开发理念，有利于推进区域发展差异化、资源利用最优化和整体功能最大化。

同时，地票是一种有偿使用的指标，促使城镇用地者更加理性用地、节约集约用地。由于地票落地充分考虑了市场意愿，提高了城镇规划实现效率。实施农村建设用地复垦，促进了耕地集中连片，为农业规模化经营创造了用地条件，提高了农村土地资源的整体利用效率。

因为地票运行程序是"先造地、后用地"，这也更有利于落实耕地占补平衡制度。据介绍，重庆农村闲置建设用地复垦后，95%以上面积可转变为耕地，而地票使用所占耕地仅占 63% 左右，地票落地后平均省出了约 30% 的耕地，实现了耕地占补有节余。截至 2015 年 12 月，重庆已使用地票 11.7 万亩，实际占用耕地 7.3 万亩。地票制度实现了耕地"多补少占"，而且保障了补充耕地质量。

此外，由于复垦宅基地生成的地票按纯收益 85∶15 的比例分配给农户和集体经济组织，使得农民收入不断增加。据测算，重庆农村户均宅基地 0.7 亩，通过地票交易，农户能一次性获得 10 万元左右的净收益。复垦形成的耕地归集体所有，仍交由农民耕种，每年也有上千元的收成。

尤其是对贫困地区，因实行"优先地票交易，优先直拨价款"政策，截至

2015年12月底，重庆市已累计交易贫困区县地票13.08万亩、260.8亿元，占交易总量的76%左右。集体经济组织获得地票收益，与部分农民所得收益一起投入新农村建设，改善了农村生产生活条件。重庆市近年完成数十万户农村危旧房改造和高山生态移民扶贫搬迁就得益于此。

从地票改革试验来看，农民对于农村宅基地及附属设施用地的利用和管理观念也发生了很大的变化，对于权证办理、农村土地房屋财产，以及集体内其他成员使用宅基地监督等的重视程度与日俱增。农民对产权的重视也促进了政府完善农村宅基地审批管理，以精细化为目标，加强农村权籍管理，以城镇一体化发展为指导，加快推进农村土地利用规划编制，加强深层次农村产权制度改革的研究。

（五）新任务：扩大试点，优先用于脱贫攻坚

总结地票制度实施七年来存在的问题主要表现是：一是地票占比太高，会影响其价值；地票占比太低，节约集约用地和反哺农村、农民的效果不明显。二是地票制度必须是城乡建设用地指标远距离、大范围置换，就近城镇化并无适用的，也无意义。三是对于远郊农村的闲置建设用地，受区位所限，开发建设机会相对较少，土地价格很低，一旦通过地票交易，就能大幅提升其价值。

对于这些试验工作中遇到问题，下一步地票制度改革的新目标和任务是：科学确定地票在供地总盘子中所占的比例，明确地票的使用范围。

2016年1月1日正式实施的《重庆市地票管理办法》，明确在自愿复垦、公开交易、收益归农、价款直拨、依规使用的基础上，要优化交易方式，突出公开、透明组织交易，完善交易公告启动、拍卖或挂牌的选取、交易结算等规则，提升交易和结算效率；允许地票转让，持有地票超过2年，或者因地票质押到期不能清偿债务的，可以并入一级市场公开转让；在严格要求新增经营性建设用地必须使用地票的基础上，在全市城乡建设用地规划规模不增加、耕地保有量目标不减少的前提下，地票可以在土地利用总体规划确定的有条件建设区内使用。

下一步，重庆市将进一步完善地票制度，并积极配合有关部委做好地票制度推广试点各项准备工作，明确扩大地票改革试点优先用于脱贫攻坚，对贫困地区和其他地区按贫困人口单独包装的复垦项目，实行"优先复垦、优先质押、优先交易、优先支付价款"；优化土地利用年度计划配置方式，合理配置新增建设用地计划指标与地票在供地总盘子中的比例，逐步破解城镇化进程中的城乡建设用地"双增长"的难题。

第二节 农村土地市场化改革的调查报告
——基于重庆市万州区的调查分析

党的十八届三中全会明确提出,农村土地制度改革的基本方向是建立城乡统一的建设用地市场。农村建设用地市场化首先要突破观念、体制机制、土地政策法规的桎梏。调查发现:农民普遍存在对土地制度改革及建设用地市场化认识不清、土地权属意识不明晰、农村集体建设用地利用率低、闲置浪费和一户多宅现象严重等问题。推进农村经营性建设用地市场化的改革,必须从土地法律制度、建设用地市场化价格形成机制、土地交易市场体系的建设等方面发现问题、研究对策。

一、问题的提出与由来

(一)农村集体建设用地及其市场化

农村集体建设用地一般是指乡(镇)村集体的建设用地,最早产生于20世纪50年代。当时,为了配合在农村推行社会主义公有制的改造,由农民自愿联合,在自然乡村内,农民把属于自己所有的土地、宅基地等相关生产资料,投入到村集体,形成各种集体农业经济组织,农户自己房屋占地及其未成为耕地的部分(包括房屋周边的林地、宅基地、荒地等),这部分土地法律上为集体所有,但实际上是农民个人占有、长期拥有并无限期使用的这部分土地。这种土地可分为三类:第一类是村集体公益事业用地;第二类是农村宅基地,第三类是集体生产经营性用地,其性质是非国有土地,所有权属于农民集体;不是指农用土地,而是依法批准的建设用地,是合法的。

农村集体建设用地市场化是指对其使用权赋予商品性质进入市场,与城市的建设用地享有公平和平等的待遇,以建设用地市场的需求为导向,以市场机制为竞争手段,最终使农村集体经营性建设用地这一资源得到合理地配置并达到经济效益和社会效益最大化。集体建设用地市场化,有助于克服城乡二元结构的弊端,使农民分享到城市发展带来的效益,同时,让农村富余出来的经营性建设用地享受到与城市国有土地同样的权利和公平的价格,以此作为一种缓解城市发展过程中建设用地供不应求的方式。

农村集体建设用地市场化有其特定的内涵:首先,其产权主体的表现形式必须是集体;其次,可进入的土地必须是建设用地,既不是农用地,也不是未利用地；最后，农村集体建设用地市场化是受国家调节的，是在一段时间内由集体单一管控转变为以市场经济体制进行调节，国家对其进行宏观调控的过程。这个过程由市场进行配置形成市场价格；最终形成完善的、统一的建设用地市场。

(二) 农村集体建设用地市场化问题的提出

中国是发展农业大国，农业人口仍占较大比例，据统计：2014年底，中国大陆农业人口占45.3%。农村与城市长期实行土地二元制度，导致了土地市场被人为限制。改革开放后，土地市场被打开并蓬勃发展，城市国有土地激活并能通过比较公开的方式出让给需要用地的企业，国有建设用地市场逐步形成。但农村土地却依旧不能直接进入土地市场。随着城镇化水平不断提高，城镇规模呈发散式扩大，其建设用地需求也就不断扩大，城镇国有土地已经无法满足城镇化的需求。因此，城市与农村的建设用地利用情况成反向状态，城市里亮起不足信号，农村里却少有开发足迹。但是，这些充足的农村集体建设用地很难进入市场，城乡土地要素资源的供需严重失衡，制约着我国城市化和农村经济发展。党的十八届三中全会关于农村土地制度改革的具体内容为其进行市场化提供了政策引导和改革创新的方向，并提出其市场化完善的本质路径是社会制度的部分调整和改革。农村集体经营性建设用地市场化面临的第一个内部问题就是自身产权的复杂构成，主要表现在产权主体不明确。农村集体建设用地的产权主体既可以是乡级的集体组织，也可以是村级的集体组织，还可以是村内大队的形式。收益分配机制的模糊性和市场监管的缺失都导致其在土地市场的利用率很低。在这种背景下，具体分析农村集体经营性建设用地进入市场并在市场化过程中的运行及遇到的阻碍，寻找解决方法，以市场为主导，合理高效地配置农村集体经营性建设用地，刺激农村土地市场相关构成，启动这个市场，最终达到农民增收和社会进步的效果。

二、基于重庆市万州区农村集体建设用地市场化现状的调研分析

此次调查主要研究重庆地区的农村集体建设用地的入市情况。本书选取了万州区作为调研对象。万州作为重庆第二大城市，地貌广阔，山多人多，非常具有代表性。据2013年的调查显示，万州区面积3456.38平方公里。其中，耕地150.73万亩，园地16.5万亩，林地202.03万亩；牧草地41.62万亩，城镇及矿工用地42.88万亩，交通运输用地9.15万亩，水域及水利设施用地26.71万亩，其他土地28.84万亩。规划基本农田保护面积98.94万亩，完成永久基本农田划定99.14万亩，占耕地总面积的65.78%。我们在万州市区随机取了4个乡镇作为调查点，每个乡镇选取了3~5个村干部和40个左右的村民进行问卷调查以及与村

民进行面对面的访谈。总计调查样本170个,回收有效问卷160份。调查问卷涉及三个方面的内容:家庭基本情况、农户资本情况、集体建设用地入市流转调查。其中,前两个部分属于基本情况调查,第三部分是本次调查的核心内容。

从家庭基本信息和农户资本状况的调查结果可以了解到,留在农村的大多数是50岁以上的空巢老人,文化程度普遍不高,只有小学程度左右,其子女大多在外务工,因此,他们使用的耕地和林地很少,大多是种植一些水果蔬菜自用,另外,大部分的土地都已经退耕还林,很少部分作为农村集体建设用地在流转利用。

调查内容的重点——集体建设用地入市流转情况。

此次调查共涉及44个问题,本书着重分析万州村民对农村集体建设用地入市流转的认知、意愿,通过问卷调查结合访谈的方式调查了万州农村集体建设用地入市流转存在的问题。

(一)对农村集体建设用地市场化的认知情况

调查结果表明,近一半的人(48.54%)对我国的土地制度及法律法规有一定了解,38.83%居然完全不了解,只有小部分的人(12.63%)比较了解。如图3-1所示。

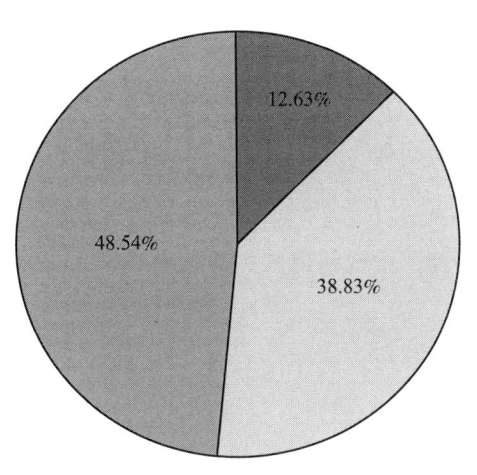

图3-1 农民对土地制度与法律的知晓程度

可以看出,当地政府在我国的土地制度及相关的法律法规普及方面做得不够到位,而作为老百姓,如果不能深刻地了解国家相关政策以及法律法规,则不可能合理地最大化利用土地资源。

同样,当地政府也没有积极执行土地确权的相关工作。48%的人表达了对政府不积极开展土地确权工作的不满,20%的人认为政府完全没有进行执行,仅有32%的人认为政府有积极执行相关工作。调查结果如图3-2所示。

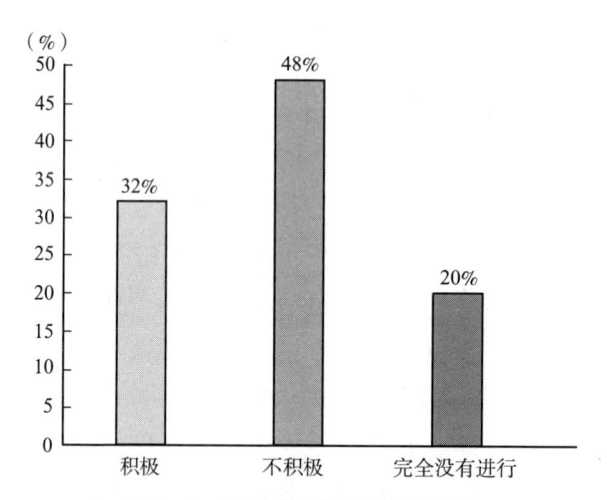

图3-2 农民对土地确权的满意度

由于当地政府在我国的土地制度及相关的法律法规普及方面做得不够到位,也没有积极执行土地确权的相关工作,从而造成了当地人民不仅不了解相关法律法规,对土地产权和确权的认知更是缺乏,只有小部分的人(23.30%)对产权和确权有明确的认识,41.75%仅有模棱两可的认识,剩下34.95%则完全不清楚可以拥有和实行的土地权利,这就很容易造成土地权益被侵犯以及权益收入分配不均等现象。

(二)现行土地制度、土地利用方式满意度

调查结果显示,有一半以上的人(61.54%)持一般满意态度,只有一小部分的人(12.50%)不满意现行的土地制度,25.96%的人表示满意。如图3-3所示。土地制度作为一个宏观条件,可能因为没有深入影响农民的基本自身利益,所以他们更多地表现出了一种随性的态度。但是,土地利用方式则与农民切身利益息息相关,所以他们在对现行的土地利用方式满意程度方面表达出了自己的态度和观点,有相当一部分人(26.92%)表达出了强烈的不满,47.52%的人保持中立态度,因为他们并没有感受到土地利用方式对他们的自身利益造成损失,只有24.75%的人表示满意。村民们反映,当地很多土地都荒废着,而且大部分都已退耕还林,他们无法对其进行合理有效的利用,造成土地资源浪费,村民也无法获得收益。土地利用方式关系到农民的切身利益,他们非常希望国家能制定并实施相关有效政策,合理充分开发与利用土地资源,使土地改革能真正惠及农民，为农民带来收益，从而缩小城乡差距。

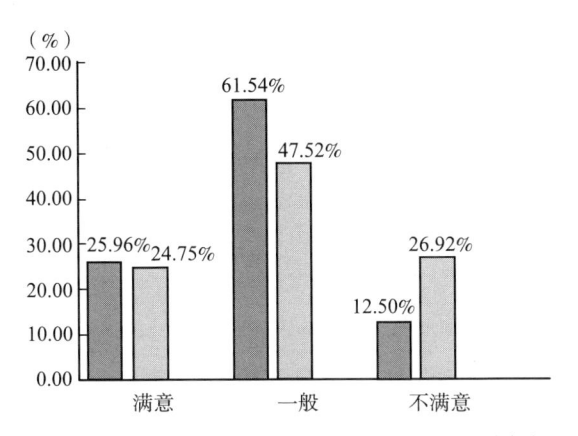

图 3-3 农民对现行土地制度的满意度

（三）农村集体建设用地市场化可行性调查

村民在农村集体建设用地市场化的必要性和可行性方面基本形成了共识。有一半以上的人（64.95%）表示赞成农村集体建设用地市场化，小部分的人（35.05%）不赞成。超过一半的人（56.44%）同意当地成为农村集体建设用地市场化改革试点，只有少部分的人（15.84%）表示不同意。如图 3-4 所示。

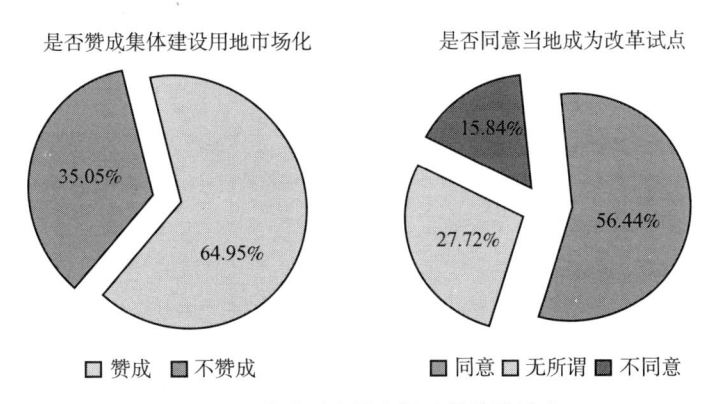

图 3-4 农民对土地市场改革的认同度

在调查关于农村集体建设用地市场化后对维护土地权益作用时，结果表明，一半以上的人（57.84%）不是很确定推行农村集体建设用地市场化会起到维护土地权益作用，22.10%的人表示不会有作用，仅有20%的人认为有作用。如图

3-5 所示。显然，由于大部分人对农村集体建设用地入市的认识不够，导致他们并没有意识到农村集体建设用地入市的真正意义与价值。只有小部分的人认为入市会起到维护土地权益的作用，还有小部分认为就是农村集体建设用地市场化了，受益的是村集体，而村民个人不会是最大的受益者，只有20.75%的人认为最大受益者是农民，29.25%的人认为是承包商，有50%（24.53%和25.47%）都认为最大受益者是政府和村干部。如图3-6所示。

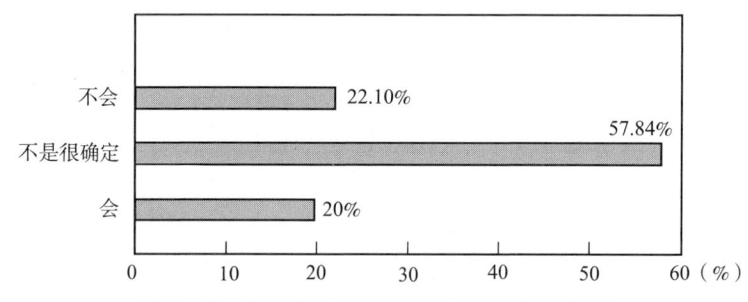

图3-5 农民对土地市场化后权益维护的认知

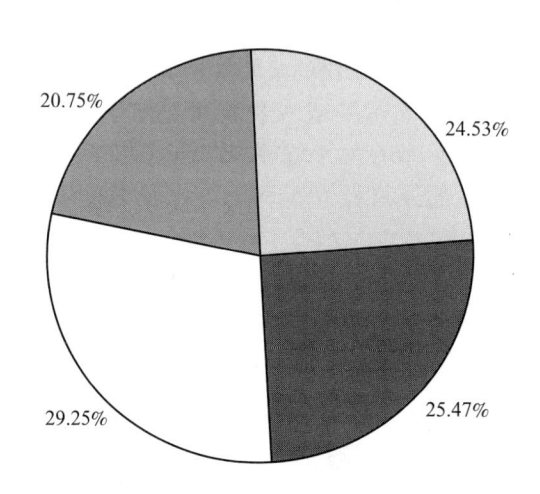

图3-6 农民对土地市场化受益者的认知

这也间接表明了大部分人怀疑农村集体建设用地入市是否能够真正为老百姓带来意义与价值，同时，也表达了他们对政府的不信任。因为有的政府和村干部不仅没有做到为人民服务，还盘剥老百姓利益，导致农民最终所得土地权益利益和预期利益分配不相匹配，使城乡收入差距更加大而显著。

大部分村民意识到农村集体建设用地市场化的意义，在把闲置荒废的土地利用起来的同时能够为他们带来收益,这样一举两得的事情他们是愿意支持的,但是,他们对政府的工作效率并没有信心。

(四) 农村集体建设用地存在的问题

1. 农村集体建设用地利用率低,闲置浪费和一户多宅现象严重。仅28.15%的调查对象表示本村闲置土地或者荒废土地少,40.78%的人表示有大量土地或闲置或荒废。如图3-7所示。一部分村民表示,他们的土地大多已退耕还林,荒置在外没人管理和使用,同时,一房多宅的情况普遍存在。只有19.39%的人表示本村没有一户多宅的情况,27.55%的人表示一户多宅的情况很多,53.06%的人表示有但是比较少。如图3-8所示。造成农村住宅闲置的主要原因:一是因外出读书、参军、工作在城市并在城市购房居住;二是因结婚后户口不在本村,并已单独建房,出现一户多宅的问题,导致农村住宅大量闲置。

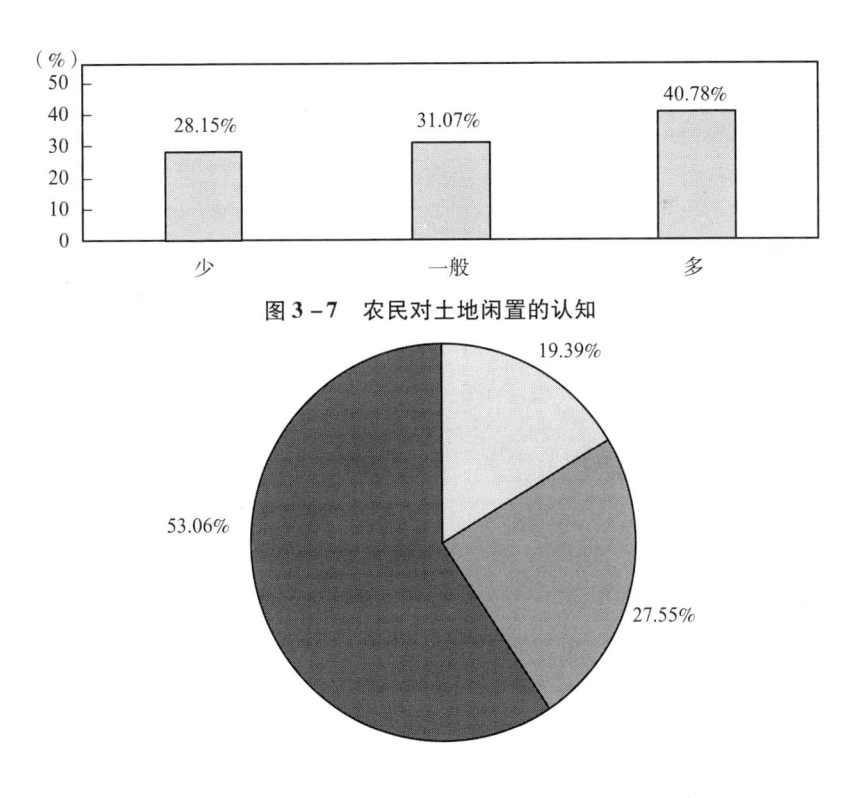

图3-7 农民对土地闲置的认知

图3-8 农民对一户多宅的知晓度

2. 农村集体建设用地违法行为屡见不鲜。在调查过程中，发现各地在农村集体建设时占用村民耕地的情况都比较严重，有31.18%的调查对象明确表示耕地被占用，44.09%的调查对象表示不好说，因为耕地没有划分清楚，只有24.73%表示其耕地没有被占用。如图3-9所示。这样看来，就有超过七成村民有耕地被占用的现象。可见，非法占用村民耕地情况具有普遍性。农村集体建设用地违法行为主要表现在以下几个方面：一是村集体没有经过国土管理部门审批，擅自占用农村土地，特别严重的是，占用已经被列入保护的基本农田，进行工业性厂房建设，形成所谓工业园区，对外出租、出售；二是村集体通过以租代征，将村集体土地出租给单位和个人，改变土地使用性质，非法建设工业性厂房；三是假借调整农业生产结构，擅自占用村集体的耕地和基本农田保护用地，违规修建永久性建筑，进行种植和养殖。产生这些问题的原因主要是村集体在集体建设占用耕地时并没有充分尊重村民的意见，以及村集体对于承包方出现违反土地使用规范的泛滥行为没有及时处理，而是睁一只眼闭一只眼的态度。另外，占用耕地的单位（个人）应该开垦与所占用耕地数量相当的耕地，以保证耕地占补平衡，但是超过1/2的调查对象反映，当地非农业建设批准占用耕地并没有贯彻占多少垦多少的原则，许多耕地被非法占用，由于利用不当面积也在不断地减少。

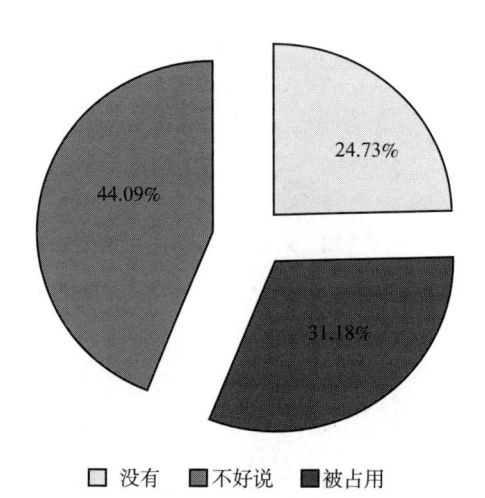

图3-9 农民对非法占用耕地的认知度

3. 以牺牲农民利益求发展。调查显示，有70%的调查对象表示有且有大量土地被企业占用，其中，48.62%属于私企。合作方式则通过租赁（32.71%），24.30%是通过转包的方式，其他小部分有合作、转让、入股等方式。尽管这么多土地被占用,但大部分调查对象(50.84%)都表示他们并没有分红,17.76%的人表示都是一次性买断土地,20.79%的人表示每年都会分一次红,只有10.61%的人表示每年会有两次及以上分红的机会。如图3-10~图3-13所示。

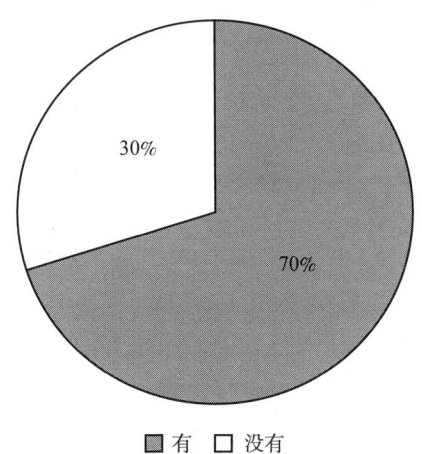

■ 有　□ 没有

图3-10　土地被企业占用情况

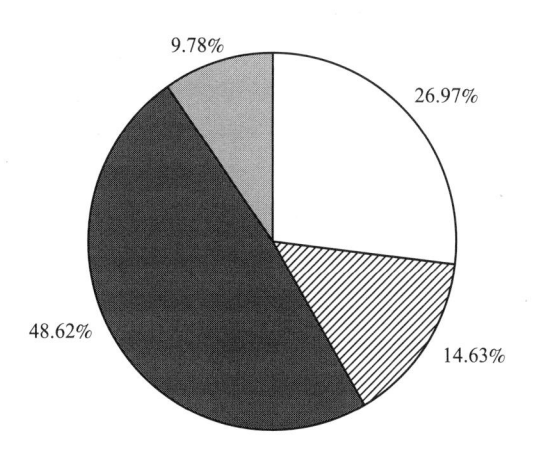

□ 乡镇企业　▨ 村办企业　■ 私人企业　▧ 外资企业

图3-11　占用土地的企业类型

图 3－12　土地占用的方式

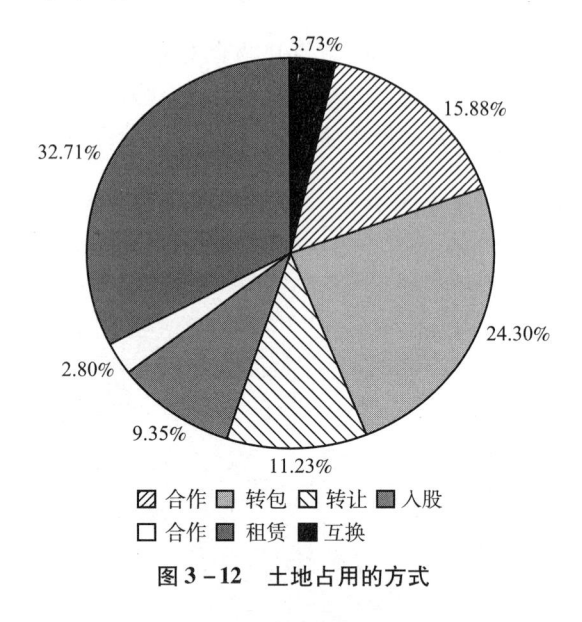

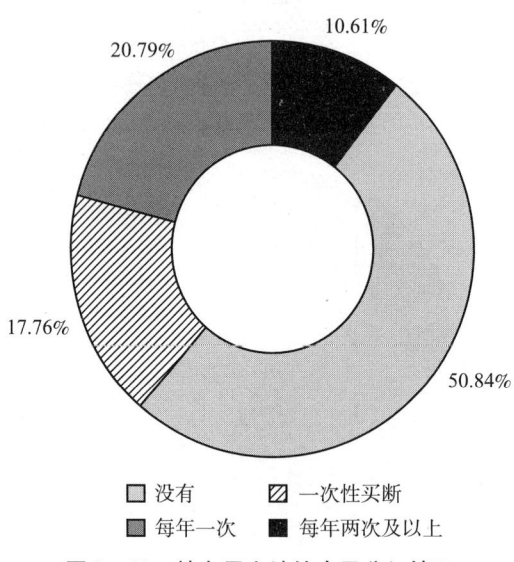

（饼图数据：3.73%、15.88%、24.30%、11.23%、9.35%、2.80%、32.71%）

图例：合作　转包　转让　入股　合作　租赁　互换

图 3－13　被占用土地给农民分红情况

（环形图数据：10.61%、50.84%、17.76%、20.79%）

图例：没有　一次性买断　每年一次　每年两次及以上

由于企业大多属于私企，都是以营利为目的，且多数是通过转包和租赁的方式取得集体建设用地，有些甚至没有经过有效正规的程序办理相关手续，而是私下与农民谈条件，造成土地损坏，加上土地监管制度混乱，导致最终损害的就是农民的利益。

4. 城乡差距大，收入分配不公。制度限制、违规流转、城乡差距大、收入分配不公平、监管缺失、市场秩序混乱、经济效益差、利用率低、资源浪费，都是农村集体建设用地现存的一些弊端，其中"城乡差距大，收入分配不公平"尤其严重。农民作为集体土地所有者和土地使用者双重身份，没有能够充分享受到通过农村建设用地流转所得收益，也未能充分体现作为土地所有者在农村建设用地流转中应有的权益。其根本原因是，村集体和村民个人都缺乏对管理者的有效约束，直接导致农民作为集体成员，难以从集体建设用地流转中获得相应的收益，造成收益分配不公平现象。

三、对农村集体建设用地市场化的建议

（一）加快修订并完善相关土地问题的法律法规，确保农村集体建设用地市场化有法可依

按照我国现行的法律，农村集体所有制下土地的使用权是不可以直接进入市场进行买卖的，只有国有土地的使用权才能进行买卖。这样的法律规定实质上是指土地交易途径唯一合法身份只能是国有性质的土地，因此，人为造成了国有土地和农民集体所有土地在权益上的二元化。统一城乡所有制涉及修改《宪法》，只有将《宪法》中城市单一的"土地国有制"修改为国家和集体两种土地公有制，才能为市场化提供根本的法律保障，才能保障市场化的顺利进行，才能更进一步地提高土地市场效率，才能避免走弯路并提高农民收益。造成市场化效率不高，市场化过程中困难重重，主要原因是没有法律保障其直接进入市场。因此，构建统一的完善的法律制度，保证市场化的过程中做到有法可依，依法监督和管制市场化中的买卖行为。第一，修改《宪法》中关于只有城市土地才能进入市场的相关规定并赋予城市和农村平等的权力；第二，落实《物权法》中的平等公平的基本原则，尽快消除两种不同权属的土地的不平等待遇，结束农民在物权上所受到的侵害，建立起平等、公平的土地市场。

（二）建立规范统一的农村集体建设用地市场体系

1. 完善农村集体建设用地市场监管制度。农村集体经营性建设用地市场化过程中，需要日常监管制度以外部性和内部性的方式来保证市场化的顺利进行，但现实缺乏这样的日常监管制度。最近出台的《关于引导农村产权流转交易市场健康发展意见》提出，由政府相关部门来组成监管机构，在一定程度上会对其市场的顺利运行提供较为关注性的监督，但我国集体经营性建设用地市场监管机制仍然不完善，仍缺少具体的监管措施、实施代表、奖惩制度等。

制定较为详细的市场化过程中的监管制度，关系到整个市场优化配置的效率和社会公平。以法律方式市场化的监管办法，发动全民监督，有利于其市场化的顺利进行。同时，完善的市场化监管体制有利于发挥全民参政议政力度和节约强制治理成本，是土地市场参与主体各项权利得以有效维护的重要保障。

2. 完善农村集体建设用地市场的价格体系。合理的、公平的价格有利于维护社会的稳定和经济的健康发展，农村集体经营性建设用地的价格构成应该由市场内复杂的各种因素如：买卖双方、土地自身因素、中介评估机构等的博弈共同决定，以及在这些因素作用下最终形成一个均衡的价格。但市场各方博弈形成均衡价格的第一步，得有一个基准地价。基准地价的形成不是个人可以完成的，其工作量大，认可度高的特点决定了应该由政府来完成这项工作。首先，需要政府以较大的成本承担起评定工作，这需要政府下决心以行政拨款的方式耗费大量的人力物力。这样的成本是值得的，因为这是一项重要的基础性的作为，也只有政府完成这一作为才能保证市场价格形成的有效性。其次，建立农村经营性建设用地的基准地价体系，农村的基准地价与城市基准地价必须平等。

有了基准地价后，第二步就需要市场参考价。因此，需要鼓励中介机构的发展，并且制定最低保护价格，完善土地市场的价格体系。这里的中介机构是指农村土地评估企业，作为中介机构必须是独立于买卖双方和行政部门。最低价格保护制度可以国有建设用地办法制定，并且根据经济的发展或者具体地方的差异适当上调最低价格。同时，农村集体经营性建设用地有一个买卖双方认可的市场价，可根据市场价确定相关的土地税费以及收益分配的方式和比例。

有了基准地价和中介机构的发展，市场就可以自发形成合理的均衡价格。合理的地价体系建设是市场化的重要环节，决定着整个市场化顺利、稳定发展的成果。这一地价标准应与城市建设用地地价标准是统一的，避免同一地理位置不同价的问题。建立科学合理的地价体系，使整个市场兼具软硬实力，让参与者平等地进行市场交易。

3. 规范农村集体建设用地的市场交易程序。农村集体经营性建设用地进入市场，通过市场达到优化配置，就需从三个方面明确交易程序：第一，交易双方平等自愿，以商品市场的交易方式进行交易，双方交易有专业的中介机构对农村集体经营性建设用地进行估价作为参考。第二，明确整个市场化过程中相应行为的法制性和有效性。建立具体的交易程序和法律制度，要严谨的审查公共利益用途和经营性用途的农村用地。同时，加大农民的权利维护，如果存在政府强制索取农村集体经营性建设用地的情况，集体应拒绝并追究其相关法律责任。第三，内部监督和外部监督相结合，以社会监督与法制监督为保障，共同维护市场秩序。

（三）加快完成农村建设用土地的确权工作，保证农民的利益不受损害

1. 通过制度明确确定农村集体建设用地的产权主体，并颁发给建设用地的土地权属证明。农村集体建设用地要通过土地确权工作，明确其土地权属性质。一是明确土地权属的主体资格。能够代表村集体拥有对建设用地土地所有权证的主体主要是：依法设立的土地合作社和农村集体资产管理公司等农村集体经济组织。集体经济组织拥有集体建设用地的使用、收益、处分的决策权。为了正确行使决策权，村集体要按照土地市场化运行规则的基本要求，建立健全农村集体建设用地资产的管理组织机构，并规范其运行行为，确保决策科学、公开、公正和公平及决策程序规范化。二是界定清楚历史遗留的土地权属问题。由于历史的原因，农村土地大量存在权属不清晰，用地手续不合法的问题。对此，要清理清楚农村建设用地确权登记的范围，分清楚问题的性质区别对待：对于符合土地使用规划及用途管制但尚未取得合法用地手续的农村集体建设用地；对已经取得集体土地所有权证并已经成为集体建设用地的土地，可以一次性完成确权登记和颁证工作，为集体建设用地顺利入市交易提供明晰的土地产权保证。对于乱占选用、不符合土地规划，没有取得合法的土地使用权的非法占用集体土地坚决予以依法处置。

2. 规范建设用地价格形成机制，健全城乡统一的建设用地市场交易体系。农村集体建设用地土地产权价格是产权的货币化表现，是土地产权人资本化其权利的客观要求。合理的价格形成机制能够真实反映权利的稀缺性，能够合理并优化配置作为稀缺资源的农村集体建设用地。因此，应该制定科学合理的政策和法规，充分发挥价格机制对农村集体建设用地市场化的促进作用。

第一，要充分发挥市场机制在农村建设用地产权交易价格形成中作用，坚持以市场方式推进农村建设用地市场化。在农村建设用地流转过程中要遵循土地用途管制的基本原则，在坚持"同地、同权、同价"的原则下，加快城乡土地产权制度由"二元"向"一元"的转变。调整和修改长期分割的土地产权制度，按照平等原则，农村集体建设用地的价格评估体系可参照城市国有建设用地地价评估原则，在全面、综合考虑流通土地的地理位置和交易环境的条件下，农村集体建设用地与国有建设用地的基准地价实行统一标准，确保农村集体建设用地与城市国有建设用地平等的收益权。

第二，要建立城乡统一建设用地土地交易市场，制定统一交易规则和统一交易方式，建设一体化的交易场所，实行城乡建设用地交易全程监管。

第三，充分发挥第三方机构在农村集体建设用地入市交易中的作用，在市场价格评估、融资担保、委托代理等方面为市场交易提供规范化、制度化的服务。

3. 建立和完善农村建设用地土地增值收益分配机制。推进农村集体建设用地市场化进程中，要努力构建包容性和可持续性的土地增值收益分配机制。

首先，坚持以人为本的理念，以切实保障农民合法的土地权益为出发点，让农民长期分享土地收益。完善土地增值收益分配机制要把保障农民利益作为基本点，要有利于激发农民的积极性，保障农民的参与权利，从制度上将保障农民利益落到实处。同时，要缩小农业用地和集体建设用地利益差距，平衡村（镇）集体内部土地利益分配。对基本农田补贴、承担耕地保护的农户和集体经济组织行要给予合理经济补贴，提高农民和集体的农业产出与收益，缩小因土地利用规划与建设用地市场价值的差距，避免村集体内部利益分配的不平衡。

其次，以市场为导向，发挥好市场的决定性作用，同时，也要有效发挥政府引导和调控作用。完善土地增值收益分配机制要处理好政府与市场的关系，使政府和市场在各自的权力范围内有效发挥作用。

第三节 成都模式——"两股一改"模式

一、"成都模式"实质与前提

自 2007 年 6 月成都市被国家批准为"全国统筹城乡综合配套改革试验区"以来，在城乡统筹发展模式方面进行了积极的探索，摸索出了以土地制度改革为基础的统筹城乡改革经验，被称为"成都模式"或"成都经验"，在全国范围得到了高度关注，也引发媒体、政策和学术研究机构以及公众从不同角度的观察、思考和讨论。

"成都模式"的实质是以城乡统筹发展为前提，以改革和调整集体土地使用制度为突破口，重点探索了土地资源配置的城乡统筹机制、土地利用与保护的产权经济机制和集体土地入市交易模式。

成都平原人口集中，资源有限，社会经济快速发展过程中的资源约束十分明显。尤其是土地资源高度紧张，且在城乡二元制度体系下，土地资源配置严重不合理。如果完全采取现行的"征地—出让"制度，不但严重阻碍城乡统筹发展，甚至会引起社会矛盾。因此，为了符合城乡统筹发展的要求，必须探索新的模式。

1. 土地资源配置的城乡统筹机制。城市化始终是城乡统筹发展的主要动力，而城市化又是人口、劳动力、土地和其他资源在空间上大规模流动、积聚和集中，其中最为突出的，是人口和资源的流动、积聚和集中。一方面，带来中心城区土地稀缺程度的提升，有限的土地供给日益成为工业化、城市化发展的"瓶颈"；另一方面，农村地区大量占用的建设用地，却没有得到合理充分地利用。因此，必须探索城乡统筹的土地资源配置机制。

成都的具体做法主要体现在：一是提出了以"三个集中"推进城乡一体化的建设思路，即在贯彻国家宏观政策和发挥市场机制作用的基础上，按照依法、自愿、有偿的原则，推进工业向园区集中，农地向适度规模经营集中，农民向城镇和新农村居住区集中。二是探索土地指标交易和扩大"增减挂钩半径"，实现用地方式的空间布局调整。以土地指标交易带动农村土地综合整治，加大集体土地流转，推动土地资源的市场化配置，促进城市化。在实施建设用地增减挂钩项目时，逐步扩大挂钩半径，从最初限于一个行政村的范围，逐步扩展为跨村、跨镇乃至跨县的建设用地置换，挂钩指标的置换价格也从最初的每亩7万元，逐步上升到10万元、15万元，最高达到近30万元。经验表明，扩大挂钩半径可以在耕地总量不减少、建设用地总量不增加的前提下，实现更高的土地级差收益，增大以城补乡的资金量，提高农村新区建设与农户安置水平，特别是提供较高标准的农村社会保障。

2. 土地利用与保护的产权经济机制。理论研究和国内外经验充分证明，清晰的产权经济机制是实现资源高效利用的前提。"成都模式"之所以成功，清晰、有效的产权经济机制起到了重要作用。主要表现在，以全面的土地确权登记为基础，逐步实施耕地保护基金和土地流转收益的合理分配。

长期以来，我国农村土地权属关系始终处于"邻里代替法律"的状态，即土地权属关系以邻里认可与否为主，缺乏合法的法律凭证。成都市为了构建有效的土地利用与保护的经济机制，提出了全面开展土地确权登记，包括重新界定集体土地的农户使用权和经营权，承认并保障农户长期使用和经营集体土地的正当权利，确立了以家庭联产承包为核心的经济体制，并由市县财政发放耕地保护基金；把农村集体土地的使用权、经营权还给农民，而且要把由此派生出来的转让权也还给农民，让农民分享土地城市化带来的增值收益。

3. 集体土地入市交易模式。在我国现行的"征地—出让"模式下，凡涉及农地转为城市建设用地的，须由政府先把集体土地征为国有，完成一级开发后，再按用地类型以招标、拍卖、挂牌等方式，一次性出让土地使用权。这对于被占地的农民而言，也难以分享未来的土地增值。成都探索采取在农村集体建设用地的基础上，筹资建造厂房提供给中小企业。这种直接利用集体建设用地的模式，降低了中小企业用地的门槛。这一做法，工业园区与农户和村组的土地关系，与政府征地模式截然不同。第一，保持土地权属性质不变，不改变集体所有制；第二，当地农民可以永久分享工业化带来的土地收益增加，按变动的市场租金提高农民收益。如果这一改革得到相关法律修订的采纳，将对我国土地使用制度改革产生重要影响。

二、土地确权与权属登记是规范运作的基础

全面开展土地确权，是成都市能够规范和顺利实施相关探索的重要基础。由于改革必然涉及利益调整，成都基于"城乡统筹发展"的改革试验，必须要维护在快速城市化过程中利益受到冲击比较大的农民群体的利益。如何维护农民的利益？让农民手中的土地充分实现财产价值，让农民能够分享城市化过程中的土地增值收益，让农民保护耕地能够得到实惠，这是成都模式的基本思路。那么，哪些才是农民手中的土地？哪些农民手中拥有土地？农民手中土地又有哪些权利？这就需要开展土地确权与登记发证。

我国农村集体土地使用制度在长期的沿革过程中一直缺乏明确的产权登记，加之农村范围广，土地利用类型多样，历史上的变化又十分频繁，用地来源复杂。究竟哪些权利进入确权范围，用什么程序完成确权，成为亟须明确的问题。成都采取"分类梳理、就是先易后难"的做法是十分可行的。所谓分类梳理，就是区分农用地和农村建设用地两大类：对农用地，采取先确立承包地的农户经营权，暂缓自留地、未利用地的确权，待承包地的确权完成后，再按照"应确尽确"的原则，推进其他农用地的确权；对农村建设用地，首先对历史遗留问题较少、又与农户利益高度相关的宅基地进行确权，对乡村企业、公益事业以及其他集体建设用地，充分利用第二次全国土地调查结果，在明确每个村庄集体建设用地的总量后，扣去已确定的农户宅基地面积，再分类确认这些集体建设用地的使用权。通过采取分类梳理，既有效解决了历史遗留的老大难问题，又在违规违法与合规合法的集体建设用地之间，划出一条清晰的界限，实现了一条通过合理确权解决土地收益合理分配的路径。

当然，确权与权属登记实际上是一把"双刃剑"。一方面，通过确权登记保护农民的合法土地权益，保障农民的合法土地收益；另一方面，在确权过程中又会将违法用地、超标用地，乃至权属来源不明确的用地排除在外，对于这些用地不仅不予确权，甚至通过确权进行清理。这也是全国部分地区出现政府主动进行确权登记而农民却抵触的主要原因。但是，土地确权登记作为保护土地合法权益的必要手段，政府作为公共管理部门，从保护公民合法利益的角度理应大力推进。至于如何解决面临的阻力，成都的"分类梳理、先易后难"及"尊重历史、面对现实"的做法值得借鉴与推广。

三、成都农村土地产权流转制度创新——以温江区"两股一改"为例

随着社会主义市场经济体制的逐步建立和不断完善,城乡经济社会发展进入新的发展阶段。传统农村经营管理体制在很大程度上已经不能适应农业现代化和新型城镇化的最新要求。为了破解这一难题,成都市温江区以"两股一改"为载体,通过深化农村产权制度改革来重构农村集体经济组织。这一重大改革探索对优化城乡资源配置,壮大集体经济实力,促进农民持续增收,构建"和谐温江",推进城乡统筹发展具有重大现实意义。

(一) 温江区农村土地产权流转的主要做法

温江区率先启动以农村土地和集体经济组织为主要对象的"两股一改"的产权制度改革进程,并由此引发一系列影响更深远的制度变革的裂变效应。

1. "两股一改"的基本内涵。"两股一改",即指通过实施集体资产股份化和集体土地股权化改革,来改革完善农村集体经济组织形式和治理结构。"两股一改"包含三个核心内容:一是集体资产股份化,以生产队或组为单位,以原集体经济组织成员资格和成员的"农龄"为计算依据,对集体经济组织经营性净资产进行股份量化;二是集体土地股权化,以生产队或组为单位,以原集体经济组织成员资格为计算依据,对集体土地收益权进行折股量化;三是改革完善农村集体经济组织形式和治理结构,在"两股"的基础上,按照股份合作制的原则,将原村组集体经济组织,改造成为符合现代企业制度要求的股份经济合作社。股份经济合作社成员持有集体资产股和土地收益股,享有明晰的集体资产、集体土地"按份共有"的产权,并按股进行分配,形成适合市场经济发展要求的自主经营、自主管理、资源共享、风险共担的新型合作经济组织与运作机制。

2. 温江区"两股一改"的主要做法。为了从根本上消除阻碍农业现代化和新型城镇化的制约因素,2007年3月,温江区从农村集体土地和集体经济组织的产权制度改革出发,率先出台了《关于推行农村"两股一改"试点工作的意见(试行)》,并根据镇(街)的申请,确定了永宁镇开元社区、公平街办惠民社区、万春镇卫星社区等5个"两股一改"试点村(社区)。(1) 制订方案。在村(社区)"两委"的领导下,由集体经济组织负责人,民主理财小组成员和社员代表共同组成"两股一改"领导小组和工作班子,根据有关政策精神,制定改革实施方案,在广泛征求群众意见的基础上,召开集体经济组织成员(代表)大

会，经到会成员 2/3 以上同意后通过，张榜公布，报镇（街）政府批准。
(2) 清产核资。组建清产核资小组，按照有关政策规定，对集体经济组织所有的各类资产进行全面清理核实。对经营性资产、非经营性资产和资源性资产分别登记造册；在清理核实的同时，按有关政策规定妥善处理债权债务和历史遗留问题；召开集体经济组织成员（代表）大会，对清产核资结果进行审核确认，并张榜公布，报镇（街）业务主管部门备案。(3) 资产量化。在清产核资的基础上，合理确定折股量化的资产。对经营性资产、非经营性资产以及资源性资产的折股量化范围、折股量方式等事项，提交集体经济组织成员（代表）大会讨论决定。(4) 成员资格界定。对享受集体资产股份股权量化对象的确认，除法律、法规和现行政策有明确规定外，必须提交集体经济组织成员（代表）大会民主讨论，并经 2/3 以上人数同意方可实施。(5) 股份股权设置。各地可根据实际情况由集体经济组织成员（代表）大会讨论决定股份股权设置。原则上集体经营性净资产设置"资产股"，为充分体现出集体资产的初始分配状态和农民对集体资产经营前期做出的贡献，可采取以集体经济组织成员资格及其成员在集体经济组织中的"农龄"作为"资产股"量化标准进行分配，一般分为"人口股"和"农龄股"，也可以采取按集体经营性净资产的一定比例折股量化，无偿或部分有偿地由符合条件的集体经济组织成员按份享；一般称之为"个人股"资源性资产设置"土地股"。考虑到集体土地的自然属性和初始分配状态，通常以集体经济组织成员资格作为"土地股"量化标准进行分配，非经营性资产（公益性资产）一般不纳入折股量化范围，直接转入新组建的股份经济合作组织内的"公积公益金"账户核算和管理。量化到人的资产股和土地股由股份经济合作社向持股成员发放记名股权证书。(6) 组建股份经济合作社。首先，根据国家有关法律法规及政策规定。制定《章程》，规范合作社的资产经营、股权管理和收益分配。其次，按照现代企业制度的要求，选举产生组织机构。创立"三会"分设的集体经济管理体制，即设立最高权力机构——股东（代表）大会，实行一人一票制；设立股东（代表）大会的执行机构和日常工作机构——董事会，聘请专门人才负责处理日常经营管理活动；设立监督机构——监事会，对日常经营活动进行监督。充分发挥每位股东（代表）的民主决策和民主监督作用，保障每位股东（代表）行使知情权、监督权、管理权和决策权。

(二) 温江区农村土地产权流转的制度创新

1. 创新了低成本的农村产权制度改革方式。巴泽尔把交易成本定义为与转让、获取和保护产权有关的成本，张五常将其概念扩展为制度费用，即"是一系列制度费用，其中包括信息费用、谈判费用、起草和实施合约的费用、界定和实施产权的费用、监督管理的费用和改变制度安排的费用。"一般地说，交易成本是个人交换他们对于经济资产的所有权和确立他们的排他性权利的费用。对农村产权制度改革而言，其实质内容是将农村土地承包经营权、宅基地使用权以及集体资产使用权等明晰地确认给农民，因而，不得不支付的交易成本主要包括将原本边界不明晰的农村土地和集体资产的产权界定给农民的巨额成本。这是因为，一方面，农民数量大、产权客体分散，将这些产权分别界定给农民所耗费的总成本较高；另一方面，历史遗留下来的产权关系模糊，加之土地边界不易区分，将土地产权准确无误地界定给农民的难度较大。"两股一改"正是通过制度创新放弃了传统的确权方式。它从农村集体所有制这一制度基础出发，认为集体制赋予了其成员平等的权利，之前由于种种原因形成的集体成员之间的差异也应当在新的确权过程中得到消除。因此，"两股一改"直接以集体组织成员身份和年龄为分配准则，将土地等集体资产折股量化到个人，给予了农民明晰的股权股份和收益权，以一种低成本的方式有效推进了农村产权制度改革。

2. 开辟了农民持股进城的新型城镇化路径。农民兼业化一直是制约城市化进程的一个重要因素，而造成这一现象的根本原因在于，农民即使进入城镇从业也难以割舍其土地情。"两股一改"正是从这一症结出发，将集体经营性净资产和集体所有的土地进行股份股权量化，让农民由生产经营者转变为股东。农民变股东后，按股份股权享受集体经济组织平等的收益分配权利。较好地解决了农民因进城务工和居住可能导致的收益分配权被剥夺，集体资产被侵占、瓜分、流失等问题；较好地解决了因人口"生死进出"变动影响集体资产收益分配的问题，让农民放心、放手、放胆进城。"两股一改"使农民可以实现持有"地票"，没有后顾之忧地进城，促进了农民离乡又离土，加强了农村劳动力和其他生产要素的合理流动，推动了农村城市化和农民市民化，开辟了农民持股进城的新型城镇化路径。

3. 探索了按股共有的土地规模经营模式。中国特色农业现代化必然走上一条由土地分散经营到适度规模经营的道路。在按人口均分土地的承包制下，分散于农户的土地承包经营权很难在市场机制作用下自发向业主集中并实现规模化经营。目前，一些地区普遍采取的土地股份制，也往往存在着界定承包土地边界的成本高等问题。"两股一改"对土地股份制进行了改进，对于引进农业开发项目的村社，采取了先将土地使用权收归集体，再以村组集体经济组织成员资格为标准，将土地收益权折股盘化到农民。"两股一改"节约了土地测量和分配过程中的大量成本，通过按股共有的方式将土地使用权集中到集体，并将土地收益权明晰到农民。通过"两股一改"，集体既可以成立经济实体进行农业开发，也可以采取租赁或入股的方式与外来企业进行合作，为对接农业开发项目、实行规模经营创造了良好条件。

4. 创立了三会分设的现代集体经济管理体制。农村集体资产流失，集体经济产权不明、管理不善，长期以来制约着农村社区公共品的有效供给。"两股一改"通过设立"公积金、公益金"账户、"人口股""农龄股"和"土地股"，新组建股份经济合作社，创立了三会分设的集体经济管理体制。"两股一改"按照现代企业制度要求，构建股份经济合作社的治理结构。一是设立了最高权力机构——股东（代表）大会，实行一人一票制；二是设立股东（代表）大会的执行机构和日常工作机构——董事会，聘请专门人才负责处理日常经营管理活动；三是设立监督机构——监事会，对经营活动进行监督。"两股一改"在管理体制上为集体经济发展提供了保证，为整合和利用集体资源，发挥自身优势，对内对外招商引资，创建各类股份公司，促进集体资产保值增值提供了保证。"两股一改"在运作机制上增添了活力，有力地调动了村民参与集体经济发展的积极性和主动性。

第四节　农村集体土地市场化主要问题
——基于四川省都江堰市的实证分析

《中共中央关于全面深化改革若干重大问题的决定》公布之后，国有建设用地使用制度的调整和改革有了制度依据，明确了城乡统一的建设用地市场化是改革的方向和基本趋势。但是，农村集体建设用地使用制度却没有得到根本性的突破，市场化基本上只能通过土地流转，土地征用制度在目前是唯一合法途径。但是，目前的征地制度在补偿标准、农民的意愿、征用地管理等方面问题较多，影响了农民通过土地权益分享改革发展的红利。总体来看，我国农村土地市场的产生、形成和发展还没有从法律和制度层面加以明确和规范，尚处于自发和隐性的状态，农村集体建设用地的流转的合法性也尚未明确。

为了深入分析农村集体建设用地存在的问题，研究推进农村集体建设用地市场化制度建设进程的主要体制、机制障碍，课题组成员深入四川省都江堰市相关村镇进行调研，本书拟就调查中发现的问题，结合我国土地制度变迁和改革发展的趋势，分析推进农村集体建设用地市场化，建立城乡统一的建设用地市场需要着力突破的体制、机制障碍，需要解决的关键问题。

一、调查中发现的主要问题

（一）农民对土地制度与法规的认知与了解程度普遍不高

通过问卷对村民关于土地法律法规认知程度的调查，首先是关于村集体事务的参与度。我们的问卷设计了 5 个档次的答案来描述村民对村集体事务的参与程度，分别为很多、多、一般、少、很少。数据表示，其中 82% 选择了一般，剩余均选择少。这表明村民对于村集体事务的参与程度上不是很积极，对于集体事务的了解停留在村里公告的内容上，并不会去主动参与了解更多的村集体事务。

关于土地确权的问题，2013 年，都江堰市已全面完成土地确权工作，我们的调查文件中，村民对政府进行土地确权工作态度都评价为积极，因当时确权工作的原因，村民对土地确权有了一定的认识与了解，确权工作的顺利进行也为试点村土地流转打下了坚实的基础。大部分村民表示对于我国现行的土地制度以及法律法规有一定的了解，但在对土地制度的满意程度的调查中，天马镇参与调查的 64 户中，有 8 户表示满意，55 户表示一般，1 户表示不满意。石羊镇的问卷调查中，2 户人表示满意，10 户表示一般，24 户表示不满意。

从这里可以观察出，在土地制度满意程度上，石羊镇与天马镇有很大差别。在土地流转非常少的石羊镇，土地确权与土地制度并不能起到明显作用，确权但依旧无人耕种，土地没有相应的流转制度也不能发挥作用，一片荒废的土地套上任何制度都无法给农民带来实际收益，这也是很多农村中普遍存在的问题。

关于村民是否满意现在的土地利用方式，天马镇的调查中，13 户表示满意，47 份表示一般，4 户表示不满意；而在石羊镇的调查中，5 户表示满意，13 户表示一般，18 户表示不满意。我们发现，在这一问题上，天马镇大部分人都可以接受现在土地的利用效率，在现在劳动力缺乏的农村，土地以低廉的价格租赁出去也比荒废好很多，天马镇的村民已经接受了这样利用方式。而在缺乏土地流转的石羊镇，大部分土地闲置导致大量村民不满足现在的利用方式，却无能为力。我们了解到，有少量村民在家进行经济树木的种植，但是通过交谈后得知，该村种植的树木无法找到一个良好的渠道进行销售，所得收入仅能维持家庭开支，再因为当地劳动力、环境、政策等因素影响，无法进行大规模种植，导致村里的土地利用方式仍然比较单一，土地利用效率低下。

（二）农民普遍不愿意放弃闲置宅基地与承包土地

在我们的问卷设计中，对村民土地流转意愿方面进行了调查，关于出让宅基地使用权和自愿放弃土地承包权利的问卷调查中,我们所收集的 100 份问卷中,村民均是填写的不愿意。很多村民认为宅基地和耕地,不使用在那儿闲置也比放弃承包权更妥当。首先,村民大多有一个回乡养老和落叶归根的考虑,外出打工保留着宅基地也方便以后回乡养老和百年之后有一个安置地。其次,这涉及一个征地建设和拆迁的赔偿问题。在前几年的房地产热潮中,很多村民凭借土地拆迁赔偿分到了数套安置房或可观的赔偿金,出于这份考虑,村民不愿意放弃闲置土地的承包权,劳动力缺失也让土地很难有一个合理的利用方式,这就导致了农村大量耕地闲置的现象。

关于村民是否赞成农村集体建设用地市场化和是否同意本地成为农村集体建设用地市场化改革试点这个问题上,我们的问卷中出现了全部赞成的一边倒情况。在新农村试点的天马镇,村民在试点中尝到了甜头,闲置的土地得到了利用,葡萄园、农家乐等相关休闲场所的发展也间接带动了农村的经济发展,增加了农民的收入,所以天马镇的村民很乐意再进行集体建设用地市场化的试点工程。而石羊镇的村民在前两年见到天马镇等新农村试点带来的改变过后,也普遍认为试点能给村里带来翻天覆地的变化,村民们也期待着试点工程能改变村里的现状。

在问卷调查中,我们征求了村民的意见,是"征地留用地返还"的政策更好,还是让集体土地进入市场自由交易的政策更好?大部分村民都选择了让集体土地进入市场自由交易的政策。在我们与村民的交谈中了解到,村民并不希望政府过多地介入土地流转的交易,受某些地区恶劣事件的影响,村民担心政府在介入过程中为了某些发展而牺牲当地村民的利益,但是村民也认为,在入市流转中,也需要政府的帮助,他们希望政府能在交易过程中起到搭桥牵线和法律政策支持的作用。

(三) 农民对集体建设用地市场化能否受益表示不理解

在问卷中,我们调查了村民的意见,关于集体建设用地的流转入市谁才是最大的受益者的看法,受访的 100 人当中,10 人认为政府会是最大的受益者,85 人认为承包商会是最大的受益者,有 5 人认为村干部是最大的受益者,没有人认为村民是最大的受益者。可见,在这个集体建设用地入市中,村民们并不会觉得自己最受益,但是却非常支持入市这一举措,归其原因与土地租赁一样,农村的劳动力缺失,让大量的土地闲置,闲置的土地并不会带来收益,所以即使是用很低廉的价格将土地租赁给承包商,也比土地闲置一分钱的收益都没有来得好,集体建设用地流转也是一样的道理。

(四) 土地利用效率低,农村劳动力缺失

不管是在作为新农村试点的天马镇,还是相对欠发达的石羊镇,农村劳动力缺失都是很严重的问题。在我们所调查的农村家庭中，几乎没有青壮年劳动力留在农村，大部分的年轻人与中年人都外出打工，进城寻求发展，留在村里的也只有上学的小孩和老人，这些无法构成农村土地需要的生产力，只有少量的地被耕种来生产蔬菜等自家食用，小孩也处于"好好读书走出农村"的教育模式当中，等他们学业有成，也大多会选择留在城里，不会返回农村就业。这样就导致了农村土地失去了原本应有的生产能力，大量闲置。这也与现有的经济形势和农民的生产技术有关，以现在的农民所有的生产条件来看，种地所获得的收入与外出打工相差甚远，甚至无法维持一个家庭的正常开销，这就导致了中国农村土地资源的大量闲置，甚至形成"空心村"现象。

（五）土地管理与使用不规范，牺牲农民利益求发展

在我们的实地调查中，土地的规范使用与否也是我们重点关注的现象。在葡萄园种植基地的建设中，因为企业采取的是葡萄种植采摘酿酒以及游乐的一体化模式，所以在种植基地内建造了房屋设施，对耕地造成了永久性破坏。

在新农村建设的过程中，道路的拓宽和修缮以及房屋的建设占用了大量土地，导致村民持有耕地数目进一步下降，而当地政府并未给村民合理的补偿。另外，在集体建设用地的流转中，由于村民处于相对弱势的地位，私人企业在与政府以及村集体的谈判合作中，村民的参与程度较低，导致其利益得不到最大化的保障。

二、农村土地市场化急待解决的关键问题

（一）制定和完善关于农村集体建设用地的市场化的相关法律规范

我国《宪法》规定：只有国有土地的使用权才能进入市场进行买卖交易。我国现行《土地管理法》第43条规定："任何单位和个人进行建设需要使用土地的，都必须依法申请使用国有土地"。第63条规定："集体所有的土地使用权不得出让、转让或者出租用于非农业建设"。由此可见：按照现行土地法律制度的规定，农村集体建设用地进行市场交易是与土地法相悖的，党的十七届三中全会《中共中央关于推进农村改革发展若干重大问题的决定》中明确规定："逐步建立城乡统一的建设用地市场，对依法取得的农村集体经营性建设用地，必须通过统一有形的土地市场、以公开规范的方式转让土地使用权，在符合规划的前提下与国有土地享有平等权益。"这一规定也难以得到落实和推广应用。所以，只有修改《宪法》中国有土地才能入市流转的规定以及其他相关的法律法

规，赋予农村集体建设用地与国有土地同等的入市流转权利，从法律上保障农村集体建设用地的入市流转，建立一个平等、公平、公开的土地交易市场。

（二）调整和规范我国现行土地管理及市场监管制度

现行的土地管理制度，主要明确了国有土地流转的管理办法和城市建设用地市场交易的相关监管制度，城市建设用地按照国有土地流转和交易规则已经形成了规范化的市场体系，但没有明确农村集体建设用地流转和市场化监管的相关制度，农村土地流转和入市也没有相关的制度约束与监管机制。由于监管体系不完善，政府对农村集体建设用地市场的宏观调控乏力，造成了现行农村集体土地市场的形成和监管秩序混乱，地方政府各自为政，难以形成统一规范、监管有序土地市场。

加强土地入市的使用规范，设立健全的入市交易制度。要让承包商合理有效地利用土地，鼓励承包商长期租赁土地。从长远利益考虑，坚持耕地保护，坚持占多少垦多少的原则，这些都要从制度上规范承包商，政府应该成立集体建设用地交易中心，用统一的标准来完善土地交易，土地交易过程中签订合同和备案，并在条款中明确规定土地的用途，这样也能维护村民在土地交易中的利益。

加强土地监管制度，可以分为内外共同监管。内部性以法律方式强化监管制度，行政主管部门应加强土地交易方式及利用方式的监管调查；外部性以农民媒体及网络形成全方位的监管体系，以维护正常的土地交易市场秩序，使农村集体建设用地入市可以得到有序进行且可以保护耕地利用。

（三）完善集体建设用地入市过程中的收入分配

集体土地入市所获得的收益，最后一定要落实在农民的利益上，对于集体建设用地所获得的收益，应该成立专项基金。用于农村的医疗、教育等公共事业以及农村道路交通通讯等公共设施的建设，要做到资金透明公开，平衡村集体和村民之间的利益关系，让农民感受到自己是真正受益于改革当中。

第五节 农村集体市场化面临的主要问题及原因分析

一、农村集体土地市场化面临的主要问题

（一）开发利用难以形成整合效益和规模效益

中国农村集体土地权属比较分散，土地规模都不大，开发利用难，导致其在

市场化过程中经济效益难以形成比较整合的效益和较大规模的效益。表现在两个方面。

1. 用地企业无法扩大生产规模，缩小企业自身的发展空间和伸缩竞争力。由此，在实践中出现了一些农用地非法流转为企业生产用地的现象，这种非法的集体土地流转市场极不规范，组织或者个人基于浅层、眼前利益，纠纷案件发生概率较高。

2. 分散利用农村集体经营性建设用地加大了利用成本，降低了市场化的集约效益的经济效益。

（二）农村土地流转所得收益的分配普遍存在不公开、不公平和不统一现象

目前，农村集体经营性建设用地收益的分配机制还不健全，流转所得收益的分配普遍存在不公开、不公平和不统一的现象，农民由于所获收益较少甚至没有获得，对其过程的参与积极性也就不高。集体经营性建设用地的所有者是农村集体，根据地租理论，绝对地租这一部分应该全部归农村集体所有；而流转使土地产生的级差地租，不仅归所有者所有，其他土地关联人也同样享有。土地关联人包括：用地单位、地方政府等。而实际情况完全不一样，这种经营性地因流转而获得的收益，其分配情况非常混乱。这种混乱情况表现如下。

1. 不一致的收益分配主体。农村集体经营性建设用地在流转过程中涉及多个关联方，他们的权利与义务的分工不清，也没有明晰的法规来进行界定，因而严重左右了最终受益的分配。关联方主要包括农民本身、农村集体和政府。农民拥有土地的使用权，土地维持着他们的生计，是他们的生活基础，但他们在这关联方中却是最弱势的群体。政府为使土地增值，长期在这土地上进行基本的"五通"、"七通"建设，耗费很多的人力、物力、财力。现行的相关法律法规没有明确地规定农村集体经营性建设用地流转所获得的收益如何在各相关主体之间进行分配，这就缺少了统一标准的权威指导。所以各地区因地制宜，根据自身情况来制定规定，导致了分配标准的不一致，分配方式各异的局面。甚至，在同一个省份，不同的区县、乡镇做法也不一样。如河南省安阳市，农村集体经营性建设用地流转获得收益的分配方式是县级政府占4份，农民集体占6份。在江苏省苏州市，县级政府和农村集体是按照3∶7的比例分配收益；而江苏省无锡市，其进入市场所获得的全部价值都归土地的所有者——农村集体拥有。福建省闽清县，县级政府和农村集体则是按照以5∶5的比例进行分配。

2. 各个权利主体所应得的利益都没有得到保障。一些地方为了少缴纳新增加的建设用地的使用税费，批量上报城市审批的用地，因而使政府权益受到损害。与此同时，土地用途控制、耕地保护、环境保护等方面的权利都将受到损

害。某些地方政府以公共基础设施建设为名义，过多地分割或者强占农村土地流转所得的收益，农民的收益降低，遭到由行政力量带来的不公待遇。而农民应得收益比例被压得过低，失去土地的农民就业和社会保障都会出现安全隐患，让农民的利益受到损害。

(三) 农村集体作为市场主体难以适应市场要求

农村集体经营性建设用地的产权主体是农村集体，表现为农村集体经济组织，作为市场参与者即市场主体之一，农村集体经济组织的具体法人缺失，没有专业的经营管理团队。并且，村集体经济组织缺少市场竞争所需的法律地位，如独立且明确的产权和具体的法人主体或者说法人代表。农村集体经营性建设用地的管理者通常由少数村干部取代，经营的好坏往往取决于这少数人的个人素质。没有明确的法人主体和科学的管理方法，农村集体经济组织内的农民市场参与的积极性不高，其流转难以达到所期望的经济效益和优化配置土地资源的目的。虽然，最近出台的《关于引导农村产权流转交易市场健康发展意见》提出，由政府相关部门组成监管机构，在一定程度上完善了市场监督管理。但毕竟这个《意见》才出台，还没有实施到位，且我国集体经济组织所需的明确其法律地位的制度不仅是政府监管。农村集体经营性建设用地市场化实践中，经常遭到行政力量干涉，供求双方无法正常博弈于土地市场，而是行政力量在干预。在过度的行政干预下，市场机制无法完全起作用，相关利益者无法正常追求自己的利益，从而市场化效率也就降低。虽然，我国农村集体经营性建设用地市场化初期，流转制度不健全，市场化程度低，需要借助政府的行政力量进行协调和指导，但是随着市场经济的发展，农村集体经营性建设用地市场发育成熟，供需双方直接进行交易是必然趋势。在产权理论中，西方产权理论认为公有产权效率低，这是因为公有产权的产权主体的代理人素质各异，在市场中往往更难形成一项市场交易。此外，我国农村集体经营性建设用地进入市场，须由规划局规划，建委审核，国土局管制等政府部门并行司职，多头管理，从而影响了市场化效率的提高。

(四) 农村集体经营性建设用地市场缺乏市场监管

形成农村集体经营性建设用地市场，离不开市场监管。但是，从我国农村集体经营性建设用地出现流转开始，就一直缺乏市场监管。每年都会有农村土地纠纷，但我国的农村土地纠纷法院基本都不受理，因为我国法律在这块存在法律盲点。通常，农村集体经营性建设用地进入市场，没有相应的监管措施。既缺乏政府监管，也缺乏社会监督。在遭受行政干预或者其他干预时，农民由于自身获取信息能力差，很难维护自己的权益，这就迫切需要相应的监督机构，监督农村集体经营性建设用地的流转过程，维护农民的基本利益。

二、农村集体土地市场化存在问题的原因剖析

农村集体土地市场化过程中，面临的问题主要是，农村集体经营性建设用地市场化过程中经济效益的碎片化；农村集体经营性建设用地进入市场流转所得的收益的大多数分配方式不公开、不公正、不公平且不统一。存在这些问题的原因为：一方面，历史上形成的三级所有的集体经济组织形式，导致我国农村集体经营性建设用地大多分散在各村或者本村的各个角落，即不集中，流转也就各自为战，难以进行科学的规划整合，形成规模效益；另一方面，市场交易的主体是法人和自然人，而我国农村集体经济组织的法人地位不明确，导致农村集体经济组织在集体建设用地流转过程中难以适应市场的要求。政府部门多头管理，国土局、建委、规划局各自为战，用地企业拿地手续繁杂，影响市场效率。

（一）村级所有制形式难以适应土地利用规模化的要求

历史上形成的"三级所有，队为基础"的农村集体经营性建设用地权属的所有制形式，导致土地利用难以形成整合效应和规模效益。

1. 农村土地集体所有主要表现为村级所有形式。我国大多数农村以村级建制作为产权单位，村内可用于经营的用地规模小，分布不集中，难以形成规模效益。这种以村为单位的建制下，村与村之间各自为政，信息沟通不充分。农村集体经营性建设用地的村级建制形式，导致土地利用难以形成整合效应和规模效益。但市场上对农村集体经营性建设用地的需求通常大于单个村庄所有的集体经营性地，用地企业就需要向相邻的多个村庄协商。用地企业的目标是成本最低、利润最大，村级的农村集体经济组织之间沟通不充分容易造成同地不同价，从而产生用地纠纷。

2. 村级所有的集体经营性建设用地单块面积小、分布零散。在全国范围内，其分布情况无规律可言，总体上较为零散。这些经营性地相互之间隔着农用地或者宅基地。目前，大多数农村的农村集体经营性建设用地的界定并不清楚，四至不清，甚至哪块地被定义为集体经营性建设用地，许多村委组织也不是很清楚。四至不清、位置分散，管理起来就更麻烦。由此，在实践中就会出现集体经济组织自发流转集体建设用地，这种农民为追求利益，而私下与用地企业签订用地协议，很难得到法律保障，一旦产生纠纷，农民往往成为受害者。总之，农村集体经营性建设用地的零散分布决定了其单块面积小，这制约用地企业的发展规模，影响其经济效益。

（二）农村集体经营性建设用地产权形式不适应市场竞争要求

农村集体经营性建设用地的财产性权利没有分离，即所有权与使用权没有分离，导致收益分配机制不健全，经营管理不科学。

1. 产权主体指向不明晰。明确的产权是其市场化的前提，同时，产权主体不明确也是所得收益分配不均的主要原因。农村土地经营管理者的不明确也是产权主体不明确的重要表现，无经理人经营农村的经营性地，农民的收益也不会提高。土地产权，是指附着于土地的由土地所有者所拥有的权利，该权利的最大特点是排他性。土地产权包括对土地的所有权和使用权，使我国农村集体经营性建设用地的使用权被大大限制，通常由国家以征地方式收回土地的权属，改变土地性质，然后再投放市场，这样农民权益就被弱化。我国的农村集体经营性建设用地产权关系复杂，农村集体这一产权主体包含着集体内的农民都拥有这一产权。实际上，集体内成员并不明确具体拥有哪一样权利，怎么获得，怎么维护，都没有具体的规定。目前，我国还没有一部针对农村集体土地产权具体的法律规定，仅有的对农村集体土地产权的相关规定只是在《宪法》和《土地管理法》中有一个原则性的指示。多种形式的土地管理是造成管理程序的多样性，既不利于用地企业沟通了解，也不利于农民自己了解。此外，所有权形式是集体所有的，所有的内部成员都平等拥有相应的权利，但实际上是谁也不清楚自己的权利。一直以来，比较严重的问题是农民的权利在两个方面受到严重的侵害，一是土地征用。土地征用过程中，农民没有获得转移使用权应得的收益，更别说土地因改变用途而增加价值的收益，城市经济的发展牺牲了农民利益从而埋下更大的隐患；二是农民基本的土地承包经营权都受到限制，主要表现在其流转的范围和期限受到限制。农民难以扩大生产规模，丧失规模经济收益，也直接影响着农民的经济利益。近年来，农民上访大多是因为土地纠纷，说明问题已经慢慢显现并亟待解决。在产权物理界定上，我国还面临着农村土地基本信息登记不全或不准确的问题。为便于市场化的管理，国家应建立一个地籍数据库，数据库应包含农村集体经营性建设用地的分布、面积、四至、历史使用状况等。而建立一个完整的集体经营性建设用地信息系统，需要投入大量的人力物力。对于集体经营性建设用地市场化过程中的参与者而言，这里主要指政府，市场化成本过高，会使政府犹豫，也影响整个国内土地市场的发展。因此政府需要花费较大的成本去界定和登记集体经营性建设用地，才能让农民享受到其市场化权益的同时更好地保护耕地。

2. 产权主体的法人地位不明确。农村集体经济组织法人地位不明确，集体经营性建设用地经营管理和收益分配等方面也会出问题。农村集体经营性建设用地的产权性质为公有产权，产权主体缺乏具体的法人，法人地位指向性不明确。其中大多数的法人地位不明确，没有明确的法人实体，且具体责任人不明确，也没有经过公开选举，市场化过程中的战略决策和流转决策被少数个人掌握。目前的村委管理制度和全村 2/3 的人赞同的决策制度在大多数农村没有落到实处，且这样的管理制度也存在弊端。这样的管理制度容易导致少数人掌握农村集体经营性建设用地的流转权，而农民因为认知的限制感觉不到权利受侵害，也不懂得如何维权。农村集体经济组织法人地位不明确，没有经理人以最大效益为目标进行经营，并且所得收益立马分光用尽，也没有利于农村集体经济组织发展壮大的资本公积。农村的村民委员会通常代替行使管理和决策职能，这就造成其法人地位缺失。此外，农村集体经济组织通常更多的是提供公共服务，将所得的经营性收入首先用于公益事业和弥补资金财政转移支付不足，这本属于政府应承担的责任，这样集体经济很难进行资本积累。在农村集体经济组织法人地位不明确的情况下，由农村干部代替行使经理人权力，农村集体经营性建设用地的经营、处置以及收益分配都受农村干部的个人素质限制。部分村干部更是消极执行土地制度改革的相关指令，企图保留产权不明晰的现状，阻碍土地市场化的进程。

（三）现行农村集体土地收益分配机制难以满足市场的需要

1. 按劳分配的方式难以实现。在改革开放以前，农村集体内的收益分配方式主要是按劳分配。最早是以在公社干活所积的工分来分配每家口粮和生活日用品。改革开放以后，实行家庭承包经营制，各家各户有了剩余，劳动力也出现剩余，劳动力涌向城市发展城市经济。到 2005 年，我国农村集体经营性地市场化开始萌芽，原来农村的分配方式已经弃之不用，主要是靠农村干部的个人素质，由少数干部选择利于自己的分配方式。农村集体经营性建设用地不同于普通农地，不是每一个村内农民都在农村集体经营性建设用地上劳作过。收益分配也就无法按劳分配。

2. 按生产要素分配方式需改善。农村集体经营性建设用地进入市场，进行交易的是农村集体经营性建设用地的使用权。所得收益如果按生产要素进行分配看似合理，实则具体实施效果并不好。农村集体经营性建设用地这一生产要素的所有权归属于农村集体，农村集体是个公共产权主体，即属于村内每一个农民，具体每个农民拥有这项资产的哪一部分并不清楚。法律也没有规定是根据村内农民人数平均分还是按户数平均分。实际的收益分配通常是不公开、不公平的。

(四) 农村集体经营性建设用地市场尚需规范

1. 政府监管机制不完善。我国农村土地制度与城市土地制度的不统一，城市与农村土地用途管制的巨大差异等都成为行政腐败滋生的条件。政府通过征地改变农村集体土地的权属变为国有土地再投放市场进行流转，征地与卖地差价巨大，有的官员以此为政绩或从中贪腐。少数拥有审查权的官员，利用职权从用地企业捞取收入并压低出让价格，这既损害国家利益，也导致农民的强烈不满。因此，土地领域的腐败是不可避免的。我国的监督体系不完善，政府公开透明度低，这些都是农村土地制度改革，农村集体经营性建设用地市场化顺利进行需首先进行改革的保障条件。最近出台的《关于引导农村产权流转交易市场健康发展意见》提出，由政府相关部门组成监管机构，在一定程度上会加强监督管理，但其市场化过程中的监管机制仍然不完善。

2. 农村集体经营性建设用地市场价格体系混乱。农村集体经营性建设用地价格体系混乱影响收益分配，城市和农村的价格体系是各自独立且差异巨大的。我国农村的征地补偿标准与城市征地补偿标准差异大，同等区位条件下，农村的征地补偿只有城市征地补偿的3%~6%。这显然是不公平的，随着市场信息的获取更加便捷，这样的补偿标准根本是行不通的。这样的不平等也表现在拆迁补偿标准。城市居民住宅用地，按房地产市场的土地市场价格进行补偿，农民的宅基地和农村非农业建设用地却按农产品价值来补偿。在实际执行补偿过程中，根据补偿标准给出的区间，执行人员可能选择较低区间值，农民权益更难保障。农村集体经营性建设用地的价格影响因素复杂，套用城市的估价方法可能导致过于低估或者过于高估，原版套用并不适合。因此，需要适合自己的基准地价及配套的定级估价方法。此外，我国政府过多介入了整个交易过程，影响了交易价格的公平性。只有协调好政府与市场，才能保障买卖双方博弈形成合理的市场价格。城市建设涉及周边农村土地的由政府规划并进行征地，只按农地原用途对征用的土地进行补偿，政府获得征地后有偿转让土地所获得的全部收入大大地高于征地补偿。由于用途（农用和非农业）的不同，政府就可以忽视其增值的效益，并以较少的补偿价格给农民，农民的权益就在法律之内被剥夺了。在补偿标准协定上，农民这一利益相关者被排除在外，农村的集体建设用地的收益权得不到保障。

3. 农村集体经营性建设用地交易程序不规范。处于城市近郊的农村普遍存在农村集体经营性土地私下交易的情况。这是村集体和农民追求更高收益所采取的自发行为。但是，这样的行为没有法律保障，且对市场竞争有一定的扰乱作用，没有税收过程，对国家利益造成损害。我国仍然缺少明确的农村经营性建设用地的交易程序的相关制度，也缺少比较专业的估价机构对农村集体经营性建设用地进行估价。现实中，有的规划为农村经营性用地却仍然被政府征收。这严重侵犯了农民对集体经营性建设用地的所有权，农村集体经济组织应维护农民利益，适当地采取措施，追究政府的侵权责任。此外，司法部门应多关注这一类事件，并采取干预措施。农村集体经营性建设用地可直接进入市场后，政府不应再对集体经营性建设用地进行重新规划或以其他手段进行征收。使用权原则应该是集体所有，实际应细化到每个家庭或者每个农民所占比例，并按比例分配处置所得的收益。在有的地方，政府故意将农村的集体经营性建设用地重新规划为公共用地然后再进行征收。总之，农村集体经营性建设用地交易程序的不规范，既损害农村集体的利益，也不利于我国经济的协调发展，是农村集体经营性建设用地市场体系不完善的重要原因。

第四章

农村集体土地市场化机制

第一节 农村集体土地市场机制及影响因素

我国农村集体土地市场机制发育尚不完善,市场制度效率较低,市场机制在土地资源配置中的基础性作用没有得到有效的发挥,成为推动农村经济发展的一大障碍。农村土地市场制度效率低主要表现为制度成本较高,制度收益较低。农村土地市场的制度成本主要受制度环境、制度设计本身及制度实施过程的影响,具体表现为:一是土地制度限制农村土地流转,农村土地价值不能充分实现,导致农民的财产权利损失和土地资源的闲置浪费;二是农村土地市场制度自身存在缺陷,市场条件发育不完善,导致市场秩序混乱,价格扭曲等问题,资源配置效率低下;三是农村土地隐性流转普遍存在,增大了土地管理和监督成本。在制度收益方面,由于农村土地市场中的交易成本高,信息不完全且流动缓慢,权利的不确定性等原因致使制度实施的收益也相对较低。通过对农村土地市场的制度成本和制度收益的对比分析可以看出,农村土地市场制度效率较低,仍存在较大的改革空间。

一、影响农村集体土地市场机制形成的因素

影响农村土地市场机制形成的因素是多方面的,主要从制度环境、制度设计和制度实施三个层面对农村土地市场进行分析,将其影响因素概括为土地制度因素、农民自身因素、市场条件因素和社会保障因素四个方面。

(一)市场条件因素

市场的形成需要有一定市场条件,包括市场规则、市场平台、市场组织和市

场形成。目前，我国农村土地市场发育尚不完善，主要表现在以下几点。

1. 市场交易规则不完善，缺乏对市场准入主体、流动土地指标、流转时间期限、收益分配原则、土地复垦监督等相关规定，同时，也缺乏第三方的公证、登记备案等程序要求。

2. 农村土地交易平台缺乏，全国只有极少数地区有农村土地产权交易平台。

3. 市场中介组织匮乏，农村土地市场相对于完善的市场机制而言，市场管理、资产评估、信息服务、法律咨询等管理组织和服务组织缺乏，甚至基本没有。

4. 土地交易价格扭曲，在土地所有权市场上，国家强行征收农民土地，只给予较低的补偿，在土地使用权流转中，由于交易对象和用途的限制，导致土地流转价格较低。土地市场条件的不完善增加了制度运行成本。

（二）制度因素

由于我国土地制度的特殊性，目前，农村集体土地仍存在着产权不清、主体不明等诸多弊端，难以适应农村经济发展对市场配置资源的需求，成为构建城乡一体化土地市场的主要制度性障碍。这些障碍主要表现在以下几点。

1. 农村集体土地所有权主体不明确，导致土地所有权虚置，对土地市场缺乏有效监督和管理，同时，集体土地所有权被弱化，收益权和处分权受到严格限制。

2. 土地所有权主体和土地使用权主体之间的权利关系界定不清，导致土地市场交易主体混乱，农民的土地权益受损。

3. 农民的土地承包经营权和使用权不稳定，主要表现在土地使用权权能不完整、使用年限不确定等方面，从而使土地市场交易存在不确定性风险。

4. 现行土地用途管制制度，在一定程度上制约了土地市场的形成，国家对农村土地交易对象和用途进行严格限制，导致市场供求不足。制度环境的限制和制度本身的缺陷不仅增加了农村土地市场机制的运行成本，同时，增加了土地市场的不确定性。

（三）农民自身因素

农民自身因素主要体现在两个方面：一是农民市场主体地位缺失；二是农民市场意识薄弱。市场主体是指在市场经济条件下，具有独立的生产经营权，即有权决定自己生产经营活动的主体。由于我国土地制度的限制，农民并没有真正意义上的土地市场主体资格：一是农民的土地权利受政府行政干预，使农民不具备平等意义上的土地市场主体资格，农民的土地权益得不到充分保障；二是农民作为土地市场主体，由于自身条件的限制，具有分散性和弱小性，难以对市场进行有效控制。市场意识是指以市场或消费者需求为导向或中心来安排和开展生产经营活动的指导思想。农民的市场意识主要包括市场参与意识、市场竞争与合作意识、市场法律意识、市场风险意识以及经营意识、诚信意识、质量意识和信息意识等。在土地市场中，目前，农民的市场意识还很薄弱，主要表现在：一是农民参与市场的意识低，仅将土地作为生存需要而非发展需要；二是农民缺乏自主性，市场意识盲从；三是农民自身素质偏低，市场控制能力较弱；四是保障制度缺乏，农民市场意识不稳定。农民市场意识的缺乏，是导致市场主体缺失的重要方面。农民市场意识和市场主体地位的缺失，造成土地市场制度效用难以发挥，对经济发展的促进作用也被削弱。

（四）社会保障因素

随着城市化和工业化的推进，农村剩余劳动力不断向城镇转移，越来越多的农民离开农村，致使农村土地抛荒、闲置和废弃。同时，由于农村社会保障体系不健全，土地作为农民的最后依靠，许多农民不愿放弃土地，仍选择保有土地，造成农村土地市场供给不足。在土地需求方面，除国家对农村土地用途和流转的限制造成的土地需求不足外，农业比较利益偏低、农业生产风险大等原因，也导致大部分农民不愿意从事农业生产，致使土地有效需求不足。因此，在鼓励农民将闲置、废弃和低效率利用的土地入市流转，引导农民开展规模经营和商业化活动的同时，完善农村社会保障体系才是激活农村土地市场的关键。

二、农村集体土地市场机制的形成的前提

（一）完善农村土地市场形成的条件，促进形成城乡一体化的土地市场

获得信息、执行产权和限制竞争都会产生交易成本，这种成本限制了农民参与市场的机会，从而阻碍了包容性市场的发展。有效的市场机制可以降低这些成本，保障市场信息自由流通和竞争的公平、公正。完善的市场机制需要一定的市场规则、市场平台、市场组织和市场形成价格，我国农村土地市场机制的构建也应该从这几个方面出发，以提高市场的制度效率。

1. 制定明确的市场交易规则，引导农民自觉、规范地开展土地交易行为，同时，出台相关法律法规，使农民的市场行为有法可依，保障市场交易顺利开展。

2. 搭建多种形式的土地市场交易平台，增加农民土地进入市场的渠道，实

现农村土地价值最大化，促进农民增收，提高农民参与市场的积极性。

3. 鼓励农村专业化合作组织等市场中介组织的成立，提高农民市场竞争力，维护农民的市场利益。

4. 政府对农村土地市场进行监督管理，提供市场信息，促进公平竞争，并及时纠正市场失灵。

（二）明确农村土地产权，克服农村土地市场建设的制度障碍

明确的产权是市场交易的基础，因此，完善农村土地市场机制首先要对当前土地制度进行改革。

1. 明确土地产权，包括集体土地所有权主体和使用权主体，赋予集体土地所有权完整的权能，明确农民土地使用权的权能和使用年限，为农村土地市场创造一个稳定的交易环境。产权主体即为市场交易主体，明确的产权主体能够形成有效的市场秩序，从而保障"权、责、利"的合理分配。安全且可转让的土地使用权，可以促进农民增加能够产生收益的投资，降低收益的不确定性。

2. 改革对农村土地的用途管制制度。在符合土地利用规划的前提下，放宽土地交易对象和范围限制，构建全国性的农村土地交易平台，实现土地资源的优化配置，使农民分享土地增值收益。例如，重庆的"地票交易"是对集体建设用地指标的全国性流转交易、构建城乡一体化土地市场的有效示范。

（三）提高农民市场意识，解决农民土地市场主体地位缺失问题

构建完善的农村土地市场机制，必须重塑农民的市场主体地位。首先，提高农民自身素质，激发和培养农民的市场意识。其次，培养农民的独立性、主观能动性和创造性，塑造市场主体意识。主体的独立性是农民确立市场主体地位的主观条件，拥有主体的独立性才能够参与市场竞争。再次，完善民主制度，充分尊重农民的土地市场主体地位，放权给农民，真正实现资源的市场化配置，政府减少行政干预，主要发挥其监督指导作用。最后，完善相关法律法规，使农民的市场主体地位得到保障，提升农民的土地市场主体地位。

（四）完善农村社会保障体系，消除农民后顾之忧

解决农村土地市场供需不足问题完善农村土地市场机制，必须以建立健全完善农村社会保障体系作为补充，并以法律的形式确定，以消除农民的后顾之忧。

1. 将有意愿和有条件在城镇定居的农民，在退出承包地或宅基地的同时纳入城镇社会保障体系，使其享有与市民同等的社会保障待遇。

2. 建立全面和完善的农村社会保障体系，把基本生活保障、养老保障和

医疗保障作为优先和重点项目,替代土地的保障作用,降低农民对土地的依赖程度。

3. 根据农民工流动性大、收入低等特点,建立独特的农民工社会保障制度,以方便与城镇社会保障和农村社会保障进行衔接和转换。

第二节 农村集体土地权利实现机制

一、坚持农村土地集体所有

政府明确了农村家庭承包经营是适应社会主义市场的经济制度,是党的农村政策的基石。农村土地集体所有制能够满足中国农村土地所必须具备的政治、经济和社会功能。深化农村集体土地产权制度改革,必须坚持农村土地集体所有和农村基本经营制度。当务之急就是加快做好农村集体土地所有权和农户土地承包经营权的确权和登记工作,保障农民土地权益。有关资料显示,在过去因土地用途转变而带来的土地增值收益的分配中,地方政府得到了60%~70%,农村集体经济组织得到了25%~30%,农民个人只得到了5%~10%。

显然,农村集体和农民的土地权益受到侵害。国家应该构建城乡平等的要素交换市场,农村集体土地和国有土地进入市场机会平等,理顺收益分配关系,使农民在更大程度上共享工业化、城镇化的成果。农村集体土地作为重要财产权的载体,既有使用价值,又有交换价值。实现使用价值要求产权明晰,表现为物的静态占有关系,是农民土地权益保障的基础;实现交换价值涉及产权转移,表现为物的动态利用效益,可以促进农村集体土地资源优化配置。

(一)我国农村集体土地所有权制度的既存问题

伴随着我国市场化改革的推进,国民经济各个行业实现了突飞猛进的发展,而农村集体土地所有权制度结合家庭联产承包责任制长期以来保持不变,被批评为"落后的小农经济",严重滞后于整体经济形势,暴露出了一些新的问题。从法律主体的角度来看,农村集体土地所有权存在主体虚位的问题。有人认为,"集体"一词是一个政治概念,并非法律概念,因此造成了"集体"这一概念的模糊。但笔者认为,这种看法是不正确的。诚然,"集体"作为一个政治概念出现,突破了几千年以来形成的私有制下既有法律概念,使之无法在既有概念中定位,但是造成这一概念模糊的,不在于此前不存在,而在于我们在使用之前没有对之作出清晰的界定。我国《土地管理法》第 8 条规定："集体所有的土地依照法律属于村农民集体所有，由村农业生产合作社等农业集体经济组织或者村民委员会经营、管理。已经属于乡（镇）农民集体经济组织所有的，可以属于乡（镇）农民集体所有。""村农民集体所有的土地已经分别属于村内 2 个以上农业集体经济组织所有的，可以属于各该农业集体经济组织的农民集体所有。"根据法律规定并结合农村实际情况分析可知，在农村属于集体所有权中所谓"集体"者主要有三种类型：乡农民集体、村农民集体和村民小组集体。也就是说，这三种农民集体都符合农村集体土地所有权的主体条件。但是，我国法律对于农村集体土地所有权的主体称呼并不一致。通过分析《宪法》《民法通则》以及《土地管理法》诸法，我们可以发现，农村集体土地所有权的主体分别有"农民集体"和"农民集体经济组织"两个名称，这就造成了主体规定的模糊性，而且与传统的民法主体概念相去甚远，在具体操作时难以认定。新的《物权法》虽然明确了农村集体经济组织和村民委员会只是农村集体土地所有权之行使的代表组织，但对"集体"所有的确切含义仍然没有进一步阐述。主体规定模糊不仅只是词句上的问题，而且引起农村集体土地所有权主体无法落实这一根本问题。随着家庭联产承包责任制的推行，我国很多农村集体经济组织已经不再具有以往的以独立核算为主要表现的独立组织形态，而且基本上都处于一种虚置的状态。因此，从实际情况来看，并不存在一个与法律规定相一致且在现实中可予以落实的法律主体来行使农村集体土地所有权。其结果是，在多数情况下，村委会实际上代行了这一权利，有的地方，集体土地所有权甚至异化成了个别集体干部的所有权。这样一来，集体土地所有权无法为农民所享有，农民也没有动力去维护和促进农村集体经济的发展。对此，有学者总结了因农村集体土地所有权主体虚位而造成的不良后果：其一，农村集体土地所有权实际上为村干部所有，少数干部凭借此权力任意摊派，或任意处分土地，以权谋私，成为影响农村社会稳定的一个消极因素；其二，土地名为集体所有，实际上为少数人所有，直接导致广大农民对土地缺乏应有的亲密感和责任感，对于农村耕地的保护和改良不利，对农村经济发展存在消极作用；其三，农村集体土地所有权的主体虚位，给少数人带来了发土地横财的机会。由于我国城市化进程的加快，对于土地的需求量越来越大。而城市的土地供给已近极限，农村建设用地成为开发商的绝好目标。于是，部分村干部与奸商勾结，将农村建设用地以私下交易的方式转让给开发商，有的甚至将耕地转为建设用地出售，导致了我国农村建设用地市场的混乱局面，而且也对国有土地市场带来了不小的冲击。从权利内容的角度来看，农村集体土地所有权与一般的所有权不同：一方面，因受到多方限制而使某些权能不能充分实现；另一方面，又在某些权能方面过于强大而对其他的合法权利形成侵蚀，成为一类扭曲和异化了的所有权。从理论上说，现代法上的各种所有权都是有限制的，不存在没有限制的所有权。特别是对于土地而言，涉及国计民生，限制多一些并不为过。但问题是，对于农村集体土地所有权的一些限制超越了社会公益以及他人利益的合理范畴，这主要体现在：农村集体土地所有权长期以来被政府任意征收、征用，集体在此过程中没有自主权。由于土地在经济发展中的作用越来越重要，农村土地成为地方政府以及开发商眼中的"肥肉"，农村土地往往可以"公共利益"为名被征收、征用于任何事情，实际上成了地方政府的财源，"土地财政"由此而生。再次，在市场经济下，由于国有建设用地不能满足经济建设的需求，集体建设用地使用权的流转成为一个日益突出的问题。但是，我国法律并不允许农村集体建设用地使用权的有偿流转，这在事实上剥夺了农村集体所有权的合理处分权。由于没有相关法律保障，农村集体土地使用权实际上处于无法可依的状态，没有一套可遵循的模式，在实践中存在着诸多尚待探讨的问题。与此同时，集体土地所有权又表现出了过于强大的一面，主要表现为，对农民土地承包经营权的利益空间的挤占。农民对其承包的土地享有的使用收益的权利，本是基于农民与集体的合同关系而设立的，应当受到法律保护。然而，在实践中，农民的土地承包经营权长期以来受到集体干部的非法干涉，土地承包合同被肆意修改，土地可以任意被重新分配，农民权益难以落到实处。当然，2007年，《物权法》将土地承包经营权纳入用益物权法的体系，基于用益物权优先于所有权的原则，确立了集体不得违反土地承包合同侵害土地承包经营权的法理基础，但实施效果如何，仍有待进一步观察。综上所述，集体土地所有权制度虽然已经施行几十年，但该项权利基本上在某些方面有名无实，而在某些方面又实过其名，在处理与地方政府和农民的关系中，给人一种欺软怕硬的印象，与现行的市场经济体制非常不协调。我们要进一步推进市场化改革，就应当对集体土地所有权制度进行反思和改革。

（二）农村集体土地所有权实现的现实困境

1. 是否赋予农村集体完全的处分权和收益权。《物权法》第39条规定："所有权人对自己的不动产或者动产，依法享有占有、使用、收益和处分的权利。"现实中，集体土地所有权权能不完整，农民集体不能对其土地行使处分权，影响收益权的充分实现。地方政府占有大部分集体所有土地的增值收益，农村集体经济组织和农民要求参与增值收益分配，希望通过按照与国有土地同地同权同价，以出让、转让、出租、抵押等多种方式实现自身土地财产权益的最大化。尽管中国实行土地的社会主义公有制，但土地所有权的不同主体及其与土地使用权的分离，产生地租的经济条件仍然存在，它所反映的是在国家、集体和个人三者根本利益一致的前提下对土地收益的分配关系，也是国家用于调节社会生产与分配的经济杠杆。政府有义务对区域经济进行整体规划布局，城乡统筹兼顾、协调发展，国家参与集体土地利益分配无可厚非。绝对地租产生于土地所有权的垄断和土地所有权与使用权的分离，使用集体土地应该向集体土地所有者交纳绝对地租，即集体土地所有者有权获得集体土地的绝对地租。级差地租是由于土地具有异质性，利用生产条件的优越所得。对于建设用地而言，较优越的生产条件一般与原地块的素质无关，更多的是由该地块的区位所致，基础设施状况、周围项目带动能力以及产业规划等正向外部性因素决定了该土地所产生的经济效益。一方面是空间规划上的外部效应，国家通过土地利用总体规划、城镇规划的统筹布局，在空间上对不同区位的土地进行开发利用；另一方面是开发时序上的外部效应，在同一规划区，先开发完成的地块将对周边后续开发的地块增加附加值，拉动地价上涨。因此，现实中，具有同等素质的地块由于空间或时间外部效应的影响形成地价差异，造成不同集体之间利益分配新的不均衡，典型案例就是城乡结合部的拆迁改造，农民一夜间变成了百万富翁、千万富翁，而受外部性影响较弱的偏远地区，集体经济组织所获得的土地收益显然要低得多，用于解决失地人员安置、社会保障等的资金缺口较大，农业可持续发展能力也比较薄弱。

2. 农村集体土地所有者是否具有土地发展权。土地发展权是英、美等国为应对城镇化快速发展背景下土地分区管制造成的效益损失而产生的一种政策工具。土地分区管制促成了土地发展权的产生。关于土地发展权的界定，学术界有两种观点：一元说认为，发展权仅指农地非农化的权利；二元说认为，发展权包含农地发展权和市地发展权，前者指农地非农化，后者指建设用地开发密度及强度的加大。笔者认为，这两种观点仍然具有局限性，土地发展权实质是对土地在利用上进行再发展的权利，就中国农村而言，用途管制限制了农地非农化利用，分区管制限制了农村建设用地的流转。从法理上讲，土地发展权是土地所有权诸项权利中的一项。土地发展权在中国现行法律中的地位以及实现后的利益分配尚无定论。保护耕地是中国的基本国策，保障"粮食安全"战略对农地非农化进行严格用途管制不可动摇，但国家应该更多地考虑集体土地所有者或使用者的土地效益损失，通过各种方式给予补偿。近年来，各个地区开展的集体建设用地流转试点，已经开始尝试把集体建设用地发展权赋予农民，缓解了征地矛盾，也使得发展权问题在中国有了突破。如重庆市地票交易，实质是土地发展权的转让交易，地票即为城乡建设用地增减挂钩指标，是复垦指标的一种表现形式。集体建设用地经过复垦整理并通过国家验收，确认减少了多少农村建设用地、增加了多少耕地，据此发放建设用地挂钩指标权证，该指标必须优先用于农村集体的建设需要，仍有富余的可以通过农村土地交易所登记后进行转让交易。地票制度实际上是集体土地所有者通过提高集体建设用地节约集约度，挖掘集体建设用地潜力，实现了集体建设用地发展权在乡村内部以及城乡之间的转让。从试点看，集体建设用地发展权不涉及土地用途的转变，也暂且不涉及开发密度和强度的交易，它可以看作对土地所有者土地收益损失的一种补偿。

3. 农村集体土地收益如何合理分配。（1）集体之间的收益分配。现行法律规定了农村集体土地可以分别确认给乡（镇）农民集体、村农民集体、村民小组三级所有。但在实现集体土地所有权的过程中，各级主体之间的利益冲突广泛存在，主要原因有两个：一是农村土地确权法律法规不健全，尤其是对历史上形成的没有合法用地批准手续的集体建设用地，土地权属确认难度很大，由此导致实现土地所有权时受益对象难以确定；二是乡（镇）农民集体往往侵占村或村民小组的利益，使得村民小组的合法权益得不到法律的有效保护。根据笔者实地调研，北京市集体土地主要是乡镇和村农民集体所有，村民小组不到10%。随着社会经济的发展，农民集体经济组织也出现了不同的形式，一个行政村内有"村委会""经济联合社""农工商总公司"等，行政主体"村委会"与经济主体"经济联合社""农工商总公司"等的关系不明确，使得法律上的"农民集体"在现实中是个模糊概念。由于主体代表不明，部分地区出现了上收农村集体土地所有权的倾向，乡（镇）与村争夺土地利益的现象日趋严重。北京市朝阳区来广营乡，乡租村地价格为800元/亩，但乡出租给企业则达到了8万元/亩，该乡政府的收入主要来源于出租土地；顺义区南凡镇镇政府以村出租土地价格低为由决定，不管出租农用地还是建设用地，到期后一律由镇政府统一以1650元/亩收购；顺义区南彩镇镇政府从村里收购土地的价格为1000元/亩，每3年增长10%。这些收购的土地，乡（镇）政府大都以高出收购价格近10倍的价格出租给用地者。最近几年，北京市违法用地超过新增建设用地量的半数，主要在乡（镇）一级。（2）集体和农民之间的土地收益分配。从民法共有关系看，共同所有权主要有"按份共有"和"共同共有"两种类型。除此之外，中国实践中还有一种"总有"关系。所谓"总有"，即成员资格不固定的团体，以团体的名义享有的所有权，其基本特征是团体的成员身份相对确定但不固定，团体的成员因取得成员身份而自然享有权利，因丧失成员身份而自然丧失权利。自然人加入某一个成员资格不固定的团体时，对其他成员的现有财产权利必然有所损害，但是依"总有"的法理，其他成员却没有对新成员的加入行使否决的权利。从法理上看，中国的农村集体组织正是这种"总有"组织。随着中国经济快速发展，农村人口跨区迁移逐渐增多，一个村、组范围内居住成员的身份日益复杂。在不少制度不完善地区，集体经济组织的新成员处于土地权益保障的空白地带，由此引发的上访和诉讼案件时有发生。在以土地收益为主的农村集体资产分配中，农村集体经济组织新成员能否享有土地的权益,广东省佛山市的做法值得借鉴。该市对外来户、出嫁女等成员身份资格的确定制定了具体办法:对从 1982 年 1 月 1 日起,户口迁入、迁出的农村集体经济组织所在地的居民,其成员资格须经该村社委会或理事会审查,再提交农村集体经济组织成员大会表决确定。农村集体经济组织成员中的妇女,结婚后户口未迁出原居住地、并在集体经济组织生产生活的,其本人和所生育的子女是户口所在地的集体经济组织成员;离婚、丧偶后与本集体经济组织之外的公民结婚,但户口仍未迁出本集体经济组织所在地、在集体经济组织生产生活的,其本人和所生育的子女是户口所在地的集体经济组织成员。

4. 农村集体土地资产如何监管。国土资源部调查统计显示,全国范围乡(镇)、村一级作为所有权主体,占总数的 10% 左右,而村民小组作为所有权主体,在 90% 左右。村民小组作为大部分集体经济组织的代表,能否承担起巨额集体资产的收益、管理、保护的责任?如果将权力上收到村集体,或者乡(镇)集体,由它们进行管理,这都涉及比较大的政策性调整,同时,还要杜绝它们对村民小组利益的侵占。中国农村人口比重大,是社会稳定的关键因素,而农民受教育程度较低,也缺乏一定技能,导致就业更加困难,如果没有适当的培训教育和岗位安置,很难获得持续性收入。另外,在中国大部分农村,土地仍然承担着保障责任,并与教育、医疗、养老等基本社会保障互补。现实中,集体资产收益分配缺乏公开和透明,集体收益分配没有监管机构,农民的知情权和参与权得不到保障,不少干部滥用职权导致集体收益流失,农民利益受到侵害。据国土资源部信访部门统计,近几年,群众反映的问题主要集中在违法批地、非法占地、征地补偿安置费不到位和集体经济组织干部私自卖地等方面。在大部分农村地区,集体资产处置方式是不明确的。如何确认集体资产所有权的归属,如何对确权的集体资产进行评估,如何清理集体经济组织的债权、债务,如何制定详细的集体资产处置方案——采取何种形式(改制成立股份合作制企业、有限责任公司或拍卖变现等形式),享有集体资产收益分配权人员及其分配比例的确定等问题都有待制定具体办法和相关政策。

(三)农村土地集体所有权实现的途径

土地问题实质是人与地的资源利用问题和人与人的资产分配问题,土地产权是核心。保障和实现农村集体土地财产权,事关实现工业化、城镇化和农业现代化"三化同步"大局,关系全面建设小康社会目标的实现。在坚持农村土地集体所有前提下,积极探索农村集体土地产权实现的最佳形式和途径,按照党的十七届三中全会《关于推进农村改革发展若干重大问题的决定》的要求,在产权主体立法明确的基础上，长期稳定土地承包经营权、积极搞活土地其他用益物权、严格规范土地担保物权，健全农村土地管理制度。

1. 产权清晰，权利平等，权能完整。通过修编《中华人民共和国土地管理法》，明确集体土地与国有土地的平等地位，调整法律上对集体土地用益物权和担保物权的不合理限制，完善农村集体土地登记，保障农民土地权益。首先，明确产权主体代表。从现实情况看，集体土地所有权代表行使的一种形态是乡（镇）集体经济组织、村集体经济组织、村内各集体经济组织，另外一种是异化了的乡（镇）政府、村委会、村民小组，此时主要不是实现经济功能，而是实现公权力掌控。其次，完整产权权能。一是合理界定国有和集体土地所有权的边界和权能，中国《物权法》明确了两种土地所有权的平等地位，享有同等的权能；二是完善农村集体土地用益物权的内涵，赋予其更多的处分和收益权能，在城乡一体市场中实现集体土地用益物权有序流转。我们可以在土地承包经营权"长久不变"的框架下完善其用益物权权能，以农村第二轮承包为契机，完成集体土地成员权确认工作。再次，保护各方的权利与利益。一是通过各层次法律体系和土地登记制度保障土地权利人的合法权益；二是建立城乡统一的土地税费体系、调节土地收益在不同产权主体间合理、公平分配；三是完善社会保障体系，为农村集体土地产权制度改革提供全面保障。

2. 规划管控，用途管制，计划落实。人口大国和复杂多变的国际环境促使中国必须把"粮食安全"放到战略高度，在深化农村集体土地产权制度改革中，必须坚持耕地的特殊保护制度、其他农用地的用途管制制度、集体建设用地规划管控制度。土地利用产生效益，土地流转体现价值。我们应该以建设城乡统一的建设用地市场为契机，给予集体土地和国有土地平等进入非农建设用地市场的机会，实现两种所有权、多种使用权共同进入非农建设用地市场的局面。（1）编制区域土地开发利用综合计划。国家在强化用地计划和土地规划约束力的同时，要给予农民集体比较充分的土地发展权和用地的自主权，编制区域土地开发利用综合计划不失为一种有益尝试。第一步，集体经济组织提出用地计划方案。内容主要包括：集体经济组织经济状况和社会状况，申请使用地块现状和建设项目类型，项目可行性研究和环境影响评价，项目建设周期与经营预期分析，人员安置与社保状况等。每个计划方案数据和资料要翔实具体，以便政府土地管理部门对建设项目进行评估、反馈和备案。第二步，政府土地管理部门进行项目评估。在实地调查基础上，对用地方案进行经济、社会、生态等方面的综合评价，根据评价结果本着集约、节约利用土地的原则出具用地建议：同意用地申请、限期修订计划方案或撤销用地申请。第三步，编制区域土地开发利用综合计划。根据区域统筹发展和集体经济组织需求，政府土地管理部门编制土地利用综合计划，掌握区域内集体经济组织建设用地的具体状况，有步骤地引导集体经济组织合理利用土地，优化产业布局。(2) 推进和规范集体建设用地流转。在符合土地利用总体规划、产业规划和上述区域土地开发利用综合计划前提下，对宅基地、公共设施、公益事业等用地，主要由集体经济组织以无偿方式给符合条件的用地者使用；对工业、商业、旅游业、服务业等经营性用地，经集体经济组织2/3以上成员同意，可以通过有偿方式流转使用，并进入城乡一体的土地有形市场公开交易，公开交易的集体建设用地，与国有土地一样可转让、出租和抵押；对于公益性集体建设用地使用权，经农民集体2/3以上成员同意，在计划和规划管控下，经批准可以流转；对于农民宅基地，在严格执行"一户一宅"原始取得制度基础上，研究宅基地的财产属性，建立合法的财产继承制度和抵押制度，通过土地登记明晰权利、保障权益。在尊重农民意愿下积极推进城镇化进程，通过把符合落户条件的农业人口逐步转为中小城市和小城镇居民，来解决农村新出生人口的土地需求问题。

3. 税制改革，益保障，分配合理。城乡统筹促使建立统一的土地税费体系，调节土地收益合理分配。在集体土地收益中合理分离区位、基础设施和产业规划等因素影响，明确政府投资和周边环境双重外部性效应与集体地块本身价值的不同归属，调整和平衡不同集体地块间的利益差异。对于城镇建设、新农村建设等政府公共投入引起的集体土地增值，应该通过税收方式进行调节和二次分配，在充分保障农民集体土地收益基础上，兼顾国家与集体之间、集体与集体之间，城乡居民之间，不同区位、不同用途土地之间的利益平衡。充分发挥税收调节社会生产与分配、统筹区域经济的职能，通过建立和完善土地用途管制的利益补偿机制，解决因土地利用规划引起的区域间的利益差异问题。

4. 信息公开，民主管理，政府监管。完善集体经济组织成员参与集体事务决策机制，调动农民管理集体土地资产、保护集体土地资源的积极性，落实民主管理与民主监督。凡关系集体经济组织及村民切身利益的重大事项，必须经村集体经济组织成员讨论决定。《物权法》第59条对此也给予明确规定。《物权法》第62条规定：集体经济组织或者村民委员会、村民小组应当依照法律、行政法规以及章程、村规民约向本集体成员公布集体财产的状况。为了防止集体经济组织成员滥用职权，随意处置集体土地资产及收益、侵犯大多数成员利益，必须建立以政府为主、多方参与的集体土地资产监督管理制度，对集体资产开展年度效益审计、离任审计和专项审计，发挥政府和职能部门的监管作用。年度效益审计是指每年年终对各个集体经济组织内部及所属集体企事业单位进行的效益审计。离任审计是指对集体经济组织负责人和所属集体企事业单位负责人，因各种原因离任时，对其任期内的经济责任进行全面审计，做到离任必审。专项审计是指结合集体财务公开工作，对群众关心的热点、疑点问题组织的专项审计。健全和完善集体经济组织财务公开制度是建设和谐新农村的要求，各集体经济组织要定期对本组织的财务状况、干部薪酬等张榜公布，做到常公开、真公开。

(四) 农村集体土地所有权制度的改革思路

在市场经济体制下，集体也可以独立的市场主体身份参与市场交易，这种地位类似于公司。然而，就我国的农村集体土地所有权制度而言，作为集体成员的农民，与作为公司成员的自然人或法人不可同日而语，最大的区别就在于：农民是一个法定的身份，既不能基于主体的自由意志获得，也不能基于其自由意志丧失。更有甚者，立法者还对这种身份进行固化，强加了很多制度上的限制，以便"将农民固定在土地上"而实现社会的有序管理。显然，这是计划经济时代的产物。在市场经济体制下，市场主体不仅必须享有自由介入权利，还应当受到自由退出机制的支持。换言之，是否及在何时加入或者退出一个市场经济组织，可以由其自身来决定，否则就无所谓自由市场经济。然而，这一点却是我国目前所实施的集体土地所有权制度所无法满足的，其市场化改革也就必然被提上日程。集体土地所有权制度的一种改革方案是明确界定农民对集体土地按份共有。在这种方案中，农村集体经济组织的每一位成员都拥有按份分割土地所有权的权利，农民按份共有的土地所有权可以合法继承或转让、抵押、赠与等。农民按份共有制，被认为有利于农民土地使用权和收益权的分离，既保障了农民对土地的收益权，又有利于农民转变身份，加速向第二、第三产业的转移。然而，这种模式实际上完全消灭了现行公有制，是一种彻底的私有化改革。这是因为，所谓按份共有，又称"分别共有"，是指数人按应有份额对共有物共同享有权利和分担义务的共有。在按份共有中，各共有人对共有物享有不同的份额。尽管数人对该共有物享有的权利受其份额的限制，但是权利在性质上属于所有权。也就是说，确认农民对农村土地享有按份共有权。也就是承认其私人的所有权。根据一物一权原则，在这种基础上完全没有必要也没有可能存在一个享有所有权的集体。进而言之，按份共有与共同共有相比，在共有人之间的关系上更为松散，满足一定的条件，任何按份共有人都可以退出共有关系。因此，所谓农地的按份共有制，可能变成农地私有化的一块跳板。当一个集体组织的农民基本上退出按份共有时。不但集体无以为继，而且土地也随之完全为私人所有。可以说，这种完全私有化的方案，在我国目前尚不具备推行条件。农村土地私有化的主张者认为，应当将现有的农村集体土地全部分配给农民个人所有，使农民获得最充分最坚实的土地所有权，以便解决农民土地权益受各方侵害的难题，同时，也可以大大激发农民的生产积极性，促进农业发展。然而，在目前这一历史阶段，无论是从理论还是从实际来看，直接私有化方案都会遇到很多问题：第一，实行私有化，即涉及土地如何分配的棘手问题。显然，我们不可能将土改后的农民土地私有状况照搬适用，数十年的历史变迁早已将以前的土地分配格局打乱，回头已然不切实际。那么，按现时的土地承包状况进行分配，似乎是一个不错的选择。但是，现今的土地分配是以家庭人口平均分配土地的，而家庭人口则是一个变量，一旦现有的土地承包固定化，那么在短时期内，在农户之间将出现明显的土地分配不均，这对于农村社会的公平、稳定非常不利。第二，实行私有化，将面临如何走出土地兼并引发农民革命之后再平均地权的怪圈的问题。土地兼并是我国历史上的一大顽疾，朝代更迭几乎大多数都是由土地兼并直接或者间接引起的，我们不能不考虑这一问题。一旦发生土地兼并，则不仅农村会迅速出现贫富分化，而且大量无地农民会涌入城市。在相关的化解和应对机制尚未建立的情况下，社会动荡将不可避免。对此，私有化学者认为，在今天市场经济条件下，就业选择途径极其广泛，农民失去土地以后可以通过其他途径就业，而卖地的资金就是其重新置业的经济基础。我们认为，这种估计恐怕过于乐观。土地私有本身并没有罪过，而且土地私有确实会释放极大的生产力。但是，土地私有政策不是任何情况下都可以运行的。一般而言，在经过大的社会运动后，原先的土地所有状况已经打破，在平等的基础上进行土地私有，对于经济发展的促进作用是非常明显的，我国历史已经证明了这一点。但是，目前我国社会发展处于一个转型阶段，新的阶层和利益分配格局已经确立。如果此时重新进行土地分配，则必然出现强者对弱势农民的掠夺，土地兼并将会空前加快，整个社会将无法承受如此巨大的冲击。第三，实行土地私有化，将面临耕地保护更加困难的问题。在我国当今经济形势下，农业生产的利润极低，而城市化、工业化对土地的需求极大，农民一旦拥有了土地，将农业用地转化为建设用地出售是一个极佳的投资选择，而且我们很难做出有效的监管，这对于我国未来的发展无疑是致命的伤害。简单的土地私有化方案及按份共有制方案都是不符合我国目前实际的。借鉴城市土地制度的成功经验，对现行集体土地所有权制度进行国有化改革。当然，考虑到城市与农村之间存在的实际情况的差别，将农村土地收归国有之后，同时我国应当赋予农民对农业用地的永包权和对宅基地的永用权。与此同时，集体制度也不再有继续存在的必要，集体的经济职能为国家所取代，而经济职能之外的其他政治性职能则通过依托社区建立起来的基层村民自治制度解决。通过建立农村土地国有制，目前正在困扰我国立法者的宅基地使用权流转的制度障碍问题也将不复存在，任何私法主体均可自由购买农村宅基地使用权，而不至于与其法定身份相互冲突。至于农民是否享有该宅基地所在地的村民自治权利，则应根据其户口是否归属于该处宅基地所在地来决定。从这个意义上说，要实现这一改革，户籍制度的改革也势在必行。除此之外，永包制和永用制的推行还能解决集体所有权主体缺位问题，在实践中也足以对抗村干部利用土地侵害农民利益的做法，激发农民的生产积极性。当然，我国也有学者对国有化方案提出疑义。有人认为，农村土地的国有化必然打破我国长期以来的以农村社区为单位的社会组织形态和以农民家庭为单位的利益分配格局，不利于农村社会的稳定发展；国有化的实现无非是征用和征收两种途径，但前者费用巨大，在现有的财政状况下不可能做到，而后者又会极大地损害集体和农民的既得合法权益，不利于社会安定，且与中央保护农民利益的方针相冲突，因此难以行得通。退一步说，即使国有化可以实现，在具体操作上存在的问题仍然很多。国有化方案的实施，需要一定的组织机关代替国家行使管理者职能，而在现有的政治框架下，只能是由基层政府来代行国有土地的管理职能。我们知道，现实中存在大量的村干部以集体土地所有权侵害农民利益的现象，那么，如何保证基层政府代行国家土地所有权时，不会重蹈前者的覆辙呢？然而，农村土地的国有化当然要打破现有利益分配格局，但这是一种积极的转变，有利于保护广大农民的利益，也有利于促进农村经济的发展，而这些才是农村社会稳定的根本之所在。在现行农村集体土地所有权制度下，因农民权益受到侵害而屡屡发生的农村群体性事件，反而证明了农村社会并非处于一个良好的"稳定发展"时期。另外，农村土地的国有化，首先通过立法层面的工作即可以解决，至于操作层面上，也并不必然采用征收和征用的方式，还可以采用置换的方式。换言之，应当通过立法，允许组成集体的农民基于现行的基层民主制度形成一个集体决议，来决定是否以对土地的永久使用权为对价换取土地国有化。经由国有化之后，国家享有所有权，农民享有使用权，性质上属于用益物权，从法理上来说，优先于国家的所有权，因此，也足以对抗国家及其管理者的不法侵害。当然，在早已实行土地国有制的城市，也常有公权力侵害私人享有的土地使用权的情形，这不是因为土地国有化和私人使用权本身存在问题，而是因为缺乏一个真正意义上的法治环境。从这一点来说，法治的健全，也是推行农村土地国有化的一个必备条件。

二、设立农村土地的发展权

党的十八届三中全会明确提出："建立城乡统一的建设用地市场，在符合规划和用途管制的前提下，允许农村集体经营性建设用地出让、租赁、入股，实行与国有土地同等入市、同权同价。"中国土地实行社会主义公有制，土地所有权分为国家所有和农村集体所有两类。而对于土地使用权市场，理论上可以分为国有土地使用权市场和集体土地使用权市场。国有土地使用权市场分为一级市场和二级市场，这一市场相对较为完善。相反，集体土地市场还没有正式形成。目前，农用地流转市场已经开始形成，处于发展中，但农村集体建设用地使用权市场依然处于缺位状态。市场具有优化资源配置的功能，农村集体建设用地市场化，可以通过市场这只无形的手来优化集体建设用地的配置。现今，由于集体建设用地不能够进入市场，它的市场价值无法得到体现，从而导致农村土地资源的粗放利用和集体建设用地非法隐形市场的形成。集体建设用地市场化难以推进，导致土地资源无法满足新型城镇化建设和经济社会发展需要，其主要原因在于，我国土地制度存在变迁滞后的困境。要推动农村集体建设用地市场化，就必须设计一个制度来解决这个难题。基于此，土地发展权制度为推动中国集体建设用地市场化提供了一个新的视角。借鉴英、美两国土地发展权的实践经验，在不改变中国现行农村土地所有制的基础上，结合我国实际，尝试设立新型土地发展权制度，以期为推动中国农村集体建设用地市场化提供理论支撑，同时，也丰富完善我国农村土地产权制度。

（一）英、美两国土地发展权模式及国内研究现状

土地发展权是一项重要的土地产权制度，是指通过改变现有土地的使用用途和利用强度来对土地进行开发的权利，最早由英国创立。1947年，英国颁布的《城乡规划法》首次以法律形式设立土地发展权，英国土地发展权属于国家所有，土地所有者或其他土地利用者若想变更土地性质必须向国家购买土地发展权。美国传统的土地分区制度为了保护农用地、公共绿地、历史遗迹和生态环境等，曾损害了处于保存区土地所有者的利益。发展区土地所有者通过土地开发权的实现，在变更土地用途后取得巨大利益，这就形成不公平的"暴损—暴利"局面。为摆脱这种困境，美国设立土地发展权制度，土地发展权属于土地所有者，发展区土地所有者只有向保存区土地所有者购买土地发展权才能进一步发展，这一制度的出现便实现了公平和效率的双重目标。英、美两国的土地发展权制度是当今世界两种典型模式。

中国至今在法律上没有设立土地发展权，国内学者对土地发展权的研究主要涉及土地发展权的概念、归属、可行性和必要性等理论层面。关于土地发展权的概念可以归纳为两种：一是狭义的土地发展权。研究对象主要是农地，可以界定为农地发展权，指土地用途从农用地转变为建设用地或其他方式。二是广义的土地发展权。是指土地利用或再开发的用途转变和因利用强度的提高而获取更多利益的权利。对于土地发展权归属问题的争论比较激烈，主要有三种观点：国家所有说，农民集体所有说，国家和农村集体分享说。国家所有说主要是借鉴英国模式，持这种观点的学者主要站在国家管理的角度，认为土地发展权的权源是国家

主权,理应"涨价归公",土地发展权归国家所有有利于农用地保护和国家粮食安全,也有利于土地供应和参与国家的宏观调控,有效地实施土地利用规划。农民集体所有说主要是参考美国模式,持这种观点的学者主要从土地产权角度和保护农民的利益出发,如果将土地发展权归于国家所有,农民就会失去因土地用途转变获得的收益,在征地中利益受损。国家和农村集体分享说实际上是一种利益的平衡,将土地发展权带来的土地增值收益进行分割,这种观点得到较多学者的支持,其制度设计能够兼顾公平和效率。

(二) 设立土地发展权制度创设的必要性

国内学者对土地发展权归属存在以上三种不同的观点,实质上是对国家职能和土地功能的理解产生分歧所导致的。国家代表的是公共利益,具体到政府层面所要做的应该是维护公共利益最大化,而不是作为一个利益主体参与到土地带来的增值收益分配之中。不同用途的土地提供的功能是不同的,作为生态和农业用途的土地会带来一种正外部性,比如,林地在保护生态环境方面具有重要价值,而这部分价值是非市场价值,并不能被土地所有者独自占有。作为商业用途的土地就会产生巨大的经济利益,能够充分显露土地的市场价值。土地发展权作为一种土地用途变更的权利,背后实质上存在一种利益的转化机制,它可以把原先无法归土地所有者获得的土地正外部性效益转变为土地所有者的私人利益。显然,在这样的利益驱使下,如果不加以控制,土地用途肯定会从低效益用途向高效益用途转变,而最后的结果就是个人利益最大化后导致集体的不经济性。所以,需要政府作为一种公共力量来打破这种个人利益最大化导致集体不经济性的困境,来管理土地资源,进而维护公共利益。但是,如果政府参与到这种由土地发展权带来的土地增值收益的分配中,就会使代表公共利益的政府发生越轨。这必然导致地方政府不停地征地卖地。要回归理性,就必须厘清政府与土地发展权的关系,要让政府保持公共利益代表者的角色,政府所要做的是明确土地用途如何配置会使公共利益最大化,即执行的是土地利用规划和土地用途管制制度,目标是公共利益最大化。

(三) 土地发展权对土地市场化机制形成的作用

1. 促进地方政府回归理性。我国法律上虽然至今没有创设土地发展权制度,但事实上我国土地发展权是客观存在的,并且土地发展权被地方政府无偿占有。在土地资源用途的配置问题上,中央政府和地方政府的利益目标存在差异。作为中央政府必须统筹全国的土地利用,在发展国民经济的同时,还要考虑国家粮食安全问题、保护生态环境等。从这个角度看,可以假定中央政府是理性的,以实现全国的土地利用综合效益最大化为政策目标。但是，地方政府作为土地发展权的真正享有者，在巨大的经济利益驱使下，在实际操作中往往从地方财政和经济建设的角度考虑，就会最大程度的去实现土地发展权，获取巨大的土地财政。地方政府土地发展权的实现就意味着农民土地发展权的权益被剥夺，所以会引发一系列的征地矛盾。土地发展权能够带来巨大的经济利益是地方政府在土地问题上失范的根源所在。同时，农民土地发展权的缺失，也是农民权益受损的原因所在。设立新型土地发展权制度，实质是还权于民，将被地方政府所占有的土地发展权归还农民，这样地方政府失去土地发展权之后就不再成为土地经营者。脱离地方政府这一土地经营者的干预后，集体建设用地就有了市场化的条件。所以，新型土地发展权是一种利益博弈下的均衡选择，能够平衡公共利益与农民权益，同时，也是保证集体建设用地市场化合理的前提。

2. 变通性明晰农村集体土地产权。产权清晰是进行市场交易的前提。农民集体所有土地所有权的主体主要有三类：村民小组所有、村农民集体所有和乡镇农民集体所有。农村集体土地所有权主体的虚置，导致农村土地产权主体不明晰，虽然私有制在明确产权方面具有不可否认的优势，但是这不符合我国社会主义公有制的土地制度。在当前情况下，建立新型土地发展权制度归农民私人所有就是一种变通性的选择。新型土地发展权作为一种独立的权能能够与土地所有权相分离，且能够在保证公共利益的前提下实现农民土地的财产性收益。新型土地发展权是两种属性的结合，解决了集体建设用地产权不清晰的问题，提供了一个进入市场的条件。

3. 集体建设用地隐形市场合法化。新型土地发展权能让当前普遍存在的集体建设用地隐形市场合法化。现实生活中，土地非农化带来的巨大增值收益为农地自发入市提供了强大的动力之源，并在事实上形成数量庞大的隐形非农建设市场。农村集体建设用地隐形市场的存在，使一部分农民获得了土地财产性收入。但是，这样的土地市场是危险的，这种隐形市场的交易得不到法律的保护又脱离政府的监管，会引发一系列的争议和权属纠纷，同时，会破坏大量的耕地。但在现行的征地模式下，农村自发形成的这种隐形市场政府是很难控制的。人为阻止集体建设用地市场的形成不符合规律，集体建设用地市场化是一个趋势，应当引导这一市场形成，使其合法化，在法律的保护和政府的监管下健康发展。设立新型土地发展权后，就可以使这种隐形市场合法化。

(四) 土地发展权制度的设计思考

土地是指所有权归农村集体所有的土地，土地发展权是指在遵从中国土地利用规划和土地用途管制制度等，对土地原使用用途或利用强度的改变而获得利益的权利。这一制度实质是对土地发展权进行分割，把土地发展权中具有公益属性的部分权利让渡出来，交给政府以保障公共利益，而将土地发展权中的利益属性还权于民，避免地方政府失范，这样就能理顺相应关系，地方政府没有私利可图，它才能全身心投入到实现公共利益最大化上，根据本地区的经济社会发展和实际情况来制定土地利用规划和实施土地用途管制制度等土地利用规制。这一制度的提出还需解决两个问题：第一个问题是土地发展权摆脱了地方政府利益分配后，还存在一个村集体与农民个体的分配问题。如果将土地发展权归于集体所有会导致产权不清晰，土地发展权的一个重要特点就是能够与土地所有权分离，所以在保障我国社会主义公有制的基本制度前提下，将土地发展权赋予农民私人所有正是一种变通性的制度选择，一方面保证了公有制，另一方面又使产权清晰。当然，对农民个人实现土地发展权带来的利益时，需要让渡一部分利益给农村集体经济组织，作为土地所有权中收益权的实现。第二个问题是解决"暴损—暴利"困境，政府为实现公共利益最大化而进行的土地分区利用和土地用途管制，会使处于管制区土地所有者的利益受损，而使发展区土地所有者取得巨大的经济利益，这个时候，政府可以通过税收手段和转移支付来解决这个困境，政府可以通过对发展区土地发展权的实现征收发展权税，对管制区进行补贴，实现效率与公平的兼顾。

三、构建农民土地权益的保障机制

农民土地权益宪政保障是对人权的根本保障，是破解"三农"问题的关键，是实现全面建成小康社会的重要基础，是实现农业现代化的需要。但现行征地制度、现行农村土地制度、农民维权意识落后等是农民土地权益宪政保障的困境。农民正当土地权益理应受到国家法律的一体和平等保护，深化农村土地市场化改革，增强农民土地权益宪政保障的内生驱动力，创造农民土地权益宪政保障的有利条件，构建农民土地权益保障机制，是农村集体土地市场化机制形成的关键。

（一）农民土地权益保障的现实意义

农民的土地权益是指农民围绕土地所产生的并且应当享有的一系列民主权利与获得物质利益权利的总称。从现行法律和政策角度分析，农民的土地权益是层次分明、结构有序的一束权利。它主要包括：（1）"土地集体所有"本质上是农民"共同共有"或者"联合所有"，这种所有权是农民集体成员获得一束土地权利的基础。（2）土地承包经营权的性质是物权而不是债权。在《土地承包法》中，对土地承包经营权的规定具有物权性质。（3）按照《土地管理法》和《确定土地所有权与使用权的若干规定》等法律法规的规定，农村宅基地使用权是使用权人占有、使用集体所有的土地，在该土地上建造住房以及其他附着物的权利。农村宅基地使用权的长期性决定了其具有可转让性和可继承性，只要有适格的继承人，农村宅基地就可以为农户永久地使用下去。宅基地使用权是农民的一项重要的财产权利，它受法律保护，任何单位和个人不得侵犯，农民有权在法律允许的范围内自由行使其权利。（4）农地具有空间权、邻地利用权和其他项权利。在农民土地权益中，集体土地所有权是基础，土地承包经营权是核心，宅基地使用权等则是具体内容。《物权法》第124条规定："农村集体经济组织实行家庭承包经营为基础、统分结合的双层经营体制。农民集体所有和国家所有由农民集体使用的耕地、林地、草地以及其他用于农业的土地，依法实行土地承包经营制度。"第125条规定："土地承包经营权人依法对其承包经营的耕地、林地、草地等享有占有、使用和收益的权利，有权从事种植业、林业、畜牧业等农业生产。"耕地的承包期为30年，草地的承包期为30～50年，林地的承包期为30年。前款规定的承包期届满，由土地承包经营权人按照国家有关规定继续承包。《物权法》第128～第133条还规定："土地承包经营权人依照农村土地承包法的规定，有权将土地承包经营权采取转包、互换、转让等方式流转。流转的期限不得超过承包期的剩余期限。未经依法批准，不得将承包地用于非农建设。""土地承包经营权人将土地承包经营权互换、转让，当事人要求登记的，应当向县级以上地方人民政府申请土地承包经营权变更登记；未经登记，不得对抗善意第三人。"承包期内发包人不得调整承包地。因自然灾害严重毁损承包地等特殊情形，需要适当调整承包的耕地和草地的，依照农村土地承包法等法律规定办理。承包期内发包人不得收回承包地。"承包地被征收的，土地承包经营权人有权依照本法第42条第2款的规定获得相应补偿。""通过招标、拍卖、公开协商等方式承包荒地等农村土地，依照农村土地承包法等法律和国务院的有关规定，其土地承包经营权可以转让、入股、抵押或者以其他方式流转。"

土地权益是农民作为农村集体成员的经济、政治、社会等权利的综合体现。农民所拥有的诸多权利和利益，都是附着在他们赖以安身立命的土地之上的，直接或者间接地与土地相关联。农民一旦失去了土地，也就意味着失去了那些与土地相关联权利、利益存在的基础和条件，因而导致那些权利和利益的损害或者完全流失。一句话就是，农民土地权益实质上蕴含的是农民的生存权和发展权。土地是"财富之母"，它隐藏着巨大的商业价值。农民尽管从农村集体那里取得的是一项"土地承包经营权"，但是这种权利的物化权、财产权透过《物权法》已经非常明朗，这就为土地的市场化流动创设了前提，为农户的土地权利和利益提供了法律保障。随着土地资源的短缺，人地矛盾的加剧，农业比较利益的提高，土地资源的增值效用将逐渐增大，土地的含金量亦将越来越高，农民土地的财产属性和财产权利属性将日益显化。因而农民一旦失去土地，也就永远地失去了他们最重要的财产资源。中国是一个有着13亿人口的发展中国家，社会保障体系正在建立之中。3亿多城市人口社会保障的兑现，国家财政每年都要予以大量的补贴。在此情况下，9亿多农民的社会保障问题更是难以解决。现实状况只能是农民靠土地来养活自己，土地就是农民的基本生活保障，就是农民安身立命之本，失去土地也就失去了基本的生活来源。就西部民族地区的普遍状况而言。失地农民自身素质不高，文化程度偏低，劳动技能较差，小农意识浓厚，市场竞争意识不强，主要以土地为劳动对象，土地成为农民就业机会的重要资源，失去土地就意味着失去了就业机会。失地农民还会失去与土地相关的其他一系列权益链。譬如，政府对农民的技术、资金、农资等方面的支持都是以土地为基础的，失去了土地也就失去了获得这些政府支持的机会。农民作为产权主体，需要通过村民自治的民主投票和监督行动来制衡村级公共权力。失去土地的农民必然失去对村民自治的热情，也就失去了对民主政治权利最基本的追求。土地还是农民行使公民其他权利的基础，农民失去了土地，那些与土地密切相关的文化、教育、卫生等方面权利的实现，也就会随之而来受到极大的限制甚至完全丧失。综上所述，农民的财产权、生活保障权、就业权、民主政治权利以及文化教育权利等都与土地权益密不可分，决定着农民的生存与发展。国家需要对这个问题高度重视，切实依法加以妥善解决。

1. 保护农民土地权益是对人权的根本保障。我国历来重视公民人权的宪政保障。截至目前，全国人大已批准加入《经济、社会和文化权利国际公约》等20多项国际人权保障条约和协定。十届全国人大二次会议通过的宪法修正案，把"国家尊重和保障人权"正式载入现行宪法第33条第3款，并且在"公民的基本权利和义务"一章中，对公民权利作了全面、系统的规定。我们的党和政府始终把解决公民生存权和发展权问题放在首位。经过60多年的努力，我国各族人民的生活水平实现了从贫困到温饱、再从温饱到小康的两次跨越，经济建设取得了举世瞩目的成就。党的十八大强调，依法维护农民土地承包经营权、宅基地使用权，这充分体现了我们党以人为本、执政为民的理念，顺应了人民群众追求美好生活的新期待。在当前的形势下，保护农民土地权益是落实科学发展观的需要。宪政对农民土地权益保障，从根本上说，就是保护农民的生存与发展。

2. 破解"三农问题"的关键在于农民土地权益的宪政保障。党的十八大报告强调，"解决好农业、农村、农民问题是全党工作重中之重"，"改革征地制度，提高农民在土地增值收益中的分配比例"。从1982年中共中央发布第一个"一号文件"算起，已经过去了30多年。农村问题在整个国民经济发展中的地位长期呈现边缘化的趋向，以致农村问题越积越深，当时农村问题的提法已经不能全面概括。农村问题演变成了"三农问题"。由于农业是弱质产业，农村被边缘化，农民声音最弱，其权益往往受到侵犯和损害。利益的博弈往往与制度变迁相伴而生，而制度的变迁取决于决策权的分配，尤其是公私决策的分野；而其又主要由产权及其排他性决定。因而，农民权利贫困主要表现为土地财产权利的贫困——对于土地的使用、处分和获益的应有权利被排斥或剥夺旧。只有建立完善的土地法律制度，对农民土地权益予以切实保护，才可能实现农业生产资料向城市转移，推动国家的现代化；才可能实现土地的自由有序流转，为我国农业现代化奠定制度基础；才可能实现农村的生产发展、生活宽裕、乡风文明、村容整洁，建设社会主义新农村。

3. 保护农民土地权益是实现全面建成小康社会的重要基础。十八大报告从新的历史起点出发，根据我国经济社会发展实际和新的阶段特征，针对现阶段我国发展面临的突出矛盾，科学制定了全面建成小康社会的战略部署。全面建成小康社会，在政治建设方面，要旗帜鲜明地走中国特色的政治发展道路，要把人民当家做主、党的领导和依法治国有机统一起来，要让人民群众更多地感受到民主权利，让人民群众各方面的权益得到社会主义宪政的保障；在社会建设方面要以民生为重点。所以，保障农民土地权益事关农民学有所教、老有所养、病有所医、住有所居，让农民对未来生活更加幸福有了足够的期待。

4. 保护农民土地权益是实现农业现代化的需要。完善现行农地制度，有助于保护耕地资源，以确保粮食生产的稳定性。从可持续发展的角度看，改革和完善现行农地制度，对农业的可持续发展产生积极的影响。近年来，气候变化、森林和耕地减少、土地退化、水土流失、水资源短缺等环境问题，已经严重制约着我国农业经济发展。为实现农业现代化的目标实现，必须在大力发展农业生产的同时，注重经济社会发展与资源、环境的协调，确保农业可持续发展的目标。农民土地权益与农业现代化密切相关，不同的农地制度模式，对农业现代化目标的实现将产生不同的影响，保护农民土地权益，必将推动我国农业现代化的发展。

（二）农民土地权益保障现状与困境

在农业用地转化为建设用地的过程中，出现了侵犯农民利益诸多问题，而且随着时序的推进，这个问题显得越来越突出。据国家信访局统计：在全国各地的上访案件中，有70%以上是因土地引发的。国务院总理温家宝2011年9月6日在中央文史研究馆成立60周年座谈会上称：有些地方不顾农民合法权益，搞强制拆迁，把农民赶上楼，连现代农村的风光都没有了。多数国家的经验表明，在城市化进程中，农村为工业化的发展提供了大置的资金、土地和劳动力，为补偿这一过程中被削弱的农业和农民利益，政府会建立相应的社会保障体制，保障农民的权益，能够为农业的发展、农民生活水平的提高以及农业现代化做支撑。

1. 农民权益在土地征用中大量流失。1987~2001年，各地实际征占耕地数为4080~4420万亩，按人均占有土地0.8亩计算，被征地农民数在5100~5525万人。如果加上因农村超生等原因没有分到田地的"黑户口"劳动力，这个数目则超过6000万。目前，中国失地农民的总人数超过1亿，而且每年还要新增200多万人。据资料显示，2001~2003年，我国土地出让金合计9100多亿元，约占同期全国地方财政收入的35%；2004年，"8·31大限"使土地有偿出让进一步市场化，当年全国出让的价款更达5894亿元，占同期地方财政总收入的47%；2005年，执行收紧地根政策，出让金收入占比虽有所下降，但总额仍有5505亿元。

2. 农民权益在土地整理中再次流失。农村土地整理可以进一步集约利用土地，解决经济发展中的瓶颈约束。在整理过程中，各种主体利用"土地换社保、宅基地换住房"等办法，强行拆除农民的住宅，收回家庭承包地，这种土地整理行为不但使得农民失去土地和家园，造成部分农民生活困难，而且侵害农民合法的土地承包权以及宅基地的使用权等财产权。

3. 农民土地权益保障的法律不完善。农村土地制度运行中，涉及农村土地以及农民权益保护的法律有很多，主要包括四个层次：一是国家制定和颁布的有关法律中关于农地管理的条款，如《宪法》《中华人民共和国土地管理法》《中华人民共和国土地承包法》等。二是国务院制定的有关法规，如：《中华人民共和国土地管理法实施条例》《基本农田保护条例》《中华人民共和国耕地占用暂行条例》《大中型水利水电工程建设征地补偿和移民安置条例》等。三是国务院所属部委制定的部门性法规、命令和指示。如《财政部颁发关于耕地占用税具体政策规定的通知》《国家土地管理局印发关于地籍管理几个问题处理意见的通知》《国务院办公厅转发关于国家土地管理局关于开展土地利用规划工作报告的通知》《国家土地管理局关于确定土地权属问题的若干意见》等。四是地方政府颁布的有关法规，包括各省、自治区、直辖市制定的有关农村土地管理和使用的地方性法规和政策规章，这些法规是适合不同省情条件下管理使用农村土地。上述法律法规形成了我国农村土地管理和农民权利保护的法律体系，这些法律在很大程度上促进了我国的农村土地管理事业的法制化和规范化，但这些法律之间还存在一些不完善之处亟待解决。（1）《宪法》对农民土地权益不完善。《宪法》对农民土地权益的定位直接决定农民权益的实现，农民的土地权益保障问题与宪法制度建设息息相关。但是，现行《宪法》对农民的土地权益地位、权利保障等方面不能很好地体现。具体表现在三个方面。一是城市与农村土地使用权地位不对等。《宪法》规定，城市的土地使用权可以依法转让，而农村的宅基地则不可以转让，更不可抵押。二是没有明确规定集体的含义以及农民集体与集体经济组织的关系，导致权利主体身份模糊，为一系列土地产权纠纷埋下隐患。三是没有具体的土地补偿制度。《宪法》没有对农民的土地补偿标准、原则作出规定。存在较大缺陷，从而导致实践中随着国家权利的扩张，农民的土地权益越来越多地受到来自国家公权力比如行政权和立法权的侵害，各种法律对于这种侵权行为无能为力。宪法的完善能有效制约具有天然扩张权力的政府行为，如果宪法的相关问题不解决，农民土地权益难以得到真正有效的保障，农民的土地权益保障需要宪法的介入。(2) 法律之间对农民的土地权益保障条文存在不一致性。具体表现在两个方面：一是法律之间出现逻辑性错误：《担保法》规定了耕地、宅基地、自留地、自留山等集体所有的土地使用权不得抵押，抵押人依法承包并经发包方同意抵押的荒山、荒沟、荒丘、荒滩等荒地的土地使用权可以抵押，《农村土地承包法》也作出了类似的规定："通过家庭承包取得的土地承包经营权可以依法采取转包、出租、互换、转让或者其他方式流转""通过招标、拍卖、公开协商等方式承包农村土地。经依法登记取得土地承包经营权证或者林权证等证书的，其土地承包经营权可以依法采取转让、出租、入股、抵押或者其他方式流转"。2007 年颁布实施的《物权法》再次延续了这一规定内容。《物权法》规定"土地承包经营权人，依照农村土地承包法的规定，有权将土地承包经营权采取转包、互换、转让等方式流转""通过招标、拍卖、公开协商等方式承包荒地等农村土地。依照农村土地承包法等法律和国务院的有关规定。其土地承包经营权可以转让、入股、抵押或者以其他方式流转。"上述立法内容表明，除了通过招标、拍卖、公开协商等方式承包"四荒"地以外。以家庭承包方式承包的所有其他类型农地的使用权一律不得抵押。《农村土地承包法》和《物权法》都许可了农地使用权的转让，转让的结果是承包人现实的失去承包土地，而抵押的结果只是有失去土地的可能。立法上肯定了较重的，却否定了较轻的，因此在逻辑上是不合理的。二是法律之间的规定不一致：《农村土地承包法》和《物权法》都许可了农地使用权的转让，体现了土地使用权的物权性质，物权具有直接支配性，物权人可以依照自己的意思，无须他人意思或行为之介入对标的物处分，从而实现其权利内容；《担保法》又不承认土地的物权性质而不能抵押，法律之间产生很大的分歧，在农村经济实践中，农民在事实上拥有除所有权以外的几乎所有土地权利，可是法律对农户作为土地使用权主体依托予土地的财产权却没有给予肯定。农地使用权的物权性质规定逐步在立法上得到了体现，其中最直接的体现就是 2002 年在对《农业法》进行修改时对农地使用权债权条文进行了删除。(3) 同一法律中前后不一致性：《农村土地承包法》第 37 条规定："土地承包经营权采取转包、出租、互换、转让或者其他方式流转，当事人双方应当签订书面合同"，该条文基本上体现了农地使用权的物权性质。"采取转让方式流转的，应当经发包方同意。采取转包、出租、互换或者其他方式流转的，应当报发包方备案。"这一条文明显视土地使用权为债权性质，这一规定不仅在立法上直接与同为该法所规定的"承包方有权依法自主决定土地承包经营权是否流转和流转的方式"的内容相矛盾，弱化了农地使用权的物权性质，在实践中也缺乏合理依据，而且还与农地承包权的物权性质发展趋势相违背。但如果说在《物权法》出台以前，这一规定还只是存在合理性问题的话。那么在《物权法》将农地使用权明确界定为用益物权之后，这一规定则就不仅是不合理，而且是不合法的问题了。如果将"应当经发包方同意"作为农地使用权转让的前提，则与《物权法》所界定的农地所有权的物权性质相抵触。

（三）农民土地权益保障得不到保障的原因

1. 现行征地制度是农民土地权益宪政保障困境的直接原因。土地出让收入及其支出问题，涉及土地增值收益取得的正当性、土地收入分配的公平性和土地收益支出的规范性。近年来，随着土地出让收入的不断攀升，国家和有关部门相继出台了一些政策，实现严格的土地出让收入的征缴、支出范围的界定与土地出让收入的使用管理。但是，现行征地制度下，地方政府给被征地农民按土地的原用途进行倍数补偿。党和政府在确保被征地农民生活水平不下降方面进行了探索，一是提高征地补偿标准；二是敦促地方政府建立被征地农民社会保障制度。但是，随着土地价值不断提高，大多数被征地农民所得到的补偿仍然很低，社会保障制度在各地参差不齐，保障水平很低。

2. 现行农村土地制度是农民土地权益宪政保障困境的根本原因。集体土地所有权虚置，农村土地产权主体不明晰，为侵害农民土地权益留下了制度空间。我国《土地管理法》第2条规定："中华人民共和国实行土地的社会主义公有制，即全民所有制和劳动群众集体所有制。"在目前集体所有制下，"集体农民"只是一个"抽象的，没有法律人格意义的集合体"，并不是规范的民事主体，是个模糊的概念。

3. 维权意识落后是农民土地权益宪政保障困境的思想根源。农民对于我国相关法律法规了解、掌握得还很不够，对自己应当享有的权益知之甚少，当自己的土地权益受到侵犯时，要么逆来顺受，要么采取简单、偏激甚至暴力手段进行报复，而寻求法律保护、运用法律手段的意识很薄弱。契约的构成和履行要求当事人有完全的权利能力和行为能力。现行法律法规在某种程度上限制了农民的某些权利，削弱了农民的签约权利能力与行为能力。农民难以参与到征地相关制度制定和征地的谈判过程中，导致契约内容失衡，并且农民没有自己的组织，集体谈判力量缺乏，博弈能力较弱。同时，农民自身素质特别是知识素质不足也造成农民利益表达的困境，于是安排制度分配权利时就向政府本身和优势群体倾斜，义务则倾斜于农民一方。

4. 各级政府的价值取向也是农民权益受到侵害的重要原因。政府官员的普遍价值取向直接影响到农民的土地权益保障。各级地方政府官员盛行的功利主义政绩观，使他们追求形式化的"形象工程"、表面化的经济指标，并借此换取职务的升迁。《土地管理法》等法律、法规对集体土地使用作了比较严格、具体的规定，但在 GDP 为核心的政绩观指导下，地方各级政府违法使用集体土地的低成本高回报，刺激着各级官员扩张土地使用。土地、资本都是经济扩张必不可少的投入要素。保障农民的土地利益意味着减少经济扩张所需要的土地、资本，而没有要素的投入，经济的扩张难以展开。这种追求政绩的动力导致政府缺乏与农民长时间谈判的耐心，农民为保护自身利益采取上访甚至极端的手段进行抗争。缺乏保障农民土地权益的有效机制以及官员侵犯农民土地权益的高性价比，恶性循环，农民权益保障体系难以真正形成。

（四）构建农民土地权益保障机制

1. 深化农村土地制度改革，增强农民土地权益保障的内生驱动力。从根本上讲，宪政的保障水平取决于它所依存的社会物质生活条件，同样，农民土地权益的宪政保障也要决定于农村土地市场化发展状况，因为市场经济是宪政保障的内生动力，没有市场经济的发展，就不会有今天的中国特色社会主义宪政制度。我国社会主义市场经济体制已基本确立，而最早从农村兴起的改革和形成的路径，却没有随着我国的改革开放从农村到城市、从计划经济到市场经济的实际而与时俱进。农村土地市场化的发展还有很大空间，农村土地市场化对农民土地权益宪政保障的内在需求和驱动力仍有待于进一步挖掘和释放。因此，我们必须优化收益分配机制，让农民长期稳定地分享土地增值的收益。农民在土地利益的分享方面，主要可以从以下两个方面进行完善：一是让农民直接参与土地后续开发经营，使其长期获益；二是处理好政府与农民之间的利益冲突，建立公平的利益分享机制。通过优化土地收益分配机制和现代法治的有效结合与互动，来推动和促进我国农村经济市场化发展，集聚农民土地权益宪政保障的内在驱动力。

2. 革新农民法治观，增强农民的法律意识。经济因素对农民土地权益宪政保障具有决定性影响，另外，广大农民对于宪政制度的普遍认同也是直接推动农民土地权益宪政保障的关键因素。农民对于宪政制度的社会认同，主要取决于农民对于宪政制度的普遍参与和宪政制度在保障农民权益方面所发挥的主导作用。

从我国农村民主法制的现实情况来看，虽然历经长时期的建设和发展，已经取得显著成绩，但是，一个很重要的问题就是没有解决好广大农民的平等参与问题，法律还没有成为广大农民正当权益保护的主导手段。土地权益的主体是广大农民，要使农民土地权益宪政保障获得社会认同，一个最基本的前提条件就是广大农民应该知法、懂法。而农民知法、懂法的途径无非有两个：一个是靠农民自觉获取法律知识；另一个是靠国家普及法律知识。前者固然是根本，但后者也同样重要。因此，农民土地权益宪政保障必须着眼于农村法制，紧紧围绕权益保障这条主线，按照点面结合、处理好远近关系、由简单到复杂的思路开展工作，谋划好、宣传好党和政府的农村土地政策和法律法规，做到家喻户晓、人人明白，从而提高广大农民守法的自觉性。

3. 完善基层民主与自治制度，巩固农民土地权益保障的政治基础。没有民主，就谈不上法治；没有法治，就没有人民当家做主的社会主义宪政制度。因此，发展和完善基层民主与自治制度，不断健全社会主义农村法治，坚持扩大农民有序的政治参与，保证农民充分享有广泛的权利和自由，才能更好地实现农民土地权益的宪政保障。发展和完善基层民主与自治制度，保证农民群众依法直接行使民主权利，是推动科学发展、促进社会和谐、加强和创新社会管理的重要的政治基础。当前，在发展和完善基层民主与自治制度建设中，我们应当特别重视农村土地法律制度的修改与完善。据有关部门统计，目前城市周边的农村，有几乎50%的矛盾纠纷来自土地承包或者征用赔偿。发展和完善基层民主与自治制度，使大量有关土地利益的矛盾和不稳定因素化解在萌芽状态、化解在基层，使广大农村经济社会各项事业的快速发展建立在平等有序、理性互动的基础上，有助于培养农民群众通过合法渠道表达利益诉求的思想素质和行为习惯，减少和避免言行偏激导致冲突的现象发生，从而有效地维护社会发展的良好宪政秩序。

4. 完善土地管理法治系统，创造农民土地权益保障的有利条件。农民土地权益的有效宪政保障除了良好的基层民主与自治制度支持之外，关键在于加强法治系统自身的建设。农民土地权益的宪政保障是一个复杂的社会系统工程，建立和完善农民土地权益宪政保障制度应当从系统的角度，以完整的法律体系的构建为目标，注重土地法律体系中各种法律规范的定位、功能和内容上的合理分工，做到各负其责、各有其重、互不矛盾、相互支持。笔者认为，要使农民真正地拥有完整的土地权益法律地位，就要从法律上明确农民土地权益的主体地位。而我国现行的《农村土地承包法》《土地管理法》等一些法律仅将"农民集体"这个整体作为集体土地的主体，而"农民集体"这个名词具有显著的不明确性，笔者建议，用"农民"来代替"农民集体"，并且明确农民享有的土地所有权的完整性，尤其是确认农民基于土地所享有的收益权和处分权。唯有从法律制度上来保障,首要做好"设权",才能够实现真正意义上的"确权",让农民得以理直气壮地捍卫自身的土地权益。

5. 完善产权制度体系,提升维护农民土地权益的效力。产权制度是一种基础性的经济制度,它不仅独自对经济效率有重要影响,而且构成了市场制度以及其他许多制度安排的基础。产权制度的确立可以保护交易秩序、确定相应的竞争规则。要有效维护农民的土地权益,产权制度体系的建设是关键。目前,我国基于农村土地的产权制度体系已经基本建立起来,但是产权制度的体系化构造,以及基于基本产权制度基础之上的具体管理制度还存在一些问题。为此,应该从以下几个方面逐步完善:一是要完善农地所有权制度,在继续坚持农地集体所有权制度基础上,通过明确、细化农民的集体成员权利来夯实农民土地的间接所有者主体资格。通过完善村民自治的制度规范,构建有效的体制来实现村集体"自我管理、自我教育、自我服务的基层群众性自治组织"的产权治理目标。二是要完善农地使用权制度,要进一步放开农地流转的各种政策限制,建立和完善基于农地占有、使用、收益、处置等权能有效发挥的激励、约束、资源配置和保障功能。可喜的是,2014年中央一号文件中提出:"稳定农村土地承包关系并保持长久不变,在坚持和完善最严格的耕地保护制度前提下,赋予农民对承包地占有、使用、收益、流转及承包经营权抵押、担保权能。在落实农村土地集体所有权的基础上,稳定农户承包权、放活土地经营权,允许承包土地的经营权向金融机构抵押融资。"中央政策层面已经明确了夯实农地使用权权能,增强农民基于使用权的行使而获得更多收益的权利,建议具体立法部门把这一政策主旨设计为可操作的法律制度规范。

6. 优化政府政策行为,构建政府有效保护农民土地权益的机制。首先,重视公共政策的制定环节。维护农民土地权益是一个系统化的过程,政府作为公共政策产出的重要主体,同时也是代表公共利益的组织,担负制定区域经济社会发展规划的职能,这些宏观战略规划的制定和实施,其实就是各利益相关者之间权利博弈的过程,农民群体相对于其他群体力量的劣势,客观上需要政府设计出以有效保障农民土地权益为旨归的公共政策方案,在多方博弈力量不均衡的情况下,保障农民个体利益不受侵害,建议设计科学合理的城市发展规划,并且配套设计出维护农民土地权益的具体操作性制度体系。例如设计打破城市居民与农民之间的身份限制,消除城乡差别,克服阻碍城乡一体化发展的户籍制度;制定针对失业农民的以教育、培训、再就业为主要内容的失业救济制度;完善与农地流转有效挂钩的农民社会养老保障体系,发挥保障基金的调控作用;建立完善的农民最低生活保障制度,承接农村土地的社保功能。其次,加强公共政策的执行环节。要以构建公共服务型政府为契机,优化公共政策的执行机制。其一,要以公共利益为导向，严格土地征用之前的审批，要以保护大多数群众利益为目的判断衡量征地项目，在有效保护耕地总量的前提下，政府发挥其信息主体的优势，积极帮助农民促进土地资源集约化使用和产业化经营，对农业市场发展形势作出预测判断，进而指导土地规划利用；其二，政府对商业用地应放开土地流转交易限制，让农民遵照市场机制自主流转土地使用权，有效发挥市场机制的作用。最后，政府要改变唯 GDP 论的政绩观，杜绝"土地财政"的与民争利的行为冲动，公平、公正、合理地协调好利益相关者之间的利益矛盾，使农民的土地权益得到最大程度的保障。

第三节 农村集体土地市场运作机制

一、农村土地利用规划机制

党的十八大以来，党中央、国务院对做好新时期农业农村工作作出一系列重要部署，提出深入推进农业供给侧结构性改革、深化农村土地制度改革、赋予农民更多财产权利、维护农民合法权益、实现城乡统筹发展等重大决策，并明确要求"加快编制农村级土地利用规划"。编制农村土地利用规划，统筹安排农村各项土地利用，对深入推进农业供给侧结构性改革，促进社会主义新农村建设意义重大。

（一）农村土地利用规划的意义

农村土地利用规划，是农村集体土地组织的配置与布局，利用工程、经济、技术等措施来对农村土地进行合理的开发、利用和保护，一般由各地区人民政府进行组织编制，内容包含土地利用总体规划及其他专项规划。

改革开放以来，我国农村土地管理不断加强，各地通过编制实施土地利用总体规划，加强土地用途管制，严守耕地保护红线，不断提高节约集约用地水平，夯实了农业发展基础，维护了农民权益，促进了农村经济发展和社会稳定。同时，农村土地利用和管理仍然面临建设布局散乱、用地粗放低效、公共设施缺乏、乡村风貌退化等问题。正在开展的农村土地征收、集体经营性建设用地入市、宅基地制度改革试点，推进农村一、二、三产业融合发展以及社会主义新农村建设等工作，也对土地利用规划工作提出新的更高要求。当前，迫切需要通过编制村土地利用规划，细化乡（镇）土地利用总体规划安排，统筹合理安排农村各项土地利用活动,以适应新时期农业农村发展要求。

(二) 农村土地利用规划的现状及问题

随着我国人口的不断增长,城镇化进程的不断推进,人口与土地的矛盾日益凸显,做好农村土地利用规划是关系到国计民生的重要战略问题。现阶段,农村土地利用规划面临着许多问题急需研究解决。

1. 农村土地利用规划在政策上尚不完善。基于农业生产的重要性及保护国家粮食安全、促进生态环境改善的目的,我国出台了土地的保护政策,一方面,制定了相关措施制度;另一方面,由于该保护政策仅是以行政命令的形式予以公布,没有纳入法律体系,对于各地政府及农民群体没有形成较强的约束力。此外,在对利益补偿政策上,现阶段也没有形成完善的制度体系,有的地方政府及农民群体没有因土地利用规划而得到相应的利益补偿,个别地方政府还会在农村土地保护上耗费较大的管理成本,长此以往,没有利益补偿机制的配合,地方政府在对待农村土地利用规划的态度上就会流露出消极情绪,最终导致农村土地加速向非农化方向发展。

2. 土地管理流程不科学、不完善。农村地区在土地管理方面也存在不够科学完善的现象,主要表现在以下几个方面。一是管理主体上不够清晰。农村土地的管理工作应划归当地的国土资源管理单位,但在实际执行过程中,因为城镇化建设及地方乡镇企业发展的需要,加上地方政府出于提高政绩及发展经济的目的,往往会参与到土地管理过程中,影响到管理主体的日常管理工作。二是管理措施上不够健全。随着城镇化建设进程的加快,农村地区经济显示出快速增长的势头,在这一背景下,各项建设工程的扩张,对土地的占用量有了更高的要求。此外,农村产业结构的调整、农村聚居点的分散及城镇建设的推进,都不同程度上存在土地占用超标现象,针对此类问题的土地管理措施并不健全。三是管理技术上不够成熟。土地流转工作的深化,使农村土地利用处于一个频繁变化的阶段,针对瞬息万变的土地动态,现有的土地管理技术并不能实现实时监测,土地利用规划也就无法有效进行。

(三) 建立科学有序的农村土地利用规划制度

1. 坚持耕地保护与新农村建设协调发展的原则。农村土地利用规划,要按照"望得见山、看得见水、记得住乡愁"的要求,以乡(镇)土地利用总体规划为依据,坚持最严格的耕地保护制度和最严格的节约用地制度,统筹布局农村生产、生活、生态空间。农村耕地红线不突破,节约和综合利用农村土地的理念要坚持。科学制定农村集体建设用地制度,推进城乡统一的建设用地制度的形成。统筹考虑村庄建设、产业发展、基础设施建设、生态保护等相关规划的用地需求，合理安排农村经济发展、耕地保护、村庄建设、环境整治、生态保护、文化传承、基础设施建设与社会事业发展等各项用地。落实乡（镇）土地利用总体规划确定的基本农田保护任务，明确永久基本农田保护面积、具体地块。加强对农村建设用地规模、布局和时序的管控，优先保障农村公益性设施用地、宅基地，合理控制集体经营性建设用地，提升农村土地资源节约集约利用水平。科学指导农村土地整治和高标准农田建设，遵循"山水林田湖是一个生命共同体"的重要理念，整体推进山水林田湖村路综合整治，发挥综合效益；强化对自然保护区、人文历史景观、地质遗迹、水源涵养地等的保护，加强生态环境的修复和治理，促进人与自然和谐发展。

2. 科学规划农村土地利用，形成有序管控的制度体系。农村土地管理部门要对农村土地现状进行详细调查分析，对用地项目，如农村基本农田和农业建设占地情况作出科学预测，在此基础上，制定合理化的管理目标。要做好农村土地利用的各项研究，根据当地土地利用实际情况，总结土地利用问题及其解决措施。在土地利用规划的制定编制上，接受农村公众的监督，积极听取群众意见，使土地管理工作更加透明。

加强农村土地使用管理的各项制度建设。在农村土地使用管理的制度方面，相关资源管理部门将侧重点放在了城市的土地管理中，对农村土地管理关注不够，从而给农村地区的土地利用造成了不利影响。随着农村建设进程的加快，这一矛盾更加突出，使农村土地利用管理呈现出一定的复杂性。在这一背景下，要想实现农村土地利用规划的可持续健康发展，各项土地利用管理制度的建设势在必行。针对土地使用管理的复杂性，土地使用管理的制度建设要涵盖土地征用管理制度、土地征用补偿制度、土地流转制度及土地产权管理制度等各项制度，形成科学的制度体系。

3. 确保城乡统筹发展与农村土地市场化改革的有序推进。根据新农村建设、城乡统筹发展和农村第一、第二、第三产业融合发展等总体部署，以村土地利用规划为依据，在控制农村建设用地总量、不占用永久基本农田前提下，加大力度盘活存量建设用地，允许通过村庄整治、宅基地整理等节约的建设用地，重点支持农村产业发展；有序推进农村土地征收、集体经营性建设用地入市、宅基地制度改革试点工作开展；优先安排土地整理复垦开发资金、城乡建设用地增减挂钩指标、工矿废弃地复垦利用指标；用好土地综合整治平台，引导聚合各类涉地涉农资金，整体推进山水林田湖村路综合整治，让农村成为农民幸福生活的美好家园。

4. 加强农村土地利用规划的实时动态监测。随着农村土地制度改革的深化和土地流转制度的实施，将农村土地使用情况推向了更复杂的工作局面当中，农村土地利用规划呈现出了强烈的动态变化特点。因此,要切实加强农村土地利用规划、准确掌握土地使用动态、全面了解土地的利用情况,需要加强农村土地利用规划的实时动态监测。基于我国农村地域面积广阔,数量众多,土地管理人员不足的客观实际,要做好实时动态监测,不能仅依靠传统的管理方法,还要采用现代化的科学手段加以辅助,如卫星拍摄技术、遥感资料、地理信息采集系统等,综合各种技术措施,准确掌握土地使用及变化状态,将农村土地利用规划工作落到实处。

二、农村土地地籍管理制度

(一) 地籍与地籍管理

地籍指记载土地位置、界址、数量、权属和用途(地类)等基本状况的簿册。籍有簿册、清册、登记之说。从某种意义上来说,土地的地籍如同土地的户籍。地籍为土地管理提供基础资料;为维护土地产权权益等提供基础资料;为改革与完善土地使用制度提供基础资料;为编制国民经济发展计划等提供基础资料。

地籍管理是一切土地管理的基础。地籍管理与地籍是两个不同的概念。地籍管理是国家为获得地籍信息、科学地管理土地而采取的以土地调查、土地分等定级、估价、土地登记、土地统计、地籍档案为主要内容的综合措施。地籍管理的主要任务是:维护土地的社会主义公有制;保护土地所有者和使用者的合法权益;促进土地的合理开发、利用,编制土地年度计划、土地利用总体规划,制定有关土地政策、法律等,提供、保管、更新有关土地自然、经济、法规方面的信息。

地籍管理应坚持的基本原则:一是地籍管理必须按国家规定的统一制度进行;二是保证地籍资料的可靠性和精确性;三是保证地籍工作的连续性;四是保证地籍资料的完整性。

(二) 地籍管理现状及问题

1. 地籍管理处于被动滞后状态。地籍管理作为土地管理的基础,自然会受到土地管理体制的影响。我国的土地管理是依据国家不同时期社会经济发展计划以及不同时期的发展政策而实施的,因此,作为以土地管理为基础的地籍管理就会出现在不同时期不断变换管理事项和管理对象的情况,这使得地籍管理总处于一种被动的状态,致使地籍管理的内容经常是为某一项政策的要求而进行测量登记，相对于地籍管理的要求而言是滞后的。

2. 地籍内容不完整，并存在部分失真现象。我国地籍管理工作起步较晚，因此，要建立和完善我国的地籍资料是一项艰巨的任务。由于地籍管理工作的被动和滞后性，大量地籍测量调查工作仅针对国家政策趋势在进行，只能提供满足某一特定土地管理任务所需要的某一类地籍资料，而不能全面地完成某一地区的全部土地调查、土地登记、土地评价和土地统计工作。同时，在地方又存在上级对于地籍调查施压大、投入少，造成一线人员工作积极性不高，致使测量和调查的地籍内容不完整和失真现象。

3. 地籍管理信息化发展中的问题。随着科技的不断进步，这几年我国地籍管理工作也朝信息化方向发展。但仍存在很多问题：①信息化流于形式。很多地方仅是将一些地籍资料输入电脑，而之后的资源共享、信息不断更新工作却未能展开。②先进技术投入使用不够。"3s"技术是目前对地观测系统中空间信息获取、存储管理、更新、分析和应用的三大支撑技术。但由于对这些技术认识和掌握的不充分，很多地区没有积极广泛地采用。③缺乏国家统一的数字地籍数据标准。目前，我国虽然已建立了地籍管理信息系统，但省市地方的土地管理部门是根据原国家土地管理局与国家测绘局颁布的《城镇地籍调查规程》《地籍测量规范》等行业技术标准及地方实际情况来确定数据结构和系统功能，由于缺乏国家统一的数字地籍数据标准，这些系统的地籍数据难以相互转换和共享，国家也无法对这些数字地籍数据进行统一管理，不能实现真正意义上的地籍管理系统信息化。

4. 土地登记制度不规范。土地地籍管理中重要的一个环节就是土地登记，只有完整地进行土地登记才能确保土地管理有效有序进行。现阶段，我国土地登记制度不够健全和完善，现有的《土地登记管理办法》在原有登记制度的基础上，新增了查封登记、异议登记和预告登记，尽管该项制度已经写进法律中，但具体的程序、内容和方法并没有进行统一规定，还处于一种空白状态，所以说我国土地登记制度并不健全；另一方面，自我举证制度不够完善，当前制度规范中仅仅针对企事业单位的土地登记作出了相应的规范和说明，明确其必须提供可靠的宗地图以及宗地界限界址坐标，而且具体的调查工作还是政府相关部门科室人员来完成而不是委托给某些中介代理机构进行，但我国个人土地登记并没有规定要提供相应的宗地界限界标，对相关中介机构的代理行为也没有进行有效规范，导致土地登记过程中存在诸多的不足。

（三）完善农村土地地籍管理制度的措施

1. 推进地籍管理的法制化进程。地籍管理过程中，要规范地籍管理，就要健全相关的地籍管理法律与规范。大力推进地籍管理制度化建设，推进其向规范化、法制化方向发展。在完善其法律法规体制过程中，尤其要加强针对土地登记工作法规的建设，制定严格的工作制度，确保土地登记的准确和及时，并重视后续的管理工作，推进我国城乡统筹发展工作的顺利进行。

2. 实现地籍管理系统化、信息化以及管理信息的数字化。使数据资料更加全面，并具有科学价值，就需要不断扩大地籍覆盖，使其更加系统化。要实现地籍管理的信息化，则要做好资源共享工作，不断更新技术，更新信息资料。地籍工作数据随着经济发展和建设规划的要求不断发生变化。但是目前的工作更新不及时，为地籍工作的分析管理带来了困难。所以在地籍管理过程中，建立地籍数据库日常更新机制，及时更新并跟进地籍数据，掌握数据的变动情况，确保地籍数据的现势性，同时，注意记录地籍数据的真实性和精确性，保证为跟踪评价国土资源提供第一手资料，促进国民经济的高速发展。

3. 提高地籍管理人员专业素质，大力培养专业型人才。管理的执行在人，因此人才的引进和培养是打造高素质队伍的核心。为此，我们要改革地籍管理人才的选拔制度和工作人员的考核制度，培养一大批业务精、素质强、作风硬的地籍管理人才，尤其是补充偏远地区所急需的管理型人才。杜绝一人多岗、设岗不设人的情况。要加强对地籍管理工作人员的专业技能培训，通过培训使其能熟练运用计算机软件，并掌握相应的法律规范。

4. 加强群众对地籍管理的认识。地籍管理与人民群众息息相关，这项工作是面向全社会的工作，做好这项工作至关重要。要不断提高人们对地籍管理的认识水平，普及人们对土地权益的认识，从而做好对地籍管理的监督工作。

三、农村土地市场价格形成机制

随着商品经济的发展，农村市场中的土地要素市场也在形成与发展中。在土地市场中，土地价格是土地市场运行结果的反映，合理地价也是影响土地市场发育的主要因素。这种互动作用，与其他生产资料市场和产品市场相比，在土地市场中显得更加紧密。

（一）农村土地市场价格的形成

关于土地价格的理论，主要有西方土地价格理论和马克思主义地价理论，其中，西方地价理论以古典地价理论和供求地价理论为代表。马克思主义认为，由于土地所有权的垄断产生地租，未来地租的资本化就是土地价格。土地价格的计算公式为：土地价格＝地租/还原利率。

古典地价理论认为，地价是未来地租的贴现值。其地租是指土地净收益，即土地总收益减去土地的劳动和资本投入等总成本所得，其计算公式为：土地价格＝土地净收益/还原率。土地供求理论是从另一个角度研究土地的价格。其认为，在土地市场中，土地的供给与需求决定土地价格。当然，土地的供给、需求本身是由社会的供给、需求决定的。土地的价格高低必然受到现获收益和未来期望收益大小的限制。只有在其期望产生预期收益时，才会为满足需求而将土地作为资产进行投资。农村土地作为一种生产资料进行生产获取收益，或提供一个活动经营场所。虽然土地投资者看中的是不同的土地功效，但都希望通过对土地的使用带来满意的收益（或效用）。因此，供求的变动只影响地价的变动趋势，并没有从理论上完全说明地价的根源。土地的净收益以地租的形式表现，所有权为谁拥有则决定了地租为谁占有。土地流转过程中，这种权利的让渡则通过收获地价而得到补偿，买入方通过支付土地价格而获取对土地的拥有权。尽管马克思和古典收益论者给出了相似的公式，但在实际中，无法确定马克思所谓"真正的地租"，也无法得到古典地价理论所说的"最佳用途"。在现实中，土地价格是根据土地在较优利用下的净收益或综合用途下的净收益来计算，土地价格还受到土地的供给与需求状况的影响。地租量是一个变动的量。由于生产率的提高和资本投资收益的滞后分布（即当年资本投入在今后若干年内都不同程度地发挥作用），地租量呈上涨趋势。

（二）农村土地价格体系构成

农村土地价格按不同标准，有不同的分法。按现有农用与非农用途，分为农业用地地价和非农用地地价；按研究对象的规模大小，分为宗地地价和区片地价；按考虑长期用途分，分为单用途使用地价、可变用途地价和综合地价。这几类地价相互联系，共同构成农村土地价格体系。农业用地地价：指现在用于农林牧副渔等大农业的用地的地价；非农用地地价：指农村除农业用地外其他用途用地的地价。宗地地价指在一定时期内，土地的各种属性相近的一宗土地的价格；区片地价：指在一个比较大的研究区域土地系统内，较大子系统的地价，区片和宗地的概念不是绝对的，没有绝对的规模标准，而是根据研究问题的不同，处以不同的地位。单用途地价：指认为在现在和将来其途是单一不变的，如限制永远作耕地这种单一用途的土地价格叫单用途地价；而可变用途地价则认为其现在是如耕地作用，虽然限制为农业用途，但由于城市化的发展其可能改变用途，这种土地在市场中流转时考虑因素比单用途使用地价要多，这种可变用途的土地价格叫可变用途地价。而综合地价是指某区域内存在多种用途的土地，多种用途价格加权的值叫综合地价，其反映某一区域内地价总水平。按这三大地价分类，从不同的侧面进行分解按这三大地价分类，从不同的侧面进行分解既有重叠，又有区分，每种土地价格，其构成大小和在市场中的运作特点各不相同。

(三) 农村土地市场价格的构成

1. 农村土地承包权的价格。农村土地承包权是指农民承包集体土地，拥有经营使用权，这是在所有权与使用权之间增设的一项权能，为我国农民所首创。所谓农村土地承包权的价格是就业、生存保障和社会福利功能所体现的社会价值的货币表现。社会价值是社会主义国家保证农民的就业、自下而上的社会保障和福利而公平赋予的一种权利，根据马克思地租理论，这项权利的价格是农民最低生活收入的货币体现。

由于最低生活收入线随地区、时期的不同有所差别，因而农村土地的价格也就因地区、时期而不同。而且随着农村土地就业、生存保障和福利功能的弱化，承包权的社会价值也就会逐步弱化，直至消失，这种趋势不可逆转。但是这是一个相当长的过程，因此，稳定和完善家庭承包经营，正确计算承包经营占有权的价格，不是权宜之策，而是推动农地承包使用权流转，完善农地使用权市场的基础性工作。

2. 农村土地使用权价格。农地使用权价格是人们为取得土地使用权而支付的一定经济代价，由承包权价格和使用权者（如果承包权和使用权一致，使用者就指承包者）投入资本的折旧资本化的收入而组成。

在这里，要注意不能把承包权价值和使用权价值对立起来，承包权价值是就业、生存保障和社会福利功能所体现的价值。对购买者而言，是一种生产要素，其购入费用计入农业生产经营成本；使用价值是由承包权价值、土地资本的价值两部分组成，当承包权和使用权一致时，承包权的价值和使用权的价值相等。当转让使用权时，承包都获得包含承包权价值在内的使用权价值，承包权价值小于承包者得的价值。

3. 农村土地所有权价格。我国的《宪法》规定，土地属于国有，不能买卖。既然不能买卖，必然没有价格，但是，为了更好地计算土地的承包权、使用权等权能的价格，有必要在理论上对土地所有权价格进行计算，以便使权能有一个参照价格。按马克思的观点，土地原给物质上没有凝聚劳动，无价值，也无价格。"没有价值，因为没有人类劳动物化在里面"，"土地不是劳动的产品，从而没有任何价值"。然而，由于农地供给的稀缺性，土地具有特殊使用价值和有效需求，在一定的劳动条件下，土地能为人类永续提供产品和服务，即产生地租。正因为有地租土地，土地原始物质也就有价值的，并称其为虚幻价值，所体现的价格也就称之为虚幻价格。"实际上，这个购买价值不是土地的购买价格，而是土地所提供的地租购买价格"。而地租的产生，都源于人们对土地的垄断。由于土地有限，产生了私有权的垄断。"地租的占有是土地所有权借以实现的经济形式，而地租又是以土地所有权，以某个人对某些地块的所有权"，因此，农村土地所有权价格是由农地所有权稀缺性和有效需求决定的地租的货币化，以及承包权的社会稳定功能价值的货币化，使用权投入资本折旧的货币化及三者的时间价值所构成的，其中，土地稀缺性和有效需求决定的地租的价值和土地资本的价值量则构成生产力价值，土地承包权又称之为生存价值或社会价值。

4. 农村土地改变用途的补偿费。按照土地利用规划以及农田保护区规划要求，不得任意改变土地用途，若经批准确实需要改变土地用途的，必须重新评估土地价格，并向所有者补交由于土地用途改变而产生的土地增值额，即承包所限的价值减去已使用年限的价值的剩余。

5. 农村土地抵押权价格。抵押权价格指以农地为担保物而取得贷款时，银行对农地所评估的价格，抵押可分为担保物抵押、承包权抵押和使用权抵押。由于不动产投资一般数额巨大，或因对农地开发和现有改造等需要较长时期的大数额贷款，风险比较大，一般要求贷款方以农地作为抵押，抵押价格以所有权、承包权和使用权的价格为基础进行折算。

(四) 农村土地价格的影响因素

1. 农村土地区位因素的影响。区位因素的影响主要是指同类土地（即肥力相同的土地）位置的好坏直接影响农地的收益，从而影响地价，级差地租产生的条件就是土地位置的差异。这可分为全国区域位置因素影响和区域内位置影响。就全国而言，平原地区的农地价格高于高原、山区的价格；已开垦的农地价格高于未开垦的，就区域内的位置而言，处在城郊、交通便利的土地的价格高于农村其他位置的价格。其实，位置实际上不单纯是一个自然因素，虽然土地的位置不能移动，但位置的好坏都是相对变化的，它主要由该地块所属地区的自然条件与社会经济、行政等因素综合决定的。

2. 农地社会经济因素的影响。社会经济的影响主要有供求关系、资金的时间价值、劳动生产率、土地产出率、人口增长率、政府投入、通货膨胀率、供求变化率、税率。

3. 其他因素的影响。一是农民对承包使用权价值认识不足，大部分的农民不知道农地承包使用权是国家平等地赋予农民的一种就业、生存保障和社会福利权利，具有价值。二是农地比较效益较低，农民种田利润较少，甚至亏本，而现在谋生手段又比较多，比较容易，效益比较低的农地成了一种包袱，其价格自然较低。三是部分在城镇务工经商的农民有稳定的职业、收入、住所，农地成了一种束缚，急于把农村承包地脱手，因此，农地价格必然极低，甚至为负，即倒贴一定的费用。

（五）农村土地价格的形成存在的问题

改革开放以来，我国工业化、城镇化进程中的国家征地，虽然不再像计划经济时期那样无偿划拨，而改为有偿征地。但是，征地过程没有形成一套规范程序，补偿也没有经双方谈判达成的价格标准，这就为土地价格扭曲留下了体制和机制方面的空间。1992年以来，国家围绕市场化这个中心进行了全方位的制度设计，但是，农村土地价格形成机制却没有引起足够的重视，既没有国家层面的制度设计，也没有相应层面的法律安排，更没有具体的规章制度。多重因素的共同作用，使得问题越发严重。

1. 采用"征地补偿"方式获得土地所有权，缺乏制度意义上的合理性。制度经济学认为，所有权具有排他性，只有通过市场交易才能改变其权属关系。"所有权应通过交易买卖被让与和取得，交易价格是双方协商一致的结果。"在交易中，如双方地位平等，则市场价格是双方真实意图的表达。而我国目前的征地方法，国家规定以土地产值作为补偿的计量基准，而事实上土地的机会产出与现行产值之间存在着巨大的差距；征用前农业用地产出水平较低，但国家法律、法规严格规定农民不能私自改变土地的用途，而且不考虑土地一经征用转变为建设用地，机会产出就大大提高。这种交易并不是平等主体之间的交易，补偿标准也不是双方真实意图的反映，不符合市场经济等价交换的基本法则。由于制度设计方面的不合理，征地补偿一开始就扭曲了我国农村土地价格的形成和表达机制。

2. 土地定价权的垄断，严重扭曲土地的实际价值，导致利益严重失衡土地定价权的垄断，由多方面因素共同造成。就我国土地价格形成而言，法律方面的因素首当其冲。《土地管理法》不仅规定"任何单位和个人进行建设，需要使用土地的，必须依法申请使用国有土地"，而且还明确规定"农民集体所有的土地的使用权不得出让、转让或者出租用于非农业建设"。因此，农村土地转为建设用地并最终进入市场的唯一合法途径就是先由国家征收，再由国家出让。农村土地在进入市场交易前就被法律排除了所有权人的权利，政府由此建立起国家的土地垄断权，并进而垄断定价权。其结果是：在土地一级市场形成垄断低价，严重侵害土地所有权人利益；在土地二级市场形成垄断高价，严重损害土地使用者利益，而政府却可以从中获得巨大的经济利益。以工业化进程较快的江苏省苏州市为例，土地补偿费总体上是按国家标准制定的："耕地：30万元/公顷；园地、坑塘水面、交通用地、村镇、工矿用地：30万元/公顷；未利用土地：15万元/公顷"。具体到常熟市的一些地块补偿，少数按10倍产值补偿，合27万元/公顷；多数按8倍产值补偿，合21.6万元/公顷，最便宜的仅为16.2万元/公顷。而政府经过土地投资整理后，出让的价格则数十倍、数百倍于土地补偿费，最贵的高达1.695亿元/公顷。

3. 土地所有者参与土地定价的权利被剥夺，政府权力失去有效约束完全竞争市场中交易各方应该具有平等的权利，才能保证各自的利益得到均衡体现。但我国《土地管理法》赋予国家政府征地的权力，却没有明确土地所有者——农村集体经济组织在土地征用中具有哪些权利。这种不平等的交易，表现在我国农村土地征用和定价方面，就是政府滥用征地权、定价权，而土地的所有者、使用者被排除在外，没有讨价还价的可能，对政府的权力没有行之有效的约束。在农村土地变身为建设用地的过程中，原来的土地所有者没有能力、似乎也没有权利对属于自己的土地表达意愿，只能接受政府规定的土地使用时限。于是围绕土地征用、补偿和出让方面乱象众生、矛盾尖锐，问题层出不穷，严重影响经济、社会和政治的稳定。

4. 征地补偿时限和土地出让时限不对等，土地的长期价值被政府单方面垄断土地作为一种特殊的自然资源有无限期使用价值，国外土地所有权交易一般都充分考虑这一特性，年限大多为50～70年，在这之后就要重新交易。而我国征用和出让时限却不对等。向农民征收土地时，一般是以所征土地前三年平均产出的15倍进行补偿，也就是说，征收时限是15年；后来所做的调整延长到最多30倍，时限最长也就是30年。政府出让土地时，则采用另一套标准：住宅用地70年、商业用地50年、工业用地30年。农民在15年或30年后，对土地已无所有权、使用权可言，政府却拥有了无限期的权力，土地的长期价值也被政府单方面所垄断。

5. 法律制度不完备对土地价格扭曲的影响。制度经济学认为"用立法的规定来削减价格是一种夺取财产的行为"，我国一些地方政府在征地过程中不是用法律规定，而是用政府的一纸文件来规定价格，比之立法规定更成问题。如国家《土地管理法》规定的土地补偿费、安置补助费、地上附着物和青苗补偿费，到地方执行时就打了折扣。

综上所述，我国现行的"征地补偿"体制机制，由政府单方面主导"土地价格"，并不能真实反映土地的价值，也不能真实反映土地资源的稀缺程度，更不能真实反映土地市场的供求状况，是对土地价格的扭曲表达。

（六）理顺农村土地价格机制的对策

1. 尊重价值规律，让市场机制主导农村土地价格的形成。首先，以土地二级市场价格为基准，引导土地一级市场价格逐步达到能真实反映土地价值和稀缺程度的水平。转为建设用地的农村土地，原则上应以土地用途及其未来价值为参照，根据土地的历史投入、土地附着物、土地区位、土地质量、农业产出值和相似土地在二级市场的交易价格等因素，综合评定土地价格。土地一级市场和二级市场间的价格差距应该控制在合理的范围内。其次，在土地价格形成中，必须把土地所有者和政府对土地的投资一并考虑在内。农民投资形成的土地价值应当还给农民。最后，打破政府在土地一级市场的价格垄断，政府不能无限制地行使这方面的权力，要强化土地所有者的权力，让土地所有者主体在市场中依法行使价格谈判权。当土地所有者与土地征用者不能就征用价格达成一致时，可由中立的第三方机构依据公平原则进行土地价格评估。

2. 既尊重历史又从实际出发，逐步消除现行征地制度的历史局限性，进一步完善土地所有权方面的立法。本着尊重历史，立足实际的原则，应逐步形成农村集体建设用地合法入市的途径。新中国将没收的地主土地分给农民，合作化、人民公社化把土地所有权收归集体，实行家庭联产承包责任制后，村民集体经济组织是土地所有者，农户是土地使用者，土地所有权和使用权分离。就农村土地所有权而言，我国现行法律对所有权主体的界定是清晰的，各级政府都不是农村土地所有者。法律应当维护农民集体的土地所有权不受侵犯，约束地方政府在土地问题上的违法行为。各级政府不得制定和实行任何损害财产所有者利益的制度，不经合法程序不得剥夺任何人的财产权利。如果能在《土地管理法》的基础上，增加"土地所有权法"或"土地交易法"，将会使法律体系更加完善，也有利于逐步形成反映市场供求关系、资源稀缺程度、环境损害成本的土地价格形成机制。

3. 以土地价值为基准，根据供需关系确定征地补偿标准。2008年，党的十七届三中全会明确提出，要提高征地补偿标准，不得损害农民经济权益。现阶段征地仍然是我国建设用地的主要来源，补偿仍然是农村土地价格的间接表达，这一局面在短期内不会改变。但补偿标准是损害还是维护农民经济权益，则是由地方政府的政治意愿决定的。有学者提出，在现行体制的框架内解决问题的出路之一，就是适当提高征地补偿标准，实行征地完全补偿，使补偿标准真正能体现被征地的价值和土地的供需关系。

4. 基于土地增值的多元因素，统筹兼顾、公平分配，重点保护农民利益。农村土地增值源于多方面因素，既与土地所有者和土地使用者的保护、科学利用、土地投资有关，也与政府的规划、开发、配套设施建设有关；既与土地边际生产力不断提高有关，也与土地资源稀缺性不断提高有关。基于多因素形成的土地增值收益，应在各方做出合理、均衡的分配。但在我国目前征地补偿费用分配中，农民只得到其中的5%～10%，村集体得25%～30%，县、乡（镇）得60%～70%。土地是农民最重要的生产资料，是农民收入的主要来源，这样的利益分配格局是非常不合理的。无论是从市场经济等价交换规律的要求，还是从增加农民收入、缩小城乡差距、构建和谐社会的要求出发，都迫切需要在农村征地补偿的分配中重点保护农民利益，在这一前提下统筹兼顾各方利益。

第五章

农村集体土地市场化实现路径

第一节 完善农村集体土地市场化的法律制度

农村集体土地市场化受到诸多法律制度的约束,如何突破当前法律条文限制,突破挑战和阻力,实现农村集体土地与国有土地同等入市、同价同权;保障农民与农村集体的土地权益;在入市过程中的成功经验如何形成法律规范文件,如何制定法律对策,创新农村土地制度设计,是农村集体土地市场化进程中首要的路径选择。

一、现行法律制度对农村集体土地市场化的制约

推动农村集体土地入市流转,是党的十八届三中全会《中共中央关于全面深化改革若干重大问题的决定》(简称《决定》)提出的具有创新性的土地制度改革措施。《决定》强调,农村集体土地在符合规定的前提下与国有土地同等入市、同价同权,即建立城乡统一的建设用地流转市场,该要求的前提是符合规划和用途管制,而农村集体土地入市方式包括出让、入股、租赁、招投标、拍卖等。

农村集体土地入市流转改革,作为满足我国现代化建设、促进城市化进程及高效利用富余土地的需要,应当被鼓励并得到支持,政策本身的出发点在于合理利用资源,进一步发展我国发展中城市与农村的经济,使广大人民群众受益,但是,在实际运作过程中,对于这样一种新发起的改革活动,国家立法相对滞后,导致农村集体土地入市相关的法律法规存在一些漏洞,不利于改革的健康进行。

(一)现有法律法规障碍

现行《土地管理法》对农村土地的流转采取限制和保留的态度,集体建设用

地的性质和流转都缺乏法律制度层面的保障，致使一些企业不敢使用土地，给农村建设用地流转带来了障碍，造成集体经营性建设用地的价值被严重低估。即使流转合同以民间约定的方式成立，由于农村集体土地属于农村建设用地的范畴，当出现用地纠纷，中央三中全会的文件与法律冲突，下位法服从上位法，土地流转合同容易被《土地管理法》推翻，得不到根本性的法律保障。集体所有权的产权不明晰体现在用益物权得不到保障。农村集体土地的所有权是农村集体经济所有制关系的法律表现形式，应当包含农村集体土地的所有权、支配权、使用权、处置权和收益权，应当是一种合法的自主有权占有。所有权和使用权是农村集体土地产权中两项最重要的权利，我国的法律在名义上保障了集体所有权，在实际中也保障了农村集体对集体经营性建设用地的使用权。农村集体土地所有权是指物权人依法对所有的农村集体土地享有的占有、使用、收益和处分的权利，我国现存的问题是农村集体对其所有的农村集体土地不享有处置权和收益权，也就是说，流转的合法地位和利益得不到有效保护，使得《物权法》中的集体所有权被大大地"虚化"。我国现行《物权法》并未专设针对农村集体土地的权利体系，而物权法定主义又是我国《物权法》的第一原则。所以说，在未来《物权法》的修改中，势必要增加农村集体土地相关权利内容，以遵循《物权法》的基本原则。尽管目前还没有创设出农村集体土地的物权种类，但是《物权法》仍可以对农村集体土地进行评价，《物权法》为了克服物权法定原则的限制，以应对可能的新的权利种类和内容的出现，在法条概念设置上进行了技术化处理，以指引性条款扩大了可以设定物权种类和内容的法律规范。从而使得农村集体土地能被纳入《物权法》评价。《物权法》第 12 章是关于建设用地使用权的内容规定。该法第 151 条指引性条款指出，"集体所有的土地被划为建设用地时，应当按照《土地管理法》等法律规定处理。"尽管建设用地使用权的客体在原则上仍为国有土地，但并不排斥集体土地成为建设用地使用权的客体。彼时的《物权法》制定者显然准确地把握了权利发展趋势，集体土地逐渐入市已经从可能成为现实。由此看来，农村集体土地的物权、使用权、用益物权都应该在《物权法》中得到创设，才能保障集体所有权得到应有的保障。

1. 农村集体土地市场化流转在立法上被限制。农村集体土地市场化流转在大多数的情况下被严格限制，仅在个别情况下才被允许。《宪法》中提到除法律特别规定的属于国家的土地外，我国农村的土地均归集体所有，可以依据相关法律进行转让，但在《土地管理法》中存在使用权处分禁止的相关条款，这与《宪法》存在冲突。与此同时，为了遏制目前隐性流转现象，各地相继出台了适应本地实际的法规，这些法规也都与基本法存在矛盾关系。党的十八届三中全会已经明确提出了，在用地符合规划的前提条件下，允许农村集体经营的建设用地进行流转入市，但由于我国法律的修订工作具有明显的滞后性，在法律上存在较多的限制，使得农村集体经营的建设用地"入市"流转缺乏相关的法律依据，使流转受到了阻碍。面对法律上的重重限制，制约了土地流转和城市化建设的进行，为了保证城市化发展中对土地的需求，大量隐形流转、私下流转的不正规现象随之产生。

2. 农村集体土地属性界定不清。农村土地属性存在复杂性、多样性的特点，在现实中，不同属性的土地穿插分布，混用现象严重。我国虽幅员辽阔，土地资源丰富，但同时也是人口大国，人口基数大，因此人均耕地面积较小。为了保证我国正常的农业生产，国家已经出台了《耕地保护法》等多部保护农村耕地的法律法规，划定耕地"红线"，保障耕地面积。但随着城市化的发展，城市面积不断扩大，城市的建设需要征用外围农村的土地，现阶段农村集体经营的建设用地可以进行"入市"流转，但是作为非集体经营建设用地的耕地，其征用应当被严格限制。然而在实际生活中，占用耕地的现象较为严重，且屡禁不止，这其中一个重要的原因就是农村土地界定不清，而且在现实中，农民在建设用地上耕作，在耕地上建房的情况时有发生，无法得到有效的遏制，这更加增大了土地属性界定的难度。土地属性问题关系到土地流转工作的合法进行，更关系到国家耕地的安全问题，因此，在法律上对农村土地属性进行一个明确的界定有其重要的现实价值。

3. 农村集体土地产权界定存在问题。目前，影响农村集体土地市场化的一个重要问题是农村集体经营的建设用地所有权问题，产权的界定有利于在土地流转过程中维护拥有产权者的根本利益，在发生争端时也可根据产权所属进行公正评判。我国在立法工作时已经考虑到土地产权界定的重要性，《土地管理法》对此已有体现，此部法律中将农村的集体土地所有权由大到小分为三个层级，第一级是所有权是乡集体，第二级是村集体，第三级是村民小组，设立这三级的根本目的在于细分产权，便于管理。但是在实际工作中，我们发现，这三个层级较难明确区分，彼此之间没有明确的界限，事实表明，产权不清晰时常会引发侵权纠纷，使土地流转工作难以得到健康稳定发展。目前，国内学者针对这一问题提出了几点建议，其一，消除土地集体制，统一实行土地国有化。这一意见旨在将所有土地收归国有，以期借助国家强制力保障土地产权。其二，全部土地私有化。这一点是借鉴国外资本主义国家的政策，认为发展城市建设首先需要从根源上解决土地问题，将集体土地私有化，化整为零，便于土地流转的进行。其三，多种所有制共同发展。这一提议是将目前统一的集体所有制改为国有、集体拥有、私人拥有共同分享土地产权。以上三点虽为土地产权界定提出了建议，但存在违宪、改革工作量大、易产生腐败等诸多问题，有待继续完善，目前，我国农村集体经营的建设用地所有权清晰界定问题依旧难以解决。

(二) 地方政府和农村集体间的主体冲突

农村集体土地的入市流转主体包括了农村集体组织、村民、地方政府组织、用地单位等多方关系。农村集体土地入市最直接改变的是地方政府与农村的利益分配机制，在过去的实践中，绝大多数农村集体土地被地方政府以国家名义低成本征收后实现入市流转。而现在的改革方向便是为了区分真正意义上的公共利益和地方财政利益，将借公共利益之名实现征收流转的行为杜绝在制度之外。所以说，农村集体土地入市最直接冲击的是地方政府的利益，地方政府的不推动不作为必然会大大影响农村集体土地流转入市与流转活动的进程。既然推行农村集体土地入市流转的根本目的是为了保障农村集体和农民的权益，从而制止地方政府基于非公共利益性质的土地征收行为。地方政府如何改变自己的角色来适应新的政策与格局，真正做到壮士断腕，这是农村集体土地入市最大的主体冲突。当农村集体土地全面实现自行入市流转，必然带动农村集体经济的蓬勃发展。农民与农村集体组织的关系也更加复杂，既有利益共同点，也有利益冲突。对于用地单位来说，承租或者竞购农村集体土地都需要面对地方政府和集体经济组织，利益分配的主体需要重新界定。当农村群体与集体经济组织发生意见不合，集体经济组织不能代表多数村民的意见，就需要重新考虑村民集体的利益诉求。

(三) 农村集体土地流转对象不明确

流转对象不明确主要体现在初次流转和再次流转，初次流转的土地主要是对部分集体建设用地土地性质的界定不清晰，许多土地难以定性。同时，在我国许多地区仍存在集体经营性建设用地与公益性建设用地概念界定不清的土地。由于定性颁证工作迟缓，许多集体土地的性质含糊不清，这种迟缓性必定会严重阻碍集体经营性建设用地入市流转的进度。集体建设用地再次流转中，存在着一部分已经流转的不规范程序，所谓不规范程序，便是在政策尚未开放前的流转，包括了期限和形式的不确定性，有口头形式的流转，有补偿形式的流转，还有一些用地单位私自承租农民的耕地与未利用地转为建设用地等，这些不规范的流转都为后期的管理与协调以及再次流转带来了很大的困难。集体经营性建设用地同农用地一样，也存在土地分散不均的问题。土地置换由于成本高昂难以实施，用地单位难以针对分散的农户进行协调谈判，基层组织的管控力不足，如果由地方政府进行统一规划转让，转让过程中容易改变土地性质，最终不得不被政府征收实现流转，这些问题都导致集体经营性建设用地流转难以取得更大进展。

(四) 农村集体土地入市收益分配不平衡

推动集体经营性建设用地入市本身就是对地方政府土地征收利益的制衡，目的在于减少并最终杜绝非公益性的土地征收，减少不合理土地征收的现象，其制度本身就对地方政府利益产生了冲击。实现了同等入市、同权同价之后，土地流转的利益分配也是需要解决的核心问题。地方政府的角色需要重新界定，可能的定位包括税收管控或入市中介管理等身份。我国农村集体土地流转中，存在部分乡镇企业先以土地划拨的形式获得集体建设用地使用权，然后将其流转出让给其他用地企业，从中获得巨额利益，这些乡镇企业的出现源于法律与政策上的漏洞，也是一种权力寻租的表现，严重违背了公平正义和立法者的初衷，许多地方村干部成为事实上的土地所有者，地方村干部结合一些非法乡镇企业变相侵吞农村集体组织的土地利益成为一种普遍现象。

二、推进农村集体土地市场化法律制度的调整与完善

(一) 完善《土地管理法》等系列法律制度

农村集体土地入市的流转已经逐渐进入常态化，其流转需要得到法律与政策的保障，才能确保土地规范化入市。在我国现行的法律体系中，由于缺少农村集体建设用地的物权权种，所以需要创设，创设新的物权权种需要一定的现实依据，集体经营性建设用地的物权来自于集体土地的权属。我国的农村土地除法律特别规定的以外，都归农村集体所有，这一条文完全突出了主体资格。农村集体组织对农村集体土地享有排他性的所有权，便享有排他性的物权。由于权利主体名义上属于农村集体组织，而农村集体组织在一些情况下不具备独立法人的资格，所以对于集体组织的权利义务关系应该做出详细的规定。我国现行的《土地管理法》最后一次修订是在2004年，已经不能很好地契合农村社会发展。《土地管理法》第43条是关于建设用地使用权客体的规定，只有村民住宅、乡镇企业或者乡镇公共设施和公益事业建设才能够使用集体土地作为建设用地，其中并没有集体经营性建设用地与集体公益性建设用地的区分。本书所探讨的集体经营性建设用地将范围限定为乡镇企业以及部分公共设施和公益事业用地，即所谓的第三产业用地。第43条即规定了集体土地禁止进入土地一级市场流转，而党的十八届三中全会《决定》确认农村集体土地在符合条件的状态下可以入市，所以建议出台司法解释，完善《土地管理法》规定，调整该法第43条（建设用地需国有的原则性规定）和第63条（集体土地使用权用于非农建设禁止），从而减少

法律与政策文件的矛盾。随着农村集体土地逐步入市，对于已经实现流转的集体经营性建设用地应该适用退出机制，由于过去的流转在程序上不合理、不规范，需要重新调整。像宅基地流转一样，在政府统一实施不动产登记之后，重新完善流转手续，将一些违规流转叫停，不规范的土地流转不是真正意义上的入市，原因是农村集体组织没有享受到合理的议价权。对于这些含糊不清的流转手续需要出台司法解释重新规范化处理。

1. 完善承包土地产权界定的法律规定。依法促进农村土地承包经营权流转，首先，应该厘清农村土地承包经营权的产权归属。促进农村土地承包经营权流转，完善的土地产权制度是关键，这意味着首先要在法律上明确土地所有权、清晰界定土地产权。其次，进一步发展土地经营制度创新，降低流转的交易成本，促进产权的流动性。具体应该做好以下立法工作：第一，完善土地产权制度法律体系。产权的完善离不开国家立法的规范。国家的主要功能是提供法律和秩序，为行为主体的竞争、合作博弈提供基本的框架规则。任何一项产权制度的界定、保护与实施都离不开政府的宏观作为，因为这一切都要靠国家最终以法律的形式确认，才能得以有效实施和运转。而乡村集体代表国家掌握土地的终极所有权，有权对土地进行处分。这种所有权、处分权与占有权、经营权分离的产权已成为土地流转的制度性障碍，也成为一些乡村基层组织借地牟利，损害农民利益的政策依据。对此，要通过制定法律，明确规定集体土地所有权的产权主体，赋予集体土地所有权的完整权能。《物权法》《土地承包法》对此只作了原则规定，对此，建议在今后的土地立法中应予以明确和详细的规定。第二，厘清土地产权权利义务关系，以法律和配套法规的形式明确界定土地产权的权利边界。明确土地所有权的权利主体与客体范围，通过改革使农村集体经济组织成为土地生产经营的实体单位而逐步弱化其基层行政单位性质。明确界定土地产权利益各方的责、权、利。在明确界定土地产权权利体系及权利边界的同时，以法规和条例的方式细化土地产权利益各方责、权、利的范围，约束、规范土地产权利益各方的博弈行为，使各方的博弈行为趋向合理、经济。建立多样化的土地使用制度，探索新型经营模式。在明确界定土地产权和稳定农村土地承包经营权的前提下，要肯定我国目前土地使用制度的多样化。

2. 完善《物权法》中关于土地登记的法律规定。《物权法》颁布以后，土地承包经营权与集体建设用地使用权、国有土地使用权和集体土地所有权、国有土地所有权等一起构成了我国土地不动产物权的主体部分，对土地承包经营权以物权原理登记确权的问题无法再回避。完善土地承包经营权登记制度，要解决好以下几个问题：第一，明确农村土地承包经营权的登记主体。《土地管理法》第10条实际上把农村集体的土地所有权分为三级制，即"村农民集体所有""乡镇农民集体所有"和"村内经济组织或村民小组所有"。解决这一问题,就应该先解决农村集体所有权虚位的问题,厘清农村土地承包经营权在不同的时间阶段,由谁申请登记更为合适。只有厘清相关阶段,哪些主体更适合申请权利登记,才能有效解决登记主体不明的现状。在村民以承包合同取得土地承包经营权时期,有农村集体组织代表或村民个人向有关机构申请登记,都是可以的。而在农村土地承包经营权流转过程中,应该有流出方和流进方双方去土地登记机构登记。第二,明确土地承包经营权登记的效力。我国目前土地承包经营权登记制度比较混乱。在我国法律体系中,对土地承包经营合同生效的规定比较特殊:土地承包经营权设立采取意思生效主义,而无须登记;对土地承包经营权采取互换、转让方式流转的,采取登记对抗主义。就土地承包经营权设立大部分人主张是登记生效要件主义,但是《物权法》却规定了登记对抗要件主义,这虽然更接近我国当前社会的现状,但却与整个《物权法》的内在逻辑相违背。所以,对于土地承包经营权登记的效力还是应该采用登记生效要件主义。因为土地承包经营权的设立事关承包经营权人的重大利益,关系到农民的生存问题,另外,登记生效主义能促进土地承包经营权的流转。如果不实行登记生效主义,就可能有众多的土地使用权未进入土地档案。有用地需求的人想了解土地承包经营权相关信息,可能就无从下手,即使有办法获取这方面的信息,费用也可能过高,获取信息的可靠性也无法保证,这样就会阻碍了土地承包经营权的流转。第三,建立统一的登记机构。我国目前尚未建立统一的土地登记机关体系。《物权法》中虽然提出了统一登记机关,但并未详细指出统一于谁,因此,学者的观点也有所不同,有的学者主张有司法机关对土地流转进行登记,而有的学者主张有政府的相关职能部门对农村土地承包经营权进行登记。不论哪种观点,土地承包经营权的登记也不宜在一般不动产登记制度之外另搞一套登记制度,而应该把土地承包经营权纳入统一的土地登记之中,由不动产登记机关将土地承包经营权、集体土地所有权、国有土地使用权、集体建设用地使用权等进行统一登记。因此,现阶段建立一个高效的不动产统一登记机构是农村土地承包经营权和其他不动产登记混乱局面的有效途径。长期以来,集体建设用地使用权、国有土地使用权和集体土地所有权等一直由国土部门进行登记,建议在我国统一的登记机关应该为国土资源部门。

(二)平衡农村集体经济组织和政府之间的关系

所有的市场都是基于供求关系产生,农村集体土地市场也是如此。过去政府一直兼任运动员和裁判员的双重身份,而改革的趋势也同行政体制改革的方向相同,政府要限权,从市场主体的地位中退出来。农村集体土地的流转市场需要从幕后走到台前，当集体组织取得市场地位后，便取得了议价权，政府的地位应当从参与者转变成为监管者和裁判。集体经营性建设用地主要为乡镇企业用地，所以，流转的对象应主要集中在存量的乡镇企业用地中。规划部门应该按照相应的规划条例，对可流转的土地发放交易许可证，对属性界定含糊的土地性质进行重新划分等级评估定性。大力推动基层集体组织进行市场化改革，集体经营性建设用地入市的决定权应该来自全体集体组织成员，而市场的主体地位是集体组织，集体组织应当通过一定的方式取得合法的法人地位。根据少数服从多数原则，集体组织应该采取民主的投票制度，具备了广大社员权利的代表性之后才能成为交易市场的主体。在建立了城乡统一的建设用地流转市场之后，相关的法律便需要做出一定的调整。有学者指出，要制定《城乡土地市场管理法》，取代现行的《城市房地产管理法》，规定集体土地与国有土地统一的市场交易规则和收益分配规则，真正实现集体土地与国有土地同地、同权、同价，形成平等竞争、公平交易的市场秩序。

(三) 明晰与保障集体所有权

由于我国《土地管理法》与最新出台的中央文件存在一定的冲突，农村集体土地的所有权被严重弱化虚置。新的政策要求大力巩固集体所有权的产权属性。首先，各级政府与集体组织应大力推行确权登记制度，结合不动产统一登记的大背景，由县级政府牵头，实施集体建设用地所有权的确权登记。将集体所有、私人承包、私人所有的土地性质以文本的形式确认保存，从而更好地形成法律依据，推动集体经营性建设用地流转入市。具体的确权操作不仅体现在物权的明晰，同时要兼顾股份制共有的情况，针对不同年限的使用权、租赁权、承包权等做分别登记，颁发相应的不动产登记证书，这一举措可以促进隐形土地流转合同公开化、合法化。

(四) 对农村集体土地入市试点地区进行评价分析

为贯彻落实党的十八届三中全会的决议，2014年12月31日，中共中央办公厅、国务院办公厅联合印发《关于农村土地征收、集体经营性建设用地入市、宅基地制度改革试点工作的意见》，全国人大常委会通过了关于在全国33个地区试点实行农村集体土地的入市工作。此次意见是由全国人大常委会授权国务院施行，由于需要在试点地区暂停部分现行法律，所以需经全国人大常委会的授权通过。

1. 农村集体土地与国有土地同权同价。党的十八届三中全会的《决定》指出，在符合规划、符合用途管制的情况下，农村集体土地才能与国有土地同权同价、同等入市。符合规划应当视作不与国家及地方政府的土地规划相违背，坚持守住18亿亩红线，防止农村集体经济组织对未做明确规划的土地私自进行流转入市。在此便需要对农村集体土地入市流转做出管控，具体的方法包括用行政许可的方式对符合规划的经营性建设用地所有权主体进行授权，集体经营性建设用地所有权主体依据申请向地方政府申请确权，明确符合条件的土地的交易权，然后可以采取出让、租赁、入股、招标、拍卖等方式实现入市。对于规划主体和用途管制主体的界定应当采取下级政府服从上级政府的原则，即地方政府的规划应当与国务院的统一规划相统一，地方政府在细则设定上应当在符合上级政府规划的前提下支持农村集体组织实现土地所有权，而不应阻碍其权利实现，集体组织和个人在权利得不到保障的前提下可以向上级政府部门申请复议或者诉讼。

2. 赋予农村集体土地所有权主体议价权。要实现同等入市、同价同权，就要首先保障其交易权力的实现，交易权包括了交易方式的选择权，而交易方式的选择会影响到农村集体组织的根本利益。国有建设用地普遍采用招拍的形式实现价值的最大化，农村集体土地入市采用招拍挂的方式需要得到地方政府的支持，否则很难实现所谓的"同价"。国务院首选的33个县区作为试点地区，首先这33个地区具有一定的代表性，并且分布均匀广泛，具有扩散性。对入市方式的选择应当遵循自主、效率的原则，保障农村集体组织市场主体的选择权，同时保证入市的高效，正确指导并协调组织农村集体经济组织进行招拍、出租、转让等交易活动。

3. 对农村集体土地入市进行风险控制。改革的实现必定会有阵痛，推行建设用地入市的过程中也会有着许多不确定的政策风险，改革的目的是为了实现更高水准的城乡一体化，缩小城乡差距，减少权力寻租，保障农民与农村集体的权益。国务院国土局负责人强调指出，入市的对象目前仅限定于存量的经营性建设用地。条件缺一不可，即地方政府、农村集体组织和个人都不可以增设集体经营性建设用地，也不可以独立改变已经界定完全的土地性质，只能对已经存在的农村集体土地进行如实流转推进，这是硬性要求，也是对入市对象的一种管控与限定。而对于交易规则、土地管理、税收管理、审计、物业管理等都没能够得到及时性的细化，只有在实践中不断改革，遵循保障农民权益、提高土地利用率、统筹城乡这三大原则，才能真正实现全国范围内的农村集体土地入市。

（五）创新农村集体土地入市收益分配机制

随着我国城乡一体化建设的发展，农村集体土地已经成为一块巨大的资产，一旦被激发，其产生的经济价值与虚拟价值都是不可估量的。入市流转的收益分配是一个关乎农村社会稳定的大事，必须以公平为基础，同时兼顾效率的作用。既要用来分蛋糕，也要维持一定的基础量来做大蛋糕，推动农村经济的发展。农村集体土地流转，受益人应该是集体土地所有权人，政府应该利用税收的杠杆来调节农村集体经济的发展与农民个体土地利益的平衡。对于税收的标准也需结合法律法规与对应的有关政策，实现"合法流转、依法管理"。既然农村土地的权利主体是农村集体组织，农村集体土地的入市流转收益就应当全部归属于农村集体组织。将政府从市场主体的角色中完全退出，转变成为单一的行政手段管制与协调。既然撬动了地方政府的财政利益，就要平衡好地方政府与农村集体的关系，同时，确保集体建设用地入市流转的收入能够用于村集体的建设，确保土地流转的红利能够辐射新农村建设。目前，在我国已经形成一些创新型土地入市流转模式，以江苏苏州为例，农村集体经济组织成立"集体土地资产经营公司"，负责乡镇企业等土地资产的经营、管理和收益分配。以企业化的管理模式对集体经营性建设用地进行管理，不仅可以取得市场的主体地位，还能够强化招标权、拍卖权等权利，实现入市后以公司形式出现的集体经济组织便直接取得了收益权。实现集体经营性建设用地合法入市，必然推动我国农村土地制度创新和改革，促进城乡协调可持续发展。值得注意的是，试点地区的建设用地入市流转的阻碍和动力还应当进一步探讨；农村集体土地实现市场化以后，巨大的经济利益流向农村集体，如果没有健全的土地利益分配机制，可能会影响部分地区农民的积极性，从而影响农村土地改革现代化进程；农村集体土地的入市并非仅仅修改和完善法律，它涉及广大农民的根本利益，反映农民利益和地方政府间的利益博弈，因而，必须通过创新思维推进土地法律制度的改革。只有稳步推进农村集体土地入市，才能保障农民土地利益，真正实现农村社会可持续发展。

第二节 推行农村集体土地股份化改革

农村集体土地股份制是以行政村或经济社（村民小组）为单位，通过全面丈量土地、清产核资和资产评估，然后以净资产量化给符合条件的当地村民配置股权。《中共中央国务院关于稳步推进农村集体产权制度改革的意见》确定的农村集体产权改革目标是，逐步构建归属清晰、权能完整、流转顺畅、保护严格的中国特色社会主义农村集体产权制度，保护和发展农民作为农村集体经济组织成员的合法权益。

农村集体资产包括三类：农民集体所有的土地、森林、山岭、草原、荒地、滩涂等资源性资产；用于经营的房屋、建筑物、机器设备、工具器具、农业基础设施、集体投资兴办的企业及其所持有的其他经济组织的资产份额、无形资产等经营性资产；用于公共服务的教育、科技、文化、卫生、体育等方面的非经营性资产。

农村土地产权制度作为农村土地制度的基础与核心。其效率高低不仅直接决定着农业资源配置的优化程度，而且对于农民增收、农业发展与农村和谐都是具有基础性意义。然而，当我国农村经济发展受阻、农业低效、农村落后、农民贫困的"三农"问题日渐严重且城乡差距日渐拉大时，却总是希望在农村土地制度以外寻找解决办法。农村土地制度尤其是农村土地产权制度创新不足，是制约农村土地制度改革的主要障碍，农村集体土地股份化改革是推进农村集体土地市场化的优选路径。

一、农村集体土地股份化改革的意义

农村集体土地股份制是把农民的土地承包权转化为长期股权，农民把土地的经营权委托合作社经营，依股权从土地收益中按一定比例获得分配的一种土地经营模式，即土地变股权，农户当股东，有地不种地，收益靠分红。

现行农村土地产权制度存在的弊端，一方面，要求我们必须在稳定家庭承包经营制度的基础上，不断完善和优化这一制度安排；另一方面，也要求我们积极推动农村土地产权制度创新，寻求更具有效率的产权制度安排。相对单一的农村土地集体所有的制度安排。我国客观上存在的区域经济差异和土地经营比较优势差异，促使了农村土地使用制度多种形态的出现，产生了不同的农村土地产权制度安排，如均田承包、两田制、土地规模经营、土地承包权固化、土地股份合作制、"四荒"地使用权流转等农村土地产权制度创新形式。其中，农村集体土地股份改革作为一种典型的诱致性制度变迁，能够克服现行的土地集体所有、家庭平均承包经营的弊病，已表现出明显的社会效应。

农村集体土地股份化改革产生于20世纪80年代中后期的广东珠江三角洲，尔后在江苏、浙江等长江三角洲发达地区及辽、湘、豫、川等地区有所扩展，其代表模式包括"南海模式"与"上海模式"等。实行农村集体土地股份化改革，是在农村集体土地所有权和经营使用权分离的基础上，将农村集体土地所有权的占有权、支配权、受益权、处置权进一步分开，土地的支配权和处置权仍然属于集体，但土地的占有权和受益权则通过股份分红，一部分归集体所有，一部分归社员所有，由此建立起一种农村集体土地权益由集体和农民共享的农村土地产权制度，能够更好地打破社区集体经济产权制度的封闭性和凝固性，提高农村资源的利用效益。实行农村集体土地股份化改革之后，农民不与具体的地块相联系，而是将人人有份的土地折算为土地股权，这实质上等于强化和确认了农民对土地的承包经营权，农村集体土地股份化改革的制度内涵并没有改变家庭承包经营的实质，削弱的只是均田承包的制度缺陷，它打破了集体收益按人均分的旧机制，形成了按股分配的新机制，社员对土地实物的观念将会逐渐淡化，有利于将劳动力、资金等生产要素转移到非农产业，有利于农村土地使用权的流转，形成适度的土地规模经营。促进土地潜力发挥和农业规模经营；同时，农民凭借拥有的土地股权参加集体收益分配，并得到法律上的永久承认和保护，有利于使社员关心集体生产经营，积极参与集体管理监督，形成一种能够自我发展、自我积累、自我调节、自我约束的机制。

二、农村集体土地股份化改革的必要性

（一）有利于提高农业劳动生产率，实现集约经营和规模经营

实行土地股份合作，农户以承包经营权做股权，既保持了农户土地承包经营权的长期稳定，又以股份的形式实现了土地在不同程度上的"社会化利用"，使农民真正拥有了长期而有保障的土地收益权。这不仅使农民能够安心外出打工，而且有利于他们大胆增加对土地的物质和技术投入。20世纪80年代中后期开始，我国通过多种形式推进了土地规模经营，各地也开始通过承包地的转包、转让、租赁等办法实施土地流转，但一家一户的土地流转难以形成规模较大的综合开发，不利于土地收益的最大化，不利于农产品综合竞争力的提高；而通过村集体行政行为进行的土地流转，农民的利益容易被侵占，得不到保证。实行土地股份合作是推进现代农业建设的有效选择，不仅有利于专业化生产和经营，也有利于标准化生产，确保农产品质量，有利于技术推广，普及科学知识，提高农民素质。

（二）有利于促进农民增加收入，维护失地农民的合法权益

实行土地股份合作制将土地承包经营权作股量化，参与分红，无论对承包户、集约经营者还是外出打工者，其收入都有较大幅度增加。承包农户的获益包括3个层次：一是可得到土地承包经营权的收益；二是可得到股份分红；三是可优先在本公司就业。从理论上分析，以上获益形式既体现土地资源的真正价值，又体现劳动的价值；农民既可获得劳动报酬，又可获得生产要素报酬；农民既是

生产者、劳动者，又是经营者、投资者。对集约经营者来说，由于土地产权更明晰，可以放心地对土地增加物质和技术投入，实行规模经营，获得规模效益。对外出打工者来说，不仅土地承包经营权长期不变，而且还有股权收益。改革开放以来，通过低价征用农民的土地、非农用地一次性买断，无法保障农民对土地的长期收益权，农民的生活得不到稳定的保障，容易引发矛盾。通过改征地为入股建立土地股份合作社，农民入股的土地不仅能每年分红，而且随着地价的增值，股金分红的标准也会逐年提高，还可从制度上保障农民的根本利益，从而解决农民的后顾之忧，确保农村社会稳定。

（三）有利于统筹城乡经济社会发展，促进农村物质文明、精神文明和政治文明建设

实行股份合作制，为壮大集体经济开拓了新路，通过集体股分红或在收益分配前提取公积金和公益金，为公共福利设施建设等提供了资金支持，改善了农村的生产和生活条件，推动了社会主义新农村的建设。

（四）有利于促进农村基本经营制度的创新和完善

实行土地股份合作，明确土地承包经营权股权化，将土地作为资产折股量化到个人，实际上是在保持农户土地承包经营权长期不变的基础上，以股份的形式进一步确认和完善了它的财产权，特别是收益权。

三、农村土地股份制改革中存在的问题

实践中的农村集体土地股份化改革也存在一定缺陷。一方面，农村集体土地股份合作组织不合乎理论经济学的"规范"。虽然有学者称其为"中国农民的一次创举"，但是也有很多学者认为，它仅是社会主义初级阶段的一种过渡形式；另一方面，作为一项新生事物，农村集体土地股份化改革不可避免地带有强烈的"摸着石头过河"的色彩，在缺乏正式制度约束的情况下，各地的改革实践都出现了或多或少的"不规范"现象，既包括对农民权益的侵犯，也包括对集体利益的损害。而且，农村集体土地股份化改革后，农民拥有的股权在很大程度上仅是一种单纯的福利分配权，福利成分甚重，难免出现专门的"食利阶层"。同时，推行农村集体土地股份化改革必须具备一定先决条件，比如：人均非农产业收入达到一定比例，农民在将土地使用权交集体规范经营后，仍有足够收入满足其基本需求；区域内经济发展水平较高，非农产业就业机会多，农村劳动力转移渠道畅通，不会出现农民失业等问题。而在现实实践中。有些地方推行农村集体土地

股份化改革操之过急，在条件不成熟的农村强行推行，在具体工作中存在较大困难，农民也有较大的抵触情绪。从试点省反映出来的情况看，主要问题集中在以下几个方面。

（一）产权组织定位不清晰

实行土地股份合作，有的建立股份制企业，有的建立股份合作公司，有的建立股份合作社。由于改革的目标定位不清，引发不少矛盾，农民的权益缺乏有力保障。农地股份制改革过程中存在着经营者对投资收益稳定预期要求与流出农户流转意愿短期化的矛盾、土地集体所有与农地跨区域优化配置的矛盾、土地资产优化配置的需要与土地因权属不完整导致股权难于流动的矛盾等。

（二）法人资格确立无依据

农村股份合作是合作经济的一种形式，不同于工商法人和行政事业单位法人，更不同于社团法人，它既承担着发展集体经济、增加农民收入的职能，又承担着社区公共管理的职能。由于目前我国还没有农村合作组织法，地方在进行农村股份合作改革时，往往无法可依。

（三）经营机制转换不到位

多数股份合作组织目前还处于明晰产权解决收益权的阶段，对转换经营机制、实现制度创新还重视不够。虽然大多建立了股东代表大会、董事会、监事会，并在章程中规定了"三会"的职责和权限，但在实践中"三会"的职责并没有真正得到落实，重大事项还是支委会或村委会说了算，出现新的"政企不分"。一些村庄在开展土地股份合作时存在性别歧视现象，妇女及其子女应有的股份权利容易遭受侵害，在合作社股东资格界定、股权划分、收益分配过程中主观随意性大，妇女尤其是"外嫁女"不能与男子享受同等村民待遇。

（四）实施运作机制不规范

一是土地股份合作章程不够完善；二是对土地入股后由于公司经营亏损出现的风险，缺乏妥善的处理办法和相应的风险防范机制。农户虽可退股，享有"保底收入"，但由于缺乏明确的制度保障，仍存有"后患"。土地承包经营权和集体所有土地使用权的抵押、转让、出租、入股等受到限制，导致许多不规范的土地流转以及暗箱操作等发生；另外，相当比例的农村土地股份合作社管理欠完善，出现了账目混乱、违规经营等问题。

四、农村集体土地股份化改革实施路径

(一) 建立新的土地流转机制

中国科学院农村政策研究中心主任黄季焜认为,在市场不规范、信息不对称、监管力度不够的情况下搞土地股份制改革,为使农民的经济利益不会受到的损失,土地流转市场的建立是一个关键性的问题。这就需要完善以下几个工作,首先,发给农民具有法律效力的土地证。这个土地证要详细注明土地的方位、使用面积、使用年限等,让农民放心。其次,建立健全有力的执法体系,保障农民的切实利益。最后,建立畅通的服务信息系统,使他们在土地交易中,不会因为信息不对称而受到损失。

(二) 重新界定农民的身份

农民应该区分为经济身份与社会身份两种身份,农民的经济身份与社会身份分开,并实现经济身份永久化和社会身份属地化。农民凭借社员的经济身份可以享受村土地和集体资产权益,即使离开该村后,不再是该村村民,但依然可以是该村合作社的社员,依然享有相应的财产权。

(三) 建立统一的城乡建设用地市场

农村土地股份制改革的进一步深化,需要建立统一的城乡建设用地市场,赋予城乡集体建设用地相同的权益,还农民作为土地资产所有者的地位和应得的权利,进一步明确规范集体建设用地流转的范围、条件、程序等,尽快出台详细明确高层次的法律规范。

(四) 尊重群众意愿,合理界定保护成员利益

推进农村股份制改革,是对现有农村集体资产管理体制一项重大变革和收益分配格局的重新调整,涉及广大农民的切身利益,要充分尊重农民意愿和首创精神。农村集体土地股份制改革需要解决两个层面的问题:一是法律制度方面需要进一步完善,以切实体现农民集体土地所有权权能,壮大集体经济,提高农民个体收益;二是具体的股份制改革的技术层面的设计,应当符合地区的实际情况,切实保护农民个体的利益,做到公平、合理、科学,从当前来看,重点应当是第一个方面。为保护农村婚嫁妇女的土地股权,应制定具有可操作性的妇女权益保护政策;加快修订村规民约,清理和纠正村规民约中歧视、侵害妇女合法权益的

条款，特别要增加妇女及其子女参与集体资源（土地）分配与提高村民待遇方面的条款；对于村、组拟订的各个土地股份合作社章程，凡存在侵害妇女权益情况的条文，均不予核准通过。农民应是土地股份制改革的主体，政府要避免成为包办的家长，而是要积极做好引导、规范、支持和服务工作。

（五）引入现代企业管理制度，建立健全公司制治理结构

农村土地股份制改革的实践证明，严格按照公司制进行运作的股份合作经济组织，建立健全股东大会、董事会、监事会及经理相互制衡、民主决策、民主监督运作机制，不仅取得了广大社员（股东）的信任和支持，而且集体资产保值增值取得了显著成效；少数仅是细化分配方法、尚停留在分配体制上变化的改制村，虽然确保了分配的公平，但在经营管理机制上没有质的变化，集体经济发展难有起色，无"红"可分，得不到群众的支持和拥护，股份制的吸引力受到较大程度丧失。

第三节　建设城乡统一的土地交易市场

农村的发展进步是我国经济发展的主要组成部分，在推进城镇化进程中，我国现行的农村土地使用和管理都存在很多值得改进的地方。党的十八届三中全会通过的《中共中央关于全面深化改革若干重大问题的决定》提出，建立城乡统一的建设用地市场，明确了深化农村土地制度改革的方向、重点和要求。

现代市场经济是统一开放、公平竞争的经济，要求各类要素平等交易，农村集体经营性建设用地作为重要的生产要素也不例外。长期以来，农村集体土地所有权与国有土地所有权地位不对等，集体建设用地产权不明晰、权能不完整、实现方式单一等问题已经成为统筹城乡发展的一个严重障碍。因此，有必要完善农村集体经营性建设用地权能。《决定》提出，"在符合规划和用途管制前提下，允许农村集体经营性建设用地出让、租赁、入股，实行与国有土地同等入市、同权同价""完善土地租赁、转让、抵押二级市场"，这进一步扩大了土地的权能，不仅允许土地承包经营权抵押、担保，而且赋予了农村集体经营性建设用地与国有建设用地平等的地位和相同的权能，为建立城乡统一的建设用地市场提供了保障。同等入市，意味着农村集体经营性建设用地可以与国有建设用地以平等的地位进入市场，可以在更多的市场主体间、在更宽的范围内、在更广的用途中进行市场交易，为完善农村集体经营性建设用地权能指明了方向；同权同价，意味着农村集体经营性建设用地享有与国有建设用地相同的权能，在一级市场中可以出

让、租赁、入股，在二级市场中可以租赁、转让、抵押等，为完善农村集体经营性建设用地权能提供了具体明确的政策依据。

一、城乡统一土地市场构建的必要性

城乡统筹发展必然要求构建城乡统一土地市场。统筹城乡发展具有十分丰富的科学内涵，择其要者，可归纳为四个层面，即城乡通开、城乡协作、城乡协调、城乡融合。所谓城乡通开，指要打破城乡界限，向城乡空间、资源、经济和社会发展一体化方向迈进；城乡协作是指城乡产业间、各经济主体间（包括农户之间）进行多形式、多层次的结合；城乡协调集中体现在城乡都能从自身条件出发，充分发挥各自优势，相互取长补短，合理分工，共同发展；城乡融合是城市与乡村互为资源、互为市场、互为服务的过程。

（一）城乡通开要求城乡土地资源一体化

目前，城乡分割的制度仍未打破，主要表现在农村土地、国有废弃地等无法在城乡间合理流动，农村土地市场缺失。集中表现在国家通过土地征用方式，而不是购买方式，将农村土地变为国有用地，给予补偿价值过低，加上层层截留，农民得到的补偿很少；而对于城市中旧城改造涉及拆迁的土地，却按房地产市场价格（购买价）进行补偿。显然，两者比较，对前者显失公允。要彻底扫清造成城乡分割的体制性障碍，就要健全和完善城乡统一的制度、统一的体制、统一的政策，构建城乡统一的土地市场，从而让城乡各类经济主体自由地联合起来，城乡土地要素畅通无阻地流动起来。

（二）城乡协作要求土地资源在城乡间合理流动

城乡协作要求加强城乡资源要素的协作，促使城乡各种资源要素从固定走向流动，在城乡间进行合理配置，优化组合。土地要素作为一种重要的资源要素，在城乡协作中将发挥主要作用。特别是乡镇企业发达的农村，农民大部分收益逐渐来自于非农产业，村里以企业的形式集中使用土地，但无法像城市企业一样，将其土地转让、出租、抵押等。可见，现行集体土地制度无法达到城乡协作的要求。

（三）城乡协调要求利用市场配置土地资源

城乡协调对城乡统筹发展至关重要。客观上存在着自然形态上的城乡差别，必然造成城乡发展的不平衡。城乡经济社会协调发展有赖于城乡资源的合理流动和有效配置。要协调城乡资源流动和配置关系，应发挥市场机制在资源配置中的基础性作用，改善城乡资源配置关系，提高资源配置效率，实现城乡经济互利双赢。所以，构建城乡统一土地市场显得尤为重要。

（四）城乡融合要求城乡土地市场融为一体

城乡融合是指城市与乡村之间十分密切、非常协调、相互渗透、融为一体的新型关系。应该看到，目前，中国各地城乡经济社会融合的广度和深度均不尽如人意。如进城务工和居住的农民逐渐脱离农村，其原宅基地需要出租、转让和交易，这些转变客观上要求土地制度须有利于土地的再配置和再利用。当前，城乡无法融合的矛盾从土地资源配置上看主要表现在农民甚至集体没有土地处分权，导致农村土地市场缺失。

综上所述，从城乡统筹发展的4个层面看，无不要求发挥市场机制在土地资源配置中的基础性作用，建立协调城乡土地资源配置关系的新模式。而目前中国农村土地很难进入市场，农村土地市场缺失，已经成为城乡统筹发展的重要制约因素。

二、构建城乡统一土地市场面临的制度性障碍

现行的集体土地制度无法适应市场经济配置土地资源的需要和城乡统筹发展的要求，集体土地不能直接进入土地市场。同时，由于土地要素配置时间长、效率低、交易成本过高，造成土地闲置、浪费和稀缺并存。构建城乡统一土地市场存在的制度性障碍主要表现在以下几个方面。

（一）不完整的集体土地所有权导致无法转移

当前，法律规定集体土地不得出让、转让、出租用于非农业建设，集体土地所有者不得擅自改变土地用途，向非农用地者提供土地使用权须经人民政府审批等。同时规定，任何单位和个人进行建设，需要使用土地的，必须依法申请使用国有土地，只有土地使用权可以依法转让。这就严格规定了集体土地所有权只能向国家以征用的方式转移，任何自愿的横向转移和向国家的自愿纵向转移都不允许。可见，集体土地所有权被弱化，收益权和处分权受到严格限制。

（二）不明确的集体土地所有权主体引起市场交易主体混乱

集体土地所有权主体界定不严，带有较大变动性与不确定性，缺乏明晰化、规范化的土地产权主体。《宪法》中规定农村土地归集体组织所有。但在现实生

活中，国家却成为土地的实际所有者，即使是集体组织享有的那一部分土地产权，也缺乏真正明确的组织载体，在交易过程中主体混乱。可见，现行农地征用制度不够合理，在现行的农地征用制度下，被征农地的补偿费较低，而补偿费的分配是政府拿大头，村镇得小头，农户得到的实惠少之又少。这种做法既侵害了农民的利益，又造成农村劳动力难以安置，与城乡统筹发展的要求相悖。不明确的集体土地所有权主体必然引起市场主体缺失，集体土地也就很难进入市场。

（三）不合理的宅基地使用制度割裂了城乡居住用地市场的统一

农村宅基地使用制度可以概括为：集体所有，无偿无限期使用；一户一宅，面积要相当；不能流转。目前，中国城市居民和农民的房屋均属于个人财产，两者并无多少区别。但城市住宅包括其占用的土地使用权可以自由买卖，农民住宅的转让就受到限制，宅基地不能自由转让，这无论从理论上还是逻辑上都是不合理的。当前，宅基地制度具有浓厚的计划经济色彩，这与城乡统筹发展的要求大相径庭，引起了很多问题。如不能合法抵押和流转，存在地下交易；农村宅基地和住房空置严重；导致农村过度建房；城镇居民不能在农村社区合法置业等。可见，农村居住用地制度与城市住宅用地制度存在巨大差异，这种二元结构差异不利于城乡统筹协调发展。

（四）不确定的集体土地使用年期阻碍土地交易

从目前集体土地使用权使用年期制度安排看，一是年期的时间较短或不明确；二是年期终止时使用者有关财产的归属不确定，并且有收回充公的制度安排可能。对集体建设用地使用权，既没有明确规定使用年期，也没有规定土地使用权终止后财产的归属。这种制度安排存在着使用权终止后，使用者对土地内部和外部经济投资积累形成的财产归属的不确定性风险，抑制了土地使用者投资于土地使用权、房地产和土地质量改善方面的积极性。

三、构建城乡统一土地市场的政策建议

为了实现城乡统一土地市场制度构建，保障城乡统一土地市场制度的良好运行，需要深化土地产权、市场制度本身的改革，配套建设税收、法律、社保体系和搞好土地市场宏观调控。

（一）形成城乡一致性的土地使用权能

土地交易，其实质是土地权利的交易。所以，土地产权制度对构建现代统一

土地市场至关重要，前者是后者的基础和前提。前文已经证明，我国农村土地产权制度存在诸多实质性问题，必须进行进一步的改革。最关键的是，使农村土地使用权能与城市土地使用权能统一和对等，其核心内容：一是合理确立土地产权的主体；二是构建完整的土地产权体系；三是土地产权的平等合理流动。

1. 土地产权主体的确立。农村集体所有制土地与城市国家所有制土地既有相同之处，也有不同之处。二者的自然属性和经济属性在本质上是相同一致的，所不同的仅在于二者的管理方式而已，并由此形成了农村土地产权主体的特殊性。在城市土地国家所有制下，国家是土地的所有者，也是国有土地的产权主体，但国家不可能直接开发经营土地，所以国有土地所有权和使用权分离，国家采取土地"批租"的形式把国有土地使用权推向市场，由此，形成了城市土地使用权一、二、三级市场。但是在农村土地集体所有制下，集体是名义的土地所有者，农民是真正的土地持有者和产权主体。一是因为集体经济组织实际上大多已名存实亡，而在其上界定土地产权主体是不可想象的，代之而起的乡村行政机构也仅仅主要履行土地的发包而已。在法律上它并不拥有农村土地，也不能像城市政府拥有土地及其收益并向城市居民提供公共产品服务和增加他们的社会福利一样，向农民提供相应的公共产品服务和社会保障。而这些问题的解决在很大程度上主要靠农民自己，因为农民承包经营的土地不仅具有经济功能，而且具有社会保障功能。二是因为农民承包经营的土地实际上已经被物化，具有一定的物权性质。我国农民承包经营的土地，承包经营期30～50年不变，农民对其承包经营的土地实际上已拥有永包权或永佃权，永佃权是大陆物权法理论中一种典型的物权形式。所以，农民承包经营的土地已具有一定的物权性质，农村土地的实际产权在农民手里，农民是其土地产权的主体。对此，我们应该有统一的认识，并上升为法律，即在有关法律中予以确认。

2. 构建完整的土地产权体系。既然把农村土地的产权界定在了农民头上，那么，按照现代土地市场和产权理论，农民就应该拥有实实在在的完整的土地财产权，包括占有权、使用权、发展权、收益权以及转让权、抵押权、入股权、租赁权等处置权，并且这种土地产权及其主体应该是与城市国有土地产权及其主体相一致和对等的。对此，也应该上升为法律，在有关法律中明确农民在规定的使用期限内可以对其土地继承、租赁、赠予、拍卖、抵押、入股，使农民的土地财产权具有独立性、排他性和确定性而不受侵害。

3. 土地产权的平等合理流动。农村土地产权主体确定的同时，土地产权还必须进一步单纯化，即土地产权必须是单纯的经济权利，而不包括超经济的行政、政治等权利。正如布坎南和图洛克的契约论所说，评价效率的唯一标准是同意的一致性。因此，在政府过度运用自己权力的背景下，一个配置资源的交易，从命令—服从关系转变为平等人之间的交易本身就带来了效率的提高。进一步的，衡量一个社会是不是有效率，取决于产权是不是能够顺畅地从低效人手中转移到高效人手中。效率是产权转让的实质。通过转让和交易，使产权从低效人的手中转移到高效人的手中，那么，整个社会的土地产出效率就会大大提高。我国存在的多元土地所有制是土地产权市场得以存在和发展的基础，这就要求必须改变目前土地国有化这一土地所有权的单向流动关系，而建立起国有与集体所有土地之间、城市与农村土地之间的多向流动关系，以此为基础，建立起规范、完整、涵盖土地所有权、使用权等权能的城乡统一的土地大市场。推动农民土地产权的平等合理流动，实现农民的土地财产权益和整个社会土地产出效率的提高。以上三条创设完成和实现了，才能真正实现农村土地与城市土地的"同地、同权、同价"的愿望和目标。

（二）调整和适时修改关于土地市场制度的相关法律规范

"在交易费用为正的现实世界中，个人拥有的权利，连同他们的责任和特权，在很大程度上由法律决定。作为法律体系的一个结果，将会对经济体系的运行产生深远的影响，并且在某些特定的方面可以说是控制后者。通过法律上的明确和减少转让的法律要求方面的麻烦，转让费用应该很低。因为只有在一个适当的产权（及其实施）体系下才会达到这样的状态。"所以，基于农村土地使用权能统一对等的一致性要求，必须对我国有关现行法律和制度进行修改和重新合理安排。

1. 调整关于土地征收相关法律制度，适时结束单一国家垄断的征地制度，逐步把征地严格限制在"公共利益"目的用地范围内，并用产权和法律约束国家土地征收权，政府依法行政，尊重和保护农民的土地财产权益。

2. 法律上明确在不改变集体土地所有权性质的前提下允许农村集体建设用地直接入市合法流转。

3. 符合土地利用总体规划和经依法批准使用或取得的建设用地，其土地实际持有者——农民或农民代表与用地方直接进行平等的谈判，按市场法则进行土地市场交易。

4. 法律上允许和鼓励农民以土地入股、产权交易、租赁等方式用来搞开发和建设。

5. 大力发展和规范农地转用市场，大力培育农地市场流转中介组织和做好对其的高效服务，做好城乡两个土地市场的衔接，形成统一、开发、高效的土地市场体系，充分发挥市场对土地资源配置及土地用途转换增值收益分配的基础性作用。

(三) 合理调节和完善土地税收制度

建立完善现代土地税收制度，合理调节土地主体利益和行为关系。按照平等交易的原则，进行土地产权市场化交易并用规范的税收工具进行土地市场关系及其收益的调节，是国际上通行和成熟的做法。前文已经证明，这种机制比我国现行的国家行政征地、行政确定与操作补偿和政府直接参与土地收益分配的排除市场机制的单方行政运作办法优越，这种机制不仅是有效的，也是合理的。我国农村土地直接合法入市融入统一的土地市场，进行平等的交易，同时，对国家征收土地的补偿也以土地市场价格为基础进行补偿，意味着在初始交易或分配中农民获得了土地增值的大部分收益。但是，在工业化、城市化过程中，土地的自然增值，是政府基础设施投资等综合因素共同作用的结果，政府应该得到应有和必要稳定的土地税收来源，农村集体行政组织作为农村社会自治管理者，也应该得到一定的收入，所以，需通过税收制度对土地交易的初始分配和土地市场主体行为进行合理的调节。为此，有研究建议创立土地财产税。改变现行地方政府作为建设用地的"地主"和土地直接经营者角色而"以地生财"的不合理做法，探索征收以市场价值为基础的土地财产税体系，让地方政府从土地级差收益的上涨中获得长期而有保障的税收来源，这可能是一项有效和可行的选择。我们主张创设和运用如下税种对土地交易的初始分配和土地市场主体行为进行合理而必要的调节。

1. 征收土地增值税。有关农户从有关政府和开发商取得地价款后，须向政府交纳一定比率的土地增值税，因为农地转为建设用地后所发生的土地增值是社会经济发展的共同结果。

2. 开征不动产保有税，加大圈占土地、一户多宅、一户多房的成本。当前，不动产税收主要集中于不动产的流转环节，对不动产的保有几乎没有征税，从而变相鼓励了公民、法人和其他组织尽量多占土地。如，农村一户多宅的现象非常普遍，在宅基地超占费不再征收后，该问题更加突出；各类园区中新建厂房的建筑密度，近些年来不但未能增加，反而越来越小；城镇居民出于置产投资的需要，许多人都在计划购买第二套住宅甚至第三套住宅。土地保有占用的低成本，对土地的需求形成了巨大压力。因此，建议国家开征不动产保有税，采取分级累进的形式征收，即房地产价格在一定的范围内免税，超过则分段计税。

3. 开征土地用途调节税，对开发商的土地开发行为进行调节。

(四) 加强对城乡土地市场的宏观调控

为了保证城乡统一土地市场规范、有序、健康的运行，政府必须转变其职能，解决政府的"越位""错位""缺位"问题，实现从房地产经营者到监管者的转变，真正把维护和增进公共利益作为唯一追求目标，综合配套运用经济法律等手段，切实搞好对土地市场的科学宏观调控。

1. 坚持统一管理的原则。建设项目用地变为国家、集体和个人多元化供地，但交易的确认和审批及管理必须统一到国土部门。要对所辖地域农村建设用地做一次普查，制定出补办转用手续的最后期限和罚则，强化土地用途管制，规范土地市场流转。

2. 必须尽快制定出一个科学合理的全国经济布局规划，并切实予以执行，以防止重复建设。在此基础上，依据科学合理的经济布局规划，编制科学合理的全国统一的土地利用总体规划，各项专业规划必须服从土地利用总体规划，并且做到城市规划、乡村或集镇规划与土地利用总体规划相协调。依据经济布局规划，统筹协调好对各行各业的土地供给。

3. 实行严格的全国土地利用总体规划、城市规划和乡村或集镇规划管制，从严控制农地转为建设用地。擅自转为建设用地的，处以破坏耕地罪。只要符合城市规划、乡村或集镇规划要求，经规划审核批准，可以转成建设用地的，如果农民自己有钱，可以自己直接去开发；如果农民无钱，可以通过土地产权交易而让开发商去开发，即在依法许可的前提下，农民的土地交易活动自主行使。

4. 实行强制缔约制度或土地征收。对于"公共利益"目的用地，如果有关农户和拆迁户对地价补偿有异议，可提起诉讼。如果法院判决认为补偿合理，被征地农民和拆迁户必须将土地卖给有关政府或其委托的开发商，即政府拥有土地优先购买权或土地征收权，必要是可以依法行使。

5. 健全城乡地价评估和基准地价制度。为了杜绝或减少土地交易活动的非公开化、非契约化现象，提高市场透明度，必须全面、深入开展城乡地价评估工作，并根据修正后的评估价格进行全国性的地价区划，从而科学确定不同地价区的地价水平，以杜绝竞相压价、低价甚至无偿出让土地的现象；要依据土地市场收益强度编制地域性地价等值线，实现城乡地价一体化，从而确定土地市场开发的地域指向；基于以上工作，还要制度城乡土地的不同类型的基准价格，并制定对土地价格上涨的必要监控制度等，促进城乡土地市场的协调健康运行和实现国民经济产业的合理布局与发展。

（五）完善农村社会保障制度，加强对失地农民的社会保障功能

在我国农村土地集体所有制的制度安排下，农村土地具有社会保障功能。在土地被征收或农地直接流转农民失去或离开土地后，必须相应地建立起农民的社

会保障制度。对于因土地被征收而失去土地的农民，应由国家负责按规定对其建立起社会保障，使农民的生活水平不降低，长远生计有保障。对因农地直接流转而离开土地的农民的社会保障，应借鉴城市居民和企业建立社会保障的做法，采取政府强制引导加市场化的模式。

1. 明确对农民社会保障的法律规定，在土地"农转非"的同时或之前，就必须统筹安排社会保障问题。

2. 建立农民社保基金，基金的来源采取"三、三"制的办法筹集并专户储存。在土地交易结束后，即代扣一定比例的农民土地收益、政府从以税收形式获取的土地收益中提取一定比例、乡村自治行政组织从分享的土地收益中拿出一定比例，农民社保基金主要由以上三个"比例"构成，并专户储存。

3. 农民社会保障的内容，包括农民最低生活保障、农民养老保障、农民医疗保障和为农民提供受教育与培训保障等。

4. 农民社会保障基金的监管与经营。农民社保基金由政府有关部门监管，交由专门的非营利机构经营，也可由多家竞争经营。前者负责对后者的监管和对社会保障市场的调控；后者负责基金的筹集、投资运营和保险金的发放等，并保证监管机构的权威性、公正性、科学性和独立性。为此，应制定相应的法律予以规范。同时，应为农民提供有关法律援助保障。另外，各地探索的农民以土地入股、参股等形式分红、分利，从而获取长远生计保障的做法，可以继续探索和不断规范，防止潜在的风险。还有"以社保换土地"的创设，还有待于实践的检验。总之，在土地"农转非"的同时，应采取多种形式建立健全农民社会保障制度。上述政策建议中，土地产权主体的确立、完整土地产权体系的构建和土地产权的平等合理流动是基础；实现城乡两个土地市场对接与形成统一土地市场和创设运用土地税收制度，合理调节土地主体利益和行为关系是关键；切实搞好土地市场的科学宏观调控和社会保障是保证。有一点需要强调的是，对土地市场的科学宏观调控与传统的计划调节具有本质的不同，它是以市场机制为基础的调节，其调节的目的是为了更好地发挥市场机制对土地资源的优化配置作用。对土地市场进行科学调控，首先必须转变政府职能，并主要配套运用经济、法律和必要的规划等手段，切实搞好对土地市场的科学宏观调控，以充分和更好地发挥市场机制对土地资源的优化配置作用，从而达到实现社会福利最大化和高效利用土地的目的。

（六）形成城乡统一的建设用地市场

在农用土地转为非农用地过程中，对于非公益用地，应遵循在遵守国家总体用地规划的前提下，解除国家目前的垄断状态，实现自由的市场竞争交易。国家对土地一级市场的垄断是指农村集体所有土地要流向市场必须由国家经手，这使中国土地征购市场具有以下几方面特征：一是市场交易主体受到严格限制，交易行为是单向；二是土地征购市场是不完全市场，政府强制性在市场中发挥巨大作用；三是国家完全垄断土地征购市场，国家以土地管理者、所有者、用地者等多重身份直接参与市场竞争。这导致国家角色的"错位""越位"，无法实现市场完全竞争。"政府是由人组成的，政府的行为规则也是由人制定的，政府的行为也需要人去决策"，借助政府权力，很多官员为自身谋求利益，腐败问题出现并日益升温。建立城乡统一的建设用地市场，国家在市场中仅以管理者身份出现，这在很大程度上限制了政府权力的无限膨胀，从根本上抑制了腐败问题的滋生。同时，通过市场机制作用，农地转用的市场价格也会充分显示出来，这既能有效地激励用地单位节约用地，减少对土地的浪费，又能使农民获得应得的收益，保护农民的正当权益。

第四节 推进农村集体土地市场结构的完善

土地的生产经营活动建立在农民主体的行为选择之上，农民是土地的微观运行载体。现阶段农民的土地微观运行载体作用只体现在生产经营层面，如对农作物的自由选择，对农产品的自由处置等。在土地资产层面受到一系列限制，例如：农民无权转变土地用途，无权进行非农领域流转，等等。土地要素的市场化过程是实现土地的资产化过程。实现土地资产化的前提是农民有权处置自己的土地产权，土地作为一项实实在在的资产掌握在农民的手中，农民成为真正的土地微观运行载体。因此，在建立农村土地市场过程中，农民要成为具有经营独立、生产自由及决策自主的权利主体。

一、农村土地市场结构的形成及完善

"不同的市场结构所对应的种种资源配置效率机制和收益分配格局是截然不同的。不同的市场结构所能实现的市场本身的'帕累托最优'是各异的。对应的市场资源配置效率更是大相径庭"。农村土地市场结构由市场内部各种交易关系构成。按土地进入市场的商品化程度划分，可分为以土地一级市场、二级市场和三级市场。目前，我国农村土地一级市场发展较快，二级市场严重滞后，土地市场相互割裂，参与主体不够广泛，主要原因在于国家高度垄断土地所有权和使用权一级市场。具体表现在农村集体所有权和使用权要流向非市场必须由国家经

手,再由国家将其出让给开发商。这一过程使土地市场配给呈现刚性特征,各子市场相互协调能力缺失,市场价格出现扭曲。建立完整的农村土地市场结构,就要建立独立的能够自由流转的土地产权主体,充分发挥市场机制作用,保证土地市场结构免受行政权力过分干预。

1. 农村集体土地市场结构。我国农村集体土地市场分成农业用地、农村宅基地、农村集体建设用地三大模块。

(1) 交易标的物。农村集体土地市场交易的标的物为农地和建设用地两类,其中,建设用地又分成宅基地、公益性公共设施用地和经营性用地三类。

农用地。《中华人民共和国土地管理法》第4条"将土地分为农用地、建设用地和未利用地",并规定:"前款所称农用地是指直接用于农业生产的土地,包括耕地、林地、草地、农田水利用地、养殖水面等"。农用地简称农地。

建设用地。农村建设用地是指农村集体经济组织和农村个人投资或集资,进行各项非农业建设所使用的土地;农村宅基地,是农民个人作为住宅基地而占有、利用村集体所有的土地。公益性公共设施用地指农村集体所有的礼堂、广场和道路等占有的土地。经营性用地是指农村集体所有的开发区和工业用地等。

(2) 交易双方。供给方是农地所有者,即农民或者农村集体组织。根据《农村土地承包法》和《农村土地经营权流转管理办法》,农村集体土地的承包经营权流转主体,即土地的承包方也就是集体内的农户或独立家庭。需求方分两种情况:一种情况是农村集体内部成员,也就是农民。另外一种情况是村集体组织之外的成员。建设用地,我国规定农村集体建设用地只能在农村集体内部交易。因此,供求双方都是农村集体内部成员;另一种情况是农用地,农用地的经营权,可以由农村集体之外参与,因此他的需求方可以是所有公民。

土地供求关系是农村集体土地市场的基本关系。农村集体土地具有面积的有限性、利用的适宜性、位置的固定性和可利用的持续性,因此,其供求关系不仅表现为一定数量的土地供给与需求,而且还表现在土地质量、结构、区位和时序上的供给与需求。

(3) 交易方式。农村集体土地的所有权归农村集体组织如村集体和生产小组所有。农村集体土地产权交易的承包权、经营权、用益权、质权、抵押权等权利归集体经济组织的成员农民所有。农村集体土地流转的方式很多,主要有以下形式。

转包。转包是指在土地承包期内,农村集体土地承包人将所承包的土地部分或者全部转给第三方耕种,由第三方向承包方履行义务,承包方与集体所签订的合同仍由原承包方履行,第三方与农村集体之间没有合同关系。转包合同通常为有偿的合同。

租赁。租赁是最为普遍的一种流转形式。主要是宅基地建房，在出租房屋的同时也出租了宅基地使用权，即农村集体村民在依法取得的宅基地上建成房屋后，将房屋出租，个人得到利益，承租人将土地作为住宅、办公、仓库或其他经营性服务场所。此类形式主要发生在城乡结合部，一般期限明晰。

投资入股。投资入股是指土地承包经营权人为取得投资收益而将土地承包经营权作为出资标的的行为。在改革开放之后，以承包经营权出资日渐增加，一般形式包括以承包经营权出资入股，成立土地股份有限公司和成立股份合作社两大类。在实践中主要为后者。

土地信托。土地信托，是农村集体土地所有权人（委托人）为有效利用土地，提高农村集体土地等不动产的开发与经营效率，而将农村集体土地信托予受托人，由受托人利用其专业规划与管理，将土地开发经营的利润作为信托受益分配金交付给受益人。

除了以上这些形式，继承、互换、反租倒包、代耕代种、转让也是农地流转的重要方式。

2. 完善农村集体土地市场结构。

（1）完善农村土地产权制度。马克思提出，产权关系是商品交换关系的前提，交易双方当事人只有彼此承认对方财产权利，才有顺利发生交换行为。农民通过交易可从自己享有产权交换中获得明确的更广泛的收益，从而激励产权人寻求更多收益，推进资源的重新配置。完善农村集体土地产权体系，梳理农村集体土地的所有权、使用权、收益权、买卖权、租赁权、抵押权和继承权等权属关系，厘清农村集体组织成员关系，保障集体土地成员拥有的产权，减少因为主体不清和产权关系混乱所导致的各种纠纷。完善的农村土地产权体系是土地市场交易的前提和基础。运用法律工具，维护农村集体土地产权不受侵犯，保障农村集体土地所有者及使用者的权利，减少土地市场交易纠纷，理清农村集体土地所有权主体不清、产权关系模糊的问题。

（2）优化农村土地流转服务体系。由于农村集体土地使用权分散在各个农户手中，信息闭塞协调沟通成本高，农村集体土地供给方找不到合适的土地需求方。而农村集体土地需求方又找不到合适的农村集体土地供给方，造成信息不对称，影响农村集体土地流转的效率。农村集体土地产权交易的顺利进行，需要各种配套措施和制度。需要建立相关组织和机构，保证农村集体土地交易。土地交易双方的媒介和桥梁，是实现农村集体土地产权交易的关键，是提升农地产权交易效率，提升农地产权交易绩效的必要环节。市场机制是通过市场竞争来实现农村集体土地流转通过市场的供求、投机、宏观调控等要素实现作用的机理，实现市场资源配置。市场机制的实现，不仅需要一整套的市场制度，更需要相关的基础设施和硬件条件，才能保证农村集体土地市场的顺利正常运行。农村土地市场运行需要落实农村集体土地价格构成因素，建立农村集体土地价格评估机制，健全农村土地估价指标体系；建立农村集体土地交易的服务机构，完善相对稳定的农村集体交易场所，健全农村集体土地交易的监督管理机构，规范农村集体土地交易的申报、登记、核准、过户手续。

（3）优化农村土地市场的外部环境农村集体土地市场化顺利进行，跟当地经济发展和配套服务直接相关。长期以来，为了城市化、工业化发展，农民集体奉献了大量的土地。而现在，当地产业集群和工业经济发展对农民就业，农村劳动力向城市集中起到带动作用。需要非农产业的全面发展，全面吸收农民就业，提高农民的非农就业水平，满足农民的利益诉求，从而促进更多的农民参与农村集体土地市场交易中来。农民的社会保障体系的发育程度，完善程度也对农村集体土地流转造成直接影响。农村社会保障法律制度的缺位限制了农民参与农村集体土地流转的积极性，造成农村集体土地需求意愿远高于农村集体土地供给、农村集体土地转让规模比较小，以及农村集体土地转包的期限较短等问题。

二、健全农村土地市场价格形成机制

良好的土地市场运行依赖健全的价格机制。公平合理的农村土地价格既能客观反映农村土地资产的价值，也能促进农村生产要素的合理流动。目前，我国农村土地价格并未完全体现土地价值，例如，个别地区按照农地征用价格征收农村集体或农民土地，又按照国家出让土地价格卖给房地产开发商等土地需求者。农用地征用价格包括土地补偿费、安置补助费以及地上附着物和青苗的补偿费。土地出让价格则是土地出让的交易总额。两类不同价格体系作用在同一块土地上，土地价格呈现巨大差异，土地价格不能真正反映土地价值。同时，农地非农化市场的两类价格都具有刚性，它们并不是随供求关系而产生的，因而不能随市场供求变化而变动。要完善土地市场就必须建立科学的土地价格形成机制。

土地本身没有价值，因为土地不是人类劳动的结果，土地价格所反映的土地价值不能从土地本身去寻找，只能从房地的特性上来探讨。房地的不可分性，说明要转让土地的权属，必然要转让土地上的建筑物。土地上的建筑物是人类创造的，凝聚着一定量的人类一般社会劳动，它具有价值，其价值就是土地价格的一部分；由于土地及其上的建筑物的耐用性，土地上的建筑物不断增加，土地价格就有上涨的趋势；房地产价值的辐射性告诉我们，土地的价格不仅受其上的建筑物价值的影响，而且也受其周边土地之上的建筑物价值的影响，并且距离越近，影响越大。这就告诉我们，城市中心比郊区、城市比农村土地价格高的根本原因。同时，也揭示了远离人类居住的处女地的价格形成机理，即这些土地由于受人类劳动成果价值的辐射作用，依然具有价格，只是距离远，价值辐射作用小，土地价格低罢了。这就形成了以城市为中心向边远地区的土地价格阶梯式下降的一般规律。

当人类社会发展到经济利益不同的阶段，土地像所有能给人们带来利益的实物一样，被不同的群体所占有，使土地具有权属关系。如果没有权属关系的存在和权属关系的不同，没有利益不同的相对独立的经济实体，就不存在物品的买卖，也就不存在价格了。土地所有权的垄断，是形成土地价格的根本原因。任何商品在交换过程中，都是以一定的价格让渡其某些权能而实现其价值。我国土地制度决定了土地所有权属国家，但使用权归利益各不相同的团体或个人，使用权可出让、转让、被处置，这种权属关系，是土地价格形成的原因。如果仅有土地的所有权存在，没有土地供需两方意愿及其在此基础上形成的市场，土地这种具有使用价值的特殊物品，就不能成为特殊商品，土地也就没有交换价格了，可见，市场是土地价格形成的必要条件之一。

土地的稀缺性形成了市场上的供不应求，因此土地的价格呈上升趋势。但是，土地自然位置的固定性，使一些地方土地供过于求，价格偏低，一些地方供不应求，土地价格过高。这说明形成土地价格的因素不仅包括市场供求关系，而且包括土地所处的自然地理及其区域经济政策。因此，在向外资企业转让土地过程中，绝不能为地方利益，竞相出让、转让，形成土地供给过量的虚假市场，使外商压低地价，造成国有资产流失。在土地出让过程中，应严格按照国家有关规定执行。土地价格变化规律与货币流通规律也密切相关，当通货膨胀时，纸币贬值，物价上涨，人们对能够保值的不动产——土地看好，土地市场就会活跃。从土地价格形成和发展的历史看，土地的价格并不必然同私有制相联系，只要存在权属关系和各自物质利益不同的相对独立的经济实体，土地的价格就会存在，就可以把土地作为商品在市场上进行交换。土地作为商品，只有在流动中才能增值。应按照国家有关土地出让、转让法规，完善土地市场，使国有土地资产增值，使土地资源得以最佳配置。

三、有效发挥政府对农村土地市场的宏观调节作用

市场机制的复杂性与不可控性决定了单一的市场机制调节会造成市场失灵，

这就需要政府的适度介入。政府对土地市场的介入主要体现在政府的宏观调节上，具体表现为：一是从社会效益与宏观效益角度加强对土地市场的引导，弥补市场机制配置土地资源的效益短期化缺陷；二是为土地市场的良性运营创造一个良好的外部环境。发挥政府宏观调控作用并不等于政府要采取强制性干预行为，而是要在尊重市场规律的基础上，适当采取倾斜的制度供给、体制创新，以弥补市场机制的缺陷，如通过价格调控、税收调节、立法调节等。当然，政府发挥宏观调节作用的前提是政府的行政权力是适度的，必须在一定的法律规则范围行使，否则会造成权力寻租现象，导致资源配置的低效率。

参 考 文 献

[1] 董志红. 集体建设用地使用权流转法律制度研究 [M]. 北京：中国人民大学出版社，2009.

[2] 洪增林. 我国集体土地流转系统研究 [M]. 北京：科学出版社，2008.

[3] 苘荣华. 我国农村集体土地流转制度研究 [M]. 北京：北京大学出版社，2010.

[4] 刘承韪. 产权与政治——中国农村土地制度变迁研究 [M]. 北京：法律出版社，2012.

[5] 贺雪峰. 地权的逻辑——中国农村土地制度向何处去 [M]. 北京：中国政法大学出版社，2010.

[6] 徐勇，赵永茂. 土地流转与乡村治理——两岸的研究 [M]. 北京：社会科学文献出版社，2010.

[7] 吴越等. 农村集体土地流转与农村土地权益保障的制度研究 [M]. 北京：法律出版社，2012.

[8] 李宴. 农村土地市场化法律制度研究 [M]. 北京：中国法制出版社，2012.

[9] 王忠林. 中国农村集体土地流转制度研究 [M]. 青岛：中国海洋大学出版社，2011.

[10] 付光辉，刘友兆，吴冠岑. 论城乡统筹发展背景下城乡统一土地市场构建 [J]. 中国土地科学，2008.2.

[11] 薛翠翠，陈美景，蔡勇，徐建春，李翠珍. 农村集体土地股份制改革的实践价值与路径选择——"农村集体土地股份制改革研讨会"综述 [J]. 中国土地科学，2013.9.

[12] 贺卫华. 我国农村土地产权制度的现状、绩效与创新路径 [J]. 中原工学院学报，2015.8.

[13] 赖丽华. 乡村治理视域下的农村土地流转研究 [J]. 江西社会科学，2013.7.

[14] 张娇娇，吴敏. 农村土地处置问题研究——基于中国城乡劳动力流动

调查 [J]. 调研世界, 2016. 3.

[15] 牟燕, 钱忠好. 中国农地非农化市场化水平地区差异研究 [J]. 中国土地科学, 2012. 5.

[16] 袁震. 对集体建设用地使用权制度演进及完善的法律思考 [J]. 河北法学, 2012. 9.

[17] 齐睿, 李珍贵, 李梦洁. 被征地农民安置制度探析 [J]. 中国土地科学, 2014. 3.

[18] 林建伟, 吴志澄. 集体土地征收收益分配改革构想——以福州、泉州两市为例 [J]. 福建论坛（人文社会科学版），2014. 9.

[19] 刘灵辉. 城镇化进程中户籍非农化诱发的征地补偿收益分配冲突研究 [J]. 中国人口·资源与环境, 2014. 2.

[20] 丁同民. 将农地发展权引入农村土地权利体系的思考 [J]. 中州学刊, 2014. 2.

[21] 叶必丰. 城镇化中土地征收补偿的平等原则 [J]. 中国法学, 2014. 3.

[22] 郭明瑞. 关于农村土地权利的几个问题 [J]. 法学论坛, 2010.

[23] 韩松. 新农村建设中土地流转的现实问题及其对策 [J]. 中国法学, 2012. 1.

[24] 赵伯艳. 集体土地流转中的政府职能重塑 [J]. 云南行政学院学报, 2009. 5.

[25] 邓维立. 农村法治中的农村社会组织参与及其有效保障 [J]. 社会主义研究, 2011. 5.

[26] 祝天智. 农村征地冲突的整体性治理研究 [J]. 中国行政管理, 2013. 10.

[27] 钱忠好, 牟燕. 中国土地市场化改革：制度变迁及其特征分析 [J]. 农业经济问题, 2013. 5.

[28] 雷庆勇, 吕杰, 李佳奇. 我国农地入市的障碍与实现路径 [J]. 经济纵横, 2015. 2.

[29] 陈志刚, 王青. 经济增长、市场化改革与土地违法 [J]. 中国人口、资源与环境, 2013. 8.

[30] 梁丹. 新型农村社区建设中的农民利益补偿问题及对策建议 [J]. 学习论坛, 2013. 2.

[31] 张先贵. 社会转型期集体土地资本化模式选择之法理辨析 [J]. 中州学刊, 2013. 10.

[32] 国务院发展研究中心农村部课题组. 从城乡二元到城乡一体 [J]. 管

理世界，2014.5.

[33] 张晓山. 关于赋予农民更多财产权利的几点思考 [J]. 农村经济，2014（1）：3-8.

[34] 王克忠. 论农地发展权和集体建设用地入市 [J]. 社会科学，2014.3.

[35] 马永欢，张丽君，黄先栋. 确立我国土地管理红线的战略思考 [J]. 中国软科学，2014.1.

[36] 宋伟. 构建多主体利益均衡的建设用地制度框架 [J]. 农业经济问题，2014.2.

[37] 王长春. 刍议集体所有的农村土地法律制度 [J]. 农村经济，2015.2.

[38] 李伟伟，张云华. 土地经营权流转的根本属性与权能演变 [J]. 改革，2015.7.

[39] 申惠文. 法学视角中的农村土地三权分离改革 [J]. 中国土地科学，2015.3.

[40] 杜茎深，罗平. 论基于物权路径引入发展权之不可行性 [J]. 中国土地科学，2015.4.

[41] 段保才. 农村集体土地流转市场化研究 [D]. 中国农业大学，2005.11.

[42] 翟建松. 集体土地市场化流转问题研究 [D]. 西南农业大学，2002.

[43] 王彦. 土地发展权研究 [D]. 华中师范大学，2012.

[44] 郭贯成. 集体土地产权流转及其市场体系研究 [D]. 南京农业大学，2008.

[45] 薛红霞. 中国农村土地资产化机制研究 [D]. 武汉理工大学，2012.

[46] 孙亮亮. 中国土地征收补偿制度研究 [D]. 中央民族大学硕士论文，2012.

[47] 国土资源部门户网站（网址：http://www.mlrgov.cn）.

后　　记

本书是我主持的教育部人文社会科学研究规划基金项目（项目批准号：15YJA630013）"农村集体建设用地市场化模式及实现路径研究"和重庆市社会科学规划一般项目（项目批准号：2016YBGL116）"重庆市城乡统一建设用地市场基本模式与路径研究"的阶段性研究成果，也是我多年致力于农村土地问题观察与研究的阶段性成果。

在多年的农村土地问题研究中，得到相关地方政府土地管理部门的支持，得到了四川、重庆等省市相关乡镇及农户的配合，借鉴了许多同仁相关文献及研究成果，使我的研究小有成效，借此书予以回报。

在本书编辑出版过程中，得到了经济科学出版社及责任编辑王娟女士的支持，在此一并致谢！

杜茂华

2017 年 9 月于重庆